Ulrich Renz

DIE TYRANNEI
DER ARBEIT

Ulrich Renz

DIE TYRANNEI DER ARBEIT

**Wie wir die Herrschaft
über unser Leben zurückgewinnen**

LUDWIG

Einige Passagen aus diesem Buch finden Sie auch in
Die Kunst, weniger zu arbeiten
(Axel Braig / Ulrich Renz, Argon 2001).

Die Webseite zum Buch:
www.arbeitswahn.de
Hier finden Sie unter dem Link »Fußnoten« alle im Buch markierten Quellenangaben und Anmerkungen.

Verlagsgruppe Random House FSC® N001967
Das für dieses Buch verwendete
FSC®-zertifizierte Papier Super Snowbright
liefert Hellefoss AS, Hokksund, Norwegen.

Copyright © 2013 by Ludwig Verlag, München,
in der Verlagsgruppe Random House GmbH
www.ludwig-verlag.de
Redaktion: Matthias Michel
Umschlaggestaltung: Eisele Grafik·Design, München,
unter Verwendung einer Illustration von Dirk Schmidt,
www.wasmachtdirk.de
Satz: Leingärtner, Nabburg
Druck und Bindung: GGP Media GmbH, Pößneck
Printed in Germany 2013

ISBN: 978-3-453-28050-2

Wenn nicht jetzt, wann dann?

TALMUD, SPRÜCHE DER VÄTER (HILLEL) 1,14

Inhalt

Vorwort: Das Leben, die Arbeit und die Träume 13

1. Das Ende der Arbeit? 17
Die Party beginnt 18
Shake it up! 20
Der modernisierte Arbeitsmarkt 23
Die Renaissance der Arbeit 24
Globalisierung der Rastlosigkeit 26

2. Der neue Klang der Arbeit 29
Arbeit wird flexibel 29
Arbeit wird mobil 31
Büros zum Wohlfühlen 33
Unter Kumpels 35
Schöne kuschelige Arbeitswelt 36
Vom Geführten zum Selbstführer 38
Arbeitskraftunternehmer 40
Der neue Sound der Arbeit 40
Zur Arbeit befreit 42

3. Frei?Zeit? 45
Die duale Welt 46
Feierabend? 47
Wir Zweitjobber 49
Überleben im Infoversum 50
Grenzenlose Freizeit 52
Die Modernisierung des Familienlebens 53
Die Verdienstleistung des Privatlebens 55
Emotionale Umpolung 56

4. Die Suche nach dem Sinn ... 59
Ex oriente lux ... 59
»Wer Leistung fordert, muss Sinn bieten« ... 60
Unternehmen mit Sendung ... 62
Visionen von einer besseren Welt ... 64
Die Entdeckung des Teams ... 65
Der Chef als Trainer: Yes, we can! ... 67
Vom Anzugträger zum Exzentriker ... 69
Die Stunde der Schamanen ... 70
Neue Werte statt neuer Nüchternheit ... 71
Apple, der Gefühlsspezialist ... 72
Die Kirchen sind tot? ... 73
Die neue Fürsorglichkeit ... 75
It's the profit, stupid! ... 76
Nichts als Worte ... 77
Win-Win? ... 79
Liebeskriterium Ausbeutbarkeit ... 80
Warum wirkt der Zauber trotzdem? ... 82
Arbeit – unser letzter Anker ... 83

5. Das Leiden an der Arbeit ... 85
Neue Seuche Burn-out ... 85
Alles Mode? ... 87
Was ist Gesundheit? ... 89
Die Wächter unserer Seele ... 90
Das gibt Stress! ... 91
Überforderung und Unterforderung ... 92
Die Macht des Teams ... 96
Unglück Arbeitslosigkeit ... 94
Eine Systemkrankheit ... 96
Eine Frage der Verwertbarkeit ... 97

6. Zivilisationskrankheit Arbeit 99

Immer der Verheißung nach 100
Weiter, immer weiter – doch wohin? 102
Das ewige Proletariat 103
Auf Mangel gepolt 104
Das soziale Fettpolster: Status 105
Vom Teilen 107
Das Prinzip *Mehr* 108
Die Entfesselung des Statusrennens 109
Die Angst, zurückzufallen 110
Natur und Kultur 112
Aber der Fortschritt? 114
Das Hamsterrad des Glücks 116

7. Die lange Geschichte der Arbeit und die kurze Geschichte ihrer Verherrlichung 119

Arbeit macht unfrei 120
Die Tonne des Diogenes 121
Lernt von den Lilien 122
Alles an seinem Platz 124
Eine Welt bricht zusammen 126
Die Heiligsprechung der Arbeit 128
Ein Kamel geht durchs Nadelöhr 129
Time is money 130
Revolutionäres Leistungsprinzip 131
Die Zeit rast 133
Der Terror der Maschine 134
Genug ist nicht genug 135
Das Wüten des freien Arbeitsmarktes 136
Die Religion des 19. Jahrhunderts 137
Die letzten Griechen: Privatiers und Honoratioren 139
Die arbeitslosen Helden der Literatur 139
Das Recht auf Faulheit 140
Aus Revolutionären werden Arbeitshelden 141

Nationalsozialismus und Wiederaufbau: »Arbeit macht frei« . . 143
Die neue Lust an der Arbeit 144
Arbeit emanzipiert sich 145
Schreckgespenst Arbeitslosigkeit 147
Arbeit um jeden Preis 148

8. Aktive Menschen auf der Suche nach Selbstverwirklichung 153

Die große Verwandlung 153
Zeitalter der Autonomie 154
Der neue Imperativ: Selbstverwirklichung 155
Vom *Haben* zum *Tun* 156
Fit & aktiv 157
Freizeit-Profis 158
Der Schlaf als Feind 160
Aufmerksamkeit! 161
Die Stunde der Netzwerker 163
Casting-Faktor Selbstsicherheit 164
Immer gut drauf 166
Eine Frage des Antriebs 167
Das Leben als letzte Gelegenheit 168
Emotionaler Kapitalismus 169
One life, live it! 170

9. Ein Held in unserer Zeit: Der Homo guttenbergensis 173

Schönheit wirkt 174
Schön und gut? 175
Wir Aussehens-Kapitalisten 177
Die Macht des ersten Eindrucks 179
Kindsgesicht und Erfolgsgesicht 180
Kollateralschaden der Evolution? 182
Skandal? 183
Leistungsgesellschaft? 185

G-Faktoren 186
Aussortierung der Stillen 187
Wer hat Schuld? 189
Abschied von der Aufklärung 190

10. Kindheit als Casting 193
Kind nach Maß 194
Förderwahn 195
Kleine Forscher 196
Der geheime Lehrplan 197
Erziehung zur Kompetenz 198
Von der Disziplin zum Hyperindividualismus 199
Der neue Bedarf der Wirtschaft 201
15 Prozent Effizienzsteigerung 202
Kindheit, eine endlose Schulstunde 203

11. Die Krisenmacher 207
Auf Kosten der Zukunft 208
Banker-Bashing? 210
Unsere (Krisen-)Macher 212
Manager-Casting 213
Der Psychopath als Hoffnungsträger 214
Funktionsadäquate Schädigungen 215

12. Neue Chancen? 217
Die Welt in Graustufen 217
Zurück? Weiter so? 219
Mehr Wachstum? 220
Eine Gesellschaft fliegt auseinander 222
Rückkehr der Klassengesellschaft 223
Umdenken 224
Die Neuen: Generation Y 225
Werte! 226
Glück statt Karriere? 227

13. Wird Arbeit weiblich? 231
Bildung gut, Lohn mager 232
Männer- und Frauenkarrieren 233
Gläserne Decke – oder einfach andere Interessen? 234
Männer ticken anders, Frauen auch 236
Lean in! 237
Es muss toll sein, ein Mann zu sein 240
Eine Chance für alle 241
Der Kreuzzug der Wirtschaft 242

14. Mehr Leben wagen 245
Geld ist Zeit in einem anderen Aggregatzustand 246
Ab wann ist genug? 247
Die armen Reichen 248
Status: eine Frage der Definition 249
Die neuen Coolen 251
Primat der Politik! 252
Weniger arbeiten, mehr leben? 253
Nachlassende Begeisterung 255
Beruf als Ehe oder Lebensabschnittspartnerschaft? 256
One size fits all? 257
Auszeit 259
Raus aus der Erfolgsfalle 261
Ein Handel 263
Schöne neue Welt 264

15. Ausgestiegen? 267

Dank 271
Zum Weiterlesen 272

Vorwort: Das Leben, die Arbeit und die Träume

Ein Buch gegen die Arbeit? Zwar ist der Autor hoffnungsloser Romantiker und Freund von Utopien. Aber er ist nicht doof. Er weiß, dass wir alle von unserer Hände Arbeit leben, als Einzelne wie als Gesellschaft. Wir brauchen Schulen, Wasserwerke und Krankenhäuser – und damit auch Steuerzahler und Finanzbeamte. Wer meint, es würde uns besser gehen, wenn wir uns alle von der Arbeit möglichst fernhielten, hat noch nie mit Sozialarbeitern oder Jugendrichtern gesprochen, für deren Klientel ein Arbeits- oder Ausbildungsplatz oft genug der letzte Strohhalm ist.

Nein, dieses Buch ist keine Kritik der Arbeit. Es ist eine Kritik an der Tyrannei, zu der sie sich über unser Leben aufgeschwungen hat. Eine Kritik an der Fantasielosigkeit, die unsere Gesellschaft infiziert hat, sodass sie sich ein Leben jenseits der Arbeit gar nicht mehr ausmalen kann. Die sich keine Pause gönnen kann, weil sie Angst hat, das Rad könnte stehen bleiben. Die Schulden machen muss, damit es ja nicht aufhört, sich zu drehen. Eine Gesellschaft, die gar nicht mehr fragt, ob hinter dem rasenden Schaffensdrang in Wirklichkeit nicht Selbstaufgabe steht – die Kapitulation vor der Leere, die sie nicht mehr anders ausfüllen kann als durch einen immer hektischeren Warenausstoß.

Dieses Buch erscheint genau zwölf Jahre nach dem Buch *Die Kunst, weniger zu arbeiten,* das ich zusammen mit Axel Braig verfasst habe.* Seither ist die Frage noch brisanter geworden, welchen Platz wir der Arbeit in unserem Leben zuweisen wollen. Denn in den letzten Jahren sind wir Zeugen eines atemberaubenden Wandels geworden, der in mancherlei Hinsicht die Qualität einer Zeitenwende hat.

---

* Axel Braig, Ulrich Renz: *Die Kunst, weniger zu arbeiten,* Berlin 2001. Diejenigen, die das Buch kennen, werden dort, wo es um die geschichtliche Entwicklung der Arbeitsgesellschaft geht, das eine oder andere Déjà-vu erleben. Aber ansonsten hat sich das vorliegende Werk von dem Vorgänger grundlegend emanzipiert.

Es wird deshalb in diesem Buch die Rede sein von dem neuen verführerischen Klang, den Arbeit bekommen hat – zumindest für diejenigen, die Qualitäten vorweisen können, die in der modernisierten Globalwirtschaft unserer Zeit hoch im Kurs stehen. Deren Besitzer können sich vor Arbeit gar nicht mehr retten – und wollen es oft auch gar nicht mehr, weil ihr Arbeitsplatz längst zum besseren Zuhause geworden ist.

Es wird aber auch von den Verlierern die Rede sein, der wachsenden Schar an billigen »Servicekräften«, deren Arbeitsverhältnisse immer mehr denen der Dienstboten des 19. Jahrhunderts ähneln.

Es wird die Rede sein von den neuen Kirchen, als die sich globale Unternehmen zunehmend gerieren, indem sie ihren Mitarbeitern das Wir-Gefühl einer gemeinsamen »Mission« vermitteln, mehr noch: einen höheren Daseinszweck, ja, eine spirituelle Heimat.

Es wird die Rede sein vom unaufhaltsamen (Sie haben richtig gelesen!) Aufstieg der Frauen in der postindustriellen Arbeitswelt und davon, dass der Bedarf der Wirtschaft immer radikaler auch den Lebensbereich verändert, den wir einmal als unsere ganz private Angelegenheit angesehen hatten: unsere Familie.

Die Rede wird auch sein von den Leistungsträgern unserer Gesellschaft – deren Leistung aber allzu oft mehr in ihrer effizienten Selbstvermarktung liegt als im Kampf mit echten Lebensproblemen oder der Verwirklichung von Idealen (mit denen viele durchaus einmal gestartet sind). Wenn die Welt von Krise zu Krise taumelt, dann geht das auch auf das Konto unserer von Boni und Aktienoptionen aufgeputschten Eliten. Unsere »Macher« sind unsere Krisenmacher.

Auch deshalb lade ich zu einem neuen Blick auf das Thema Arbeit ein. Unsere Gesellschaft kann noch eine ganze Menge Unproduktive, Aussteiger, (Lebens-)Künstler, Privatgelehrte, Freaks, Gelegenheitsjobber, Langzeitstudenten, Globetrotter, Rumtreiber, Hausfrauen und Hausmänner, Privatiers, Hippies, Punker, Spontis und sonstige Minderleister vertragen, aber nur wenig mehr hyperaktive »Leistungsträger«, die auf ihrer Jagd nach »Erfolg« das Letzte aus sich und unserer Welt herausholen und in Gewinn verwandeln.

Aber nicht zuletzt wird auch die Rede von unserem eigenen Leben sein. Ich werde Ihnen ein paar Gedanken vorstellen, wie sich Sehnsüchte und Realität näher zueinander bringen lassen können, und vielleicht passt der eine oder andere davon ja in *Ihr* Leben. Patentrezepte habe ich nicht zu bieten, auch keine politischen Programme. Auf der Suche nach dem guten Leben geht jeder seinen Weg mit seiner eigenen Karte und hat sein eigenes Gepäck dabei.

Vielleicht – das wäre mein Wunsch – helfen Ihnen auf diesem Weg die Begegnungen mit den Menschen, den Ideen und den Träumen, die Sie in diesem Buch machen werden.

Ulrich Renz
Lübeck, im Juni 2013

1. Das Ende der Arbeit?

Am 21. März 1989 legt ein gewisser Ulrich Renz sein zweites medizinisches Staatsexamen an der Medizinischen Hochschule zu Lübeck ab.

Die Prüfung läuft so einigermaßen, aber richtig mit Herzblut ist der Kandidat nicht dabei. Die Uni spielt in seinem Leben mittlerweile eher die zweite Geige, und ob er überhaupt Arzt werden will, ist fraglich geworden. Denn das richtige Leben tobt gerade woanders: in einem Dachzimmer seiner Studenten-WG. Das Bett hat einem improvisierten Schreibtisch Platz gemacht, der den Raum fast vollständig einnimmt und an dem mehr oder weniger rund um die Uhr gearbeitet wird. Kommilitonen, Freunde, die Freundinnen der Freunde und neuerdings sogar eine Halbtagssekretärin bearbeiten Tatstaturen, zeichnen Abbildungen, fluchen über Computerabstürze (wir schreiben, wie gesagt, das Jahr 1989, der Arbeitsspeicher eines PC entspricht dem Hirnvolumen einer Qualle), und über nicht lesbare Floppy Disks (das sind diese rechteckigen Dinger … Sie wissen schon). Auf dem Tisch stehen tonnenschwere Monitore, daneben und auf dem Boden stapeln sich Ausdrucke und Korrekturfahnen. Leere Bierflaschen und Pizzaschachteln sorgen für eine Auflockerung der Papierturmlandschaft. Das Summen der Lüfter schafft zusammen mit der Abwärme der Geräte und dem Ozon aus dem Laserdrucker eine sinnlich-dichte Arbeitsatmosphäre.

Ach ja, fast vergessen: Der kleine Paul, zwei Jahre alt, tummelt sich gern unter dem Schreibtisch und drückt auf alle möglichen und unmöglichen Knöpfe. Er ist *so* süß, aber trotzdem stellt sich große Erleichterung ein, wenn er abends endlich der von der Arbeit kommenden Mama in die Hände gedrückt werden kann. Schließlich rückt der Manuskriptabgabetermin unerbittlich näher.

Aber dann, im selben Jahr, ist es doch noch so weit. Ich halte es in den Händen, das *Buch, das* Buch, *unser Buch!* Ein Kompendium für die Kitteltasche, auf Dünndruckpapier, die Bibel für Jungärzte.

Die Party beginnt

Für die Menschheit entscheidender ist allerdings eine andere Begebenheit dieses Jahres: Am 9. November fällt in Berlin die Mauer. Das Ende einer Säkularreligion namens »Kommunismus« ist eingeläutet, die Aufteilung der Welt in zwei getrennte Sphären Geschichte. Aus Feinden sind potenzielle Kunden geworden, aus verbotenen Zonen Absatzmärkte.

Auch wenn der Mauerfall in die Geschichtsbücher als *das* Ereignis des Jahres eingehen sollte: Ganz im Verborgenen tut sich 1989 etwas, das sich auf Dauer als mindestens genauso bedeutsam erweisen wird: Am Forschungszentrum CERN in Genf entwickelt ein britischer Physiker namens Tim Berners-Lee sein »Hypertext-System«, das unter der Bezeichnung *World Wide Web* aus einem interkontinentalen Kabelsalat das Massenkommunikationsmittel macht, das wir heute unter dem Namen »Internet« kennen.

Mit dem Ende der bipolaren Welt und ihrer digitalen Vernetzung sind die Voraussetzungen für jene Kommunikations- und Transaktionsexplosion geschaffen, die wir heute als *die* Globalisierung bezeichnen – auch wenn diese in Wirklichkeit nur ein weiterer Schub eines Globalisierungsprozesses ist, der seinen Anfang schon gegen Ende des Mittelalters mit der Entdeckung Amerikas genommen hat und sich seither Welle um Welle beschleunigt.

Mit den 1990er-Jahren wird daraus ein Globalisierungs-Tsunami. Alle sind jetzt mit allen verbunden, Gedanken, Informationen und Geschichten verbreiten sich blitzschnell um den Globus, Kunden und Produzenten finden sich auf einem riesigen Markt der Möglichkeiten wieder, in Echtzeit miteinander vernetzt. Geraunt wird von einer »New Economy«, die angeblich ganz anderen Gesetzen gehorcht als die altersschwache Analog-Wirtschaft, neuen Schwung für die stagnierenden Wachstumsraten verspricht – und traumhafte Renditen für das jetzt mobil gewordene Kapital. Keine fünf Minuten alte Garagenfirmen werden als Start-ups mit Geld überschüttet. Verbrennt es! Je schneller, desto besser! Die große Party hat begonnen, die Musik bestellen Börsianer und Investmentbanker.

Mit der Globalisierung wird das alte Europa angelsächsisch. Jetzt, wo mit dem Fall der Mauer die Rücksichtnahmen auf das Gegenmodell dort drüben entfallen, darf der Kapitalismus ruhig etwas kapitalistischer werden. Die Blaupause für das neue Wirtschaftsmodell kommt aus Thatchers Großbritannien und Reagans Amerika: Nach deren neoliberaler Doktrin geht es uns allen besser, wenn sich die Märkte selbst steuern – die Zauberworte heißen »Liberalisierung« (nichts weniger als Befreiung also!), »Deregulierung«, »Synergie-Effekte« und »Outsourcing«. Firmen werden auseinandergehauen und in anderer Form wieder zusammengebaut, Abteilungen in Tochtergesellschaften verschoben, die Produktion in Billigstandorte verlagert.

Berater tauchen in den Firmenfluren auf, smarte Jungs mit Krawatte und Köfferchen und ebenso smarte Mädchen in Powersuit, die in ihren *Business Schools* den Geist der neuen Heilslehre eingesogen haben und jetzt den Wandel mit ihren Charts und Tortengrafiken begleiten und moderieren.

Es sind keine brachialen Invasoren, sondern freundliche »Enabler«, die ihren »Support« anbieten, immer ein offenes Ohr auch für die Belegschaft haben, »Win-Win Situationen« für alle schaffen wollen. Die ihre Aufgabe darin sehen, mit den verkrusteten Firmenstrukturen auch alte Denkmuster aufzubrechen und durch »vernetztes Denken« das ungehobene neuronale Potenzial der Belegschaft freizusetzen. Mit der neuen Denke (meistens noch vorher) wehen ganz neue Vokabel-Wolken in die Büros: Prozessoptimierung, Turnaround, Benchmarking, Performance …

Auch ein gewisser Ulrich Renz bindet sich jetzt immer öfter die Krawatte um, auf seiner Visitenkarte prangt der »Geschäftsführer«. Er leitet jetzt einen kleinen Fachverlag, betreibt nebenher ein Satz- und Grafikbüro, man überlegt, ob man nicht in Polen setzen lassen soll. Schon bald kommt noch eine Visitenkarte dazu, auf der »Publisher« steht, weil das besser klingt als »Verleger«, der Job dahinter ist die Leitung eines altehrwürdigen Verlagshauses, das der Wind of Change *in die Schieflage geblasen und das jetzt Zuflucht unter dem Dach eines Medienkonzerns gefunden hat.*

Der Umbau dieses Unternehmens, das man noch mit Fug und Recht zur Old Economy zählen kann, wird bald zur Großbaustelle, auf der zwei

Kulturen aufeinanderprallen: Turnschuh-Elan und Bürokraten-Trott. Digitale und analoge Welt. Junge, computeraffine Wilde, die bis spät in die Nacht an ihren Projekten puzzeln, und die alten Mitarbeiter, die sich verängstigt um ihren Betriebsrat scharen, der mit Zähnen und Klauen die gute alte Stechuhr verteidigt.

Schwierig ... aber doch irgendwie, um es mit Jürgen Klopp zu sagen: geil.

Tage in Besprechungszimmern, Flugzeugen, Zügen, Nächte in Hotels, irgendwo. Ich haste von einem Termin zum nächsten, zu Konferenzen, Seminaren, von Besprechung zu Besprechung. Nicht in einer Besprechung zu sein, heißt, endlich Zeit zum Telefonieren zu haben.

*Wochen und Monate rauschen vorbei, eine Runde jagt die nächste. Stress? Nein, es ist ein Aufbruch, ein großes Abenteuer. Und was für ein großartiges Gefühl, eine solche Aufgabe zu lösen, auf dem **Boardmeeting** die Bilanzen zu präsentieren, der große Chef aus Amerika ist offenbar zufrieden.*

Ach ja – unser zweites Kind ist inzwischen geboren. Meine Freundin? Ist sauer, weil ich so viel unterwegs bin. Reden wir also lieber nicht vom Familienleben ...

Shake it up!

Reden wir von den spannenden Zeiten, die jetzt angebrochen sind, der neuen Wirtschaft, den neuen Chancen, die sie bringt, und den neuen Zwängen. Wer als Unternehmen nicht von der Bildfläche verschwinden will, muss sich grundlegend verändern, und zwar ständig. Nur wenn es aggressiv und wendig wird, ist es fit für den globalen Wettbewerb. »Shareholder Value« ist das Wort der Stunde. Was zählt, ist die *Story*, auch wenn sie monoton immer vom Selben erzählt: dem großen *Downsizing*, dem Treibsatz für die Aktienkurse.

Es ist die Mauserphase des befreiten Kapitalismus, ehemalige Staatsbetriebe werden privatisiert und setzen ihre Belegschaften zu Zehntausenden frei, vulgo: schicken sie in die Arbeitslosigkeit. »Shake it up!« ist der Schlachtruf, den Jack Welch von *General Electric*, der bald zum Manager des Jahrhunderts gekürt werden sollte, seinen Kollegen zuschreit.

Die Managerelite ist sich jetzt einig, dass ihre Unternehmen permanent auf Trab gehalten werden müssen. CEOs brüsten sich damit, ihr Unternehmen in vier Jahren viermal umgebaut zu haben[1*] – nur keine Ruhe einkehren lassen, keine Routine, die kreative Verunsicherung lässt Mitarbeiter ganz bestimmt zu Bestform auflaufen.

Auch in unserem Unternehmen ist der Wandel zum Normalzustand geworden. Auch wir haben einen Berater angemietet, der den Prozess »moderiert«, der versucht, Kulturen zueinanderzubringen, eine gemeinsame »Corporate Identity« zu stiften.

Mein Leben geht weiter wie bisher, von Termin zu Termin, aber immer öfter habe ich das Gefühl: dir fehlt etwas. Die Stimmung des Aufbruchs ist vorbei. Was einmal spannend war – jetzt ist es ein ganz normales, rastloses Managerdasein, das in das Zeitraster des Terminkalenders eingepresst ist, Tag für Tag, Seite um Seite. Ich ziehe das Leben durch, anstatt es zu leben.

Immer öfter geht mir die Frage durch den Kopf, was das alles mit mir zu tun hat. Mir fehlt das kreative Gestalten der Anfangszeit, das gemeinsame Brüten über Cover-Entwürfen, Layouts und Konzepten. Wie lange habe ich nicht mehr dieses Gefühl gespürt, dass man an einem Strang zieht, an einer gemeinsamen Sache arbeitet. Jeder verfolgt sein Ding, kämpft um seine Etats, seine Budgets, seine Tantiemen. Überall Machtspielchen, Blenderei, Fassaden, Taktik, Worte auf der Goldwaage.

In der Firma haben wir jetzt eine brandneue »Corporate Identity«, aber meine Identität, wo ist die geblieben? Meine Welt sind jetzt Kalkulationen, Kennziffern und Bilanzen.

Meine Welt? Ist das das Ziel meines Lebens? Mehr Umsatz zu machen, das nächste Jahr wieder 20 Prozent mehr Gewinn, das Konkurrenzprodukt abschießen, expandieren, Marktführer werden. Das soll das Ziel sein, für das ich dieses Sklavenleben führe? Erbärmlich.

Woraus besteht mein Leben noch? Ich verbringe meine Zeit mit Dingen, an die ich im Grunde nicht glaube. Habe ich mir so mein Leben vorgestellt? Auf einem Spaziergang durch die Wiesen der Schwäbischen Alb steht

---

* Alle im Buch markierten Quellenangaben und Anmerkungen finden Sie auf der buchbegleitenden Webseite www.arbeitswahn.de

mir plötzlich glasklar vor Augen, dass es nur eine Antwort gibt. Es ist einer jener Altweibersommertage, die noch Kraft und Wärme haben, aber schon den Herbst in sich tragen. In der Luft liegt ein zarter Dunst, über mir am Himmel ziehen die Bussarde ihre Bahnen. Ich greife zum Handy und wähle die Nummer meines Kollegen. Ich werde die Geschäfte nicht weiterführen.

Je näher die Jahrtausendwende kommt, desto mehr nähert sich die Fieberkurve der New Economy dem Siedepunkt. Der DAX strebt unaufhaltsam seinem Gipfel zu, innerhalb eines Jahrzehnts wird er von 1 800 Punkten auf 8 000 Punkte gestiegen sein.

Auch die 1998 gewählte rot-grüne Regierung will die Party nicht stören, sondern sorgt mit der Deregulierung des Investmentbankings im Gegenteil für noch mehr Spaß mit Hedgefonds und Derivaten, mit denen sich jetzt immer undurchsichtigere Wettgeschäfte abschließen lassen. Jürgen Schrempp bringt sein schwäbisches Unternehmen an die Wall Street, Sozen tragen jetzt Brioni-Anzug und rauchen edle Zigarre, Gewerkschafter vergnügen sich zusammen mit den Bossen auf deren Luxussausen.

Aber der größte Teil der Bevölkerung ist bei der Party nicht dabei. Auch die Freude über die Wiedervereinigung ist den meisten Deutschen schon bald vergangen – die im Osten sind über Nacht zum überflüssigen Anhängsel geworden, dessen Alimentierung wiederum die im Westen überfordert. Blühende Landschaften jedenfalls wollen partout nicht entstehen, stattdessen erreicht im Osten wie im Westen die Arbeitslosigkeit von Jahr zu Jahr neue Höchststände. Millionen von Menschen gehen im sogenannten zweiten Arbeitsmarkt einer Scheinbeschäftigung zu einem Scheinlohn nach, der Staat häuft dafür Schulden um Schulden auf.

Mit den immer neuen Rekordmeldungen der Arbeitslosenstatistik bekommt die These vom »Ende der Arbeit« Konjunktur. Im Jahr 1995 organisiert Michael Gorbatschow eine Konferenz zum Thema »Zukunft der Arbeit«, auf der sich die hochkarätigen Teilnehmer aus Politik und Wirtschaft einig sind: Nur 20 Prozent der arbeitsfähigen Bevölkerung würden im 21. Jahrhundert ausreichen, um die Weltwirtschaft in Schwung zu halten. »Mehr Arbeitskraft wird nicht gebraucht.«[2]

Der modernisierte Arbeitsmarkt

Einstweilen geht der Boom an den Aktienmärkten ungebremst weiter – bis die Blase im März 2000 platzt und dem noch jungen Jahrhundert seine erste Wirtschaftskrise beschert. In immer breiteren Schichten greift die Angst vor der Globalisierung um sich, und mit ihr die Ahnung, dass harte Zeiten bevorstehen.

»Wir werden Leistungen des Staates kürzen, Eigenverantwortung fördern und mehr Eigenleistung von jedem Einzelnen abfordern müssen«[3] – mit diesen Worten kündigt Bundeskanzler Gerhard Schröder im Frühjahr 2003 vor dem Bundestag die Arbeitsmarkt- und Sozialreformen an, die heute unter dem Namen Agenda 2010 firmieren. Das Geheimnis hinter den Reformen besteht im Wesentlichen darin, die Nachfrage nach Arbeit zu stimulieren, indem deren Preis gesenkt wird. Insbesondere werden die Möglichkeiten der »atypischen Beschäftigung« erweitert: befristete Arbeitsverhältnisse, Mini-Jobs ohne Sozialversicherungspflicht sowie Teilzeitarbeit. Leiharbeit wird durch den Wegfall der zeitlichen Beschränkung der Überlassungsdauer attraktiver gestaltet.

Die Reformen sind von durchschlagendem Erfolg gekrönt: Heute erfolgt fast jede zweite Neueinstellung befristet;[4] fast fünf Millionen Menschen gehen ihrem Lebenserwerb per Mini-Job nach, weitere 2,6 Millionen bessern damit ihr Einkommen aus einem anderen Job auf.[5] Damit gehen in Deutschland – entgegen landläufiger Meinung – mehr Menschen einem Zweitjob nach als in den USA, nämlich neun Prozent der Angestellten.[6] Die Leiharbeitsbranche erlebt einen nie dagewesenen Boom, mittlerweile sind in Deutschland 17 938 Firmen[7] aktiv, die insgesamt fast eine Million ihrer Klienten[8] an andere Unternehmen »ausleihen« – die damit Auftragsspitzen abfangen können, gerne aber auch auf Dauer ihre Lohnkosten drücken.

Der Billiglohnsektor ist zu *dem* Boomsegment des Arbeitsmarktes geworden. Mittlerweile arbeitet hier jeder fünfte Erwerbstätige; das sind deutlich mehr Menschen als in den meisten Nachbarländern.[9] Beispiel Brief- und Paketzustellung: Wurde die Post früher von teuren Quasi-Beamten mit Wochenendzulage und soliden Rentenansprüchen zugestellt, kommt sie heute durch Mini-Jobber oder sonstige Teilzeitkräfte ins

Haus. Und die werden in manchen Fällen nicht mehr nach Arbeitszeit bezahlt, sondern »erfolgsabhängig«, also zum Festpreis pro ausgelieferter Sendung – so wie jetzt viele Putzfrauen pro geputztem Hotelzimmer oder Callcenter-Agenten pro gewonnenem Kunden bezahlt werden.

Die Renaissance der Arbeit

Seit 2005 befindet sich die Zahl der Arbeitslosen im Sinkflug; mit 2,87 Millionen oder 6,6 Prozent hat sie sich inzwischen fast halbiert (Stand Juni 2013). Bei aller Euphorie sollte aber nicht vergessen werden, dass die tatsächliche Zahl der Arbeitssuchenden deutlich höher liegt, denn von der Statistik werden diejenigen nicht erfasst, die beispielsweise krankgeschrieben sind oder an arbeitsmarktpolitischen Maßnahmen teilnehmen. Die Gesamtzahl derjenigen, die dem Jobwunder von der Seitenaus-Linie zuschauen müssen (in der Bundesamt-Statistik tauchen sie als »Unterbeschäftigte« auf), liegt derzeit bei vier Millionen.[10] Nicht enthalten sind in dieser Zahl allerdings weiterhin die ca. zwei Millionen Teilzeitbeschäftigte, die gerne mehr arbeiten würden. Ganz zu schweigen von denjenigen, die zwar gerne Arbeit hätten, aber erst gar nicht den Weg zum Arbeitsamt antreten, weil sie diesen für aussichtslos halten. Die reale Quote an Unterbeschäftigung dürfte also immer noch bei weit über zehn Prozent liegen, eher bei fünfzehn. Dem aktuellen Job-Boom tut das jedoch keinen Abbruch. Mit 41,8 Millionen sind derzeit mehr Menschen in Lohn und Brot als jemals zuvor in der deutschen Geschichte. Selbst die Arbeitslosen gehen in sogenannten Ein-Euro-Jobs einer geregelten Arbeit nach.

Bei genauerer Betrachtung verbirgt sich hinter dem Jobwunder sogar noch ein zweites: Es sind nämlich nicht nur *mehr* Menschen bei der Arbeit – sondern sie arbeiten auch noch mehr als zuvor. Die durchschnittliche Wochenarbeitszeit, die bisher kontinuierlich am Absinken war, steigt seit ein paar Jahren wieder. Die 35-Stunden-Woche, einst als das Modell der Zukunft gefeiert, ist zum Auslaufmodell geworden, das außerhalb von Wolfsburg nur noch auf ein paar wenigen Inseln der Glückseligen praktiziert wird. Heute arbeitet ein Vollzeit-Angestellter durchschnittlich 40 Minuten länger, als er das vor 15 Jahren tat.[11] Wenn man die Überstunden einrechnet, die in Deutschland traditionellerweise gern gemacht werden, kommt er im Schnitt auf 43 Wochenstunden.[12] Lange Arbeitszeiten sind insbesondere unter Niedriglöhnern verbreitet, jeder Vierte von ihnen arbeitet mehr als 50 Stunden.[13] Dazu kommt, dass die Wege zwischen Wohnung und Arbeitsplatz immer länger geworden sind. Zwischen 1996 und 2008 nahm die Zahl der Berufspendler, deren Arbeitsplatz mehr als 25 Kilometer vom Wohnort entfernt ist, um 1,2 Millionen zu.[14] Der durchschnittliche Arbeitsweg hat sich in den letzten zehn Jahren um 10 bis 15 Prozent verlängert und liegt heute bei 14 Kilometern für die einfache Fahrt.[15] Jeder fünfte Arbeitnehmer verbringt Woche für Woche mehr als 10 Stunden auf der Fahrt zur Arbeit – und damit, auf das Arbeitsleben hochgerechnet, ziemlich genau zwei volle Lebensjahre.[16]

Aber nicht nur die Arbeitstage werden länger, auch die Lebensarbeitszeit nimmt wieder zu: Das offizielle Rentenalter wurde auf 67 Jahre heraufgesetzt, und durch die Beschränkungen der Frühverrentung wurde auch der tatsächliche Eintritt in den Ruhestand erheblich verzögert. Der Anteil der 60- bis 64-Jährigen unter den Arbeitnehmern hat sich in den vergangenen zehn Jahren fast verdoppelt.[17] Und inzwischen wird die Forderung von Ökonomen nach einer weiteren Heraufsetzung des Rentenalters immer lauter. »Die Rente mit 70 ist unabdingbar«, sagt etwa der Direktor des Instituts der Zukunft der Arbeit (IZA), Klaus Zimmermann.[18] So, wie das Ende des Arbeitslebens nach hinten verschoben wurde, hat man auch seinen Anfang vorgezogen. Heutige Kinder werden fast ein Jahr früher eingeschult als die Generation vor ihnen, und für die meisten von ihnen hat sich dank G8 noch dazu die Zeit bis zum Abitur um ein Jahr verkürzt. Ein Jugendlicher, der heute am Eintritt ins Berufsleben steht, wird schätzungsweise 10 000 Stunden mehr bei der Arbeit verbringen als Papa oder Mama – also umgerechnet mehr als ein halbes Jahrzehnt.[19]

Das Ende der Arbeit ist also ausgeblieben. Stattdessen erleben wir eine fundamentale Trendwende: Die pro Kopf erbrachte Arbeitsmenge, die sich seit Beginn des Jahrhunderts halbiert hat, nimmt wieder zu. Der Ökonom Meinhard Miegel spricht von einer »Renaissance der Arbeit«, deren Ursache er in einer fundamentalen Neubewertung der Produktionsfaktoren sieht: Mit dem Ende des billigen Öls und den steigenden Kosten für Therapie und Prävention von Umweltschäden nähern sich Energie und Rohstoffe ihrem realen Preis, für Unternehmen wird es also immer lohnender, verstärkt den im Vergleich dazu relativ billigen Faktor Arbeit einzusetzen.[20]

Von der wachsenden Nachfrage nach Arbeit profitiert aber nur eine Minderheit: diejenigen nämlich, die mit ihrer Qualifikation über eine USP, eine »Unique Selling Proposition« verfügen – also eine Fähigkeit, die von anderen nicht massenhaft angeboten werden kann. Für alle anderen sind die guten Zeiten vorbei. Schon seit 1985 stagnieren in Deutschland die durchschnittlichen Reallöhne. Im unteren Bereich ist deren Kaufkraft seit der Jahrtausendwende um fast 10 Prozent eingebrochen, selbst bei Hochschulabsolventen ergibt sich in diesem Zeitraum ein reales Minus von 4 Prozent – und das, obwohl die Wirtschaftsleistung in der gleichen Zeit um 4 Prozent zugelegt hat.[21] Einzig Angestellte in Führungspositionen verzeichnen einen Anstieg ihrer Gehälter, der umso höher ausfällt, je höher ihre Position ist.

Unterm Strich ist also eine Polarisierung zwischen den unteren und den oberen Rändern des Arbeitsmarktes zu verzeichnen. Für die meisten Deutschen gilt, dass sie heute zwar mehr arbeiten, dafür aber weniger Geld bekommen. Und daran hat auch der Boom auf dem Arbeitsmarkt nichts geändert.

Globalisierung der Rastlosigkeit

Nun mag man einwenden, dass es sich bei diesem Boom um ein deutsches Sonderphänomen handelt, bedingt etwa durch den für eine Exportnation günstigen Euro. Funktioniert das deutsche Beschäftigungswunder vielleicht einfach nur deshalb, weil in Krisenländern Arbeit abgebaut wird? Auf den ersten Blick scheint die hohe Arbeitslosigkeit in vielen europäischen Staaten diese Annahme zu bestätigen. Aber eben nur auf den ersten Blick. Denn der Run auf die Arbeit findet in Europa als Ganzem statt – auch wenn er in vielen Ländern durch die Finanz- und

Wirtschaftskrise vorerst zum Halten gekommen ist. Seit Ausbruch der Finanzkrise 2008 ist die Erwerbstätigenquote in Gesamteuropa von 65,8 auf 64,2 Prozent gesunken (2012). Damit liegt sie jedoch noch immer deutlich über den 62,4 Prozent, die sie eine Dekade zuvor erreicht hatte.[22] Trotz Schuldenkrise sind in Europa damit heute über zehn Millionen Menschen mehr bei der Arbeit.

Und ein weiterer Job-Boom zeichnet sich schon am Horizont ab: Viele der Krisenstaaten machen sich in ihrer Not auf, ihre Arbeits- und Sozialsysteme nach deutschem Vorbild zu modernisieren und ihre Arbeitslosen aus der staatlichen Versorgung in einen blühenden Servicesektor zu entlassen. Spanien etwa hat als erstes Flexibilisierungshindernis bereits die traditionelle Siesta abgeschafft,[23] und in Frankreich ist es nur noch eine Frage der Zeit, bis nach dem nächsten Regierungswechsel Reformen *à l'allemande* kommen werden. Eine Heraufsetzung des Renteneintrittsalters hat Präsident Hollande bereits angekündigt.[24]

Der Run auf die Arbeit ist ein globales Phänomen. In den USA ist die Beschäftigung in der vergangenen Dekade um sieben Millionen angewachsen,[25] und das trotz der in der Finanzkrise und durch den (mittlerweile dank Fracking wieder abgeblasenen) Krieg ums Öl deutlich gestiegenen Arbeitslosigkeit. Und diejenigen, die in Lohn und Brot stehen, arbeiten inzwischen immer exzessiver, mit durchschnittlichen (!) Wochenarbeitszeiten von 47 bis 49 Stunden.[26]

Wahrscheinlich war der Planet noch nie so rastlos wie heute. Trotz aller Krisen hat die weltweite wirtschaftliche Aktivität mit einem durchschnittlichen jährlichen Wachstum von über 4 Prozent in der vergangenen Dekade um mehr als die Hälfte zugelegt. Aus Entwicklungsländern sind Schwellenländer geworden, aus Schwellenländern Industrienationen, aus Subsistenzbauern Arbeiter, aus Arbeitern Angestellte. Immer mehr Menschen auf unserem Planeten wollen teilhaben an der stets wachsenden Welt der Güter und Dienstleistungen, die ihnen ein besseres Leben versprechen. Ein besseres Leben – der Eintrittspreis ist für alle derselbe –, das sie jetzt bei der Arbeit verbringen.

2. Der neue Klang der Arbeit

Das Ende der Arbeit ist also vorerst ausgefallen – die Arbeitsgesellschaft kann aufatmen. Die ungemütliche Suche nach einem neuen Daseinszweck hat sich erst einmal erübrigt.

Aber noch eine andere frohe Botschaft ist zu vermelden, wenn wir die letzten Jahre Revue passieren lassen: Die Arbeit ist schöner geworden. Vielleicht nicht für alle – wir werden noch darauf zurückkommen –, aber zumindest für diejenigen, die auf der Siegerseite der neuen Marktordnung stehen. Dort, wo sie arbeiten, ist es netter geworden. Gut, ein paar nervige Kollegen gibt es immer, aber alles in allem stimmt das Klima. Und der Chef ist auch lockerer. Er brüllt nicht mehr so oft, er wirft sich in Besprechungen seltener in die Kann-nur-ich-Pose. Vielleicht weil er die Wochenenden jetzt öfter auf Seminaren verbringt, Thema: »Führungskompetenz durch emotionalen IQ« oder »Nie ohne Empathie«.

Doch, wirklich, es ist netter geworden am Arbeitsplatz.

Arbeit wird flexibel

Waren wir eigentlich jemals freier bei unserer Arbeit? Wer den Film *Modern Times* von Charlie Chaplin kennt, hat eine Ahnung davon, wie sich der Arbeiter früher gefühlt haben muss: wie ein kleines Zahnrädchen in einer riesigen, anonymen Produktionsmaschinerie. Für die Büroangestellten war es nicht anders: In Reih und Glied sitzen sie über ihren Kontobüchern oder Rechenblättern, Ärmelschoner umgeschnallt, die Anweisungen kommen per Röhrenpost, immer von oben, wo die Bosse sitzen. Deren Kommandos sausen hinunter zu den mittleren Chefs, werden dort abgearbeitet und in neue Befehle verwandelt, und so geht es weiter von Etage zu Etage, bis sie unten in der Schreibstube angekommen sind, wo die Angestellten über ihren Papieren oder an ihren Schreibmaschinen hocken, unter der strengen Aufsicht des Supervisors, der mit misstrauischem Blick die Reihen seiner potenziellen Bummelanten abschreitet.

Nach dem Krieg verliert das Modell des Industriezeit-Büros seinen militärischen Touch, aber das Prinzip bleibt dasselbe: Die Aufgaben kommen von oben, allzu viel Selbstdenken ist nicht gefragt. Dafür Sekundärtugenden wie Sorgfalt, Zuverlässigkeit und Pünktlichkeit.

Die Welt der Arbeit hat – räumlich wie zeitlich – eine exakt definierte Grenze, an der ein Wachposten namens Stechuhr steht. »Einstempeln« und »ausstempeln« gehörten einmal zum Sprachgebrauch des Angestellten wie heute das »Meeting« oder der »Support« von der IT-Abteilung. Die Stechuhr ist das unverzichtbare Herzstück der Büroorganisation der industriellen Epoche. Sie stellt sicher, dass der Arbeitnehmer, dieser große Drückeberger, seinem Chef auch wirklich die Portion seiner Zeit zur Verfügung stellt, für die er auch bezahlt wird. Zu den damals modernen Zeiten Charlie Chaplins sind das jeden Tag acht Stunden mit Ausnahme des heiligen Sonntags. Seit den 1960er-Jahren gehört Papi auch samstags seiner Familie.

Der Arbeitnehmer der Industrialisierungsepoche ist in seiner Persönlichkeit gespalten. Er besitzt zwei separate, schon rein äußerlich unterscheidbare Identitäten, zwischen denen er zweimal pro Tag wechselt. Morgens, wenn er die Krawatte umbindet, die Aktentasche packt und das Haus verlasst, und abends, wenn sich dieselbe Verwandlung im Rückwärtsgang abspielt.

Im Lauf der 1980er-Jahre beginnen sich die starren Grenzen zwischen den beiden Welten aufzulösen. Das Stichwort heißt »Flexibilisierung der Arbeitszeit« – und auch diese Flexibilisierung besitzt von Anfang an zwei Gesichter: Auf der einen Seite kommt sie dem Angestellten entgegen, dessen individuelle Rhythmen und Bedürfnisse durch Gleitzeit und Arbeitszeitkonten Berücksichtigung finden. Auf der anderen Seite soll selbstverständlich auch der Arbeitgeber auf seine Kosten kommen. Für dessen Maschinen besteht der Tag nun einmal seit jeher aus exakt 24 Stunden, und das auch am Wochenende. Und so kommt es, dass sich, ganz allmählich, der Arbeitsrhythmus der flexibilisierten Arbeitnehmer langsam wieder den Maschinenlaufzeiten annähert.

Papi (oder Mami) gehören inzwischen in jeder vierten Familie samstags nicht mehr den Kindern (oder dem Hund), sondern der Firma[27] – vor zehn Jahren war das noch in jeder fünften der Fall. Sonntags arbeitet inzwischen jeder achte Erwerbstätige. Ein Viertel ist mittlerweile auch nach 18 Uhr bei der Arbeit – vor zwanzig Jahren war es noch jeder sechste –, nachts zwischen 23 und 6 Uhr immerhin fast jeder Zehnte.[28] Mit mittlerweile sechs Millionen Betroffenen ist auch die Schichtarbeit wieder auf dem Vormarsch.[29]

Arbeit wird mobil

Ein weiterer Schub bei der Entgrenzung der Arbeit verdankt sich der schlauen Technik. Internet, Smartphone und BlackBerry sorgen dafür, dass wir immer und überall erreichbar sind – und unser Arbeitsmittel praktischerweise schon in der Hand halten. Der Firmenserver kennt keine Stechuhr, der moderne Angestellte hat also auch mitten in der Nacht oder auch zwischen Hauptgang und Dessert Zugang zu seinen E-Mails, Präsentationsentwürfen oder der Projektmanagement-Software.

So wie es sich seit dem Beginn der Internet-Ära auch nach Ladenschluss noch einkaufen lässt, so kann man jetzt auch arbeiten, wenn im Betrieb nur noch die Leute vom Sicherheitsdienst herumschleichen. Keine Gewerkschaft und kein Arbeitsschutzgesetz können dem flexibilisierten Angestellten verbieten, nachts um zehn noch mal reinzukommen, wenn er einen Geistesblitz hat. Am nächsten Morgen schläft er dafür aus (wenn nicht ein weiterer Geistesblitz dazwischenkommt).

Seine physische Anwesenheit am Arbeitsplatz ist ohnehin immer weniger zwingend. Via *Cloud Computing* kann er auch die kompliziertesten Projekte über Zeitzonen und Kontinente hinweg bearbeiten, zusammen mit Kollegen, von denen er gerade mal die Namen kennt. Meetings und Besprechungen erledigt er per Online-Videokonferenz am Rechner – ob der zu Hause auf dem Schreibtisch steht oder im Park oder im Café ist unerheblich. Der moderne Wissensarbeiter braucht kein Büro, er *ist* das Büro. Noch dazu eines, das besser ausgestattet ist als das eines Vorstandsvorsitzenden der Analog-Ära samt Schreibkraft und Chefsekretärin. Und deutlich billiger.

Anfangs überwog bei Firmen die Skepsis, wenn ein Mitarbeiter

»Heimarbeit« beantragte; sie befürchteten, er könne sich, erst einmal außerhalb der Aufsicht seiner Vorgesetzten, anderen Dingen hingeben als seiner Arbeit. Inzwischen sind Unternehmen in aller Regel sehr geneigt, solche Mitarbeiterwünsche zu erfüllen – entsprechend wurde die Arbeit in den eigenen vier Wänden als »Home Office« auch sprachlich aufgewertet. Aus diversen Studien weiß man: Wenn ihre Anwesenheit nicht kontrolliert wird, arbeiten Angestellte nicht nur motivierter, sondern auch deutlich länger.[30]

In vielen amerikanischen Unternehmen arbeitet bereits ein Großteil der Belegschaft von zu Hause aus. Dahinter stecken nicht unbedingt nur die Wünsche der Mitarbeiter, sondern knallharte wirtschaftliche Überlegungen – schließlich entfällt neben dem eingesparten Büroraum das unproduktive Herumsitzen im betriebsinternen Konferenzzirkus, und der Schwatz mit den Kollegen sowieso. Für viele Firmen ist das Arrangement »Heimarbeit« denn auch nur der erste Schritt zum kompletten Outsourcing geworden. Wenn der Mitarbeiter ohne Boss schon so fleißig und selbstständig arbeiten kann, warum sollte man ihn dann nicht gleich durch »echte« Selbstständige ersetzen und sich so Sozialkosten, Krankheitstage und die Lohnbuchhaltung sparen?

Der »flexible Mitarbeiter« passt perfekt zum Verschlankungs-Megatrend der modernisierten Wirtschaft, in dem die Bezeichnung »Festangestellter« immer mehr zu einer Art Adelstitel wird, den eine gehätschelte Elite von Wissensarbeitern und Führungskräften für sich beanspruchen darf, ein immer kleiner werdender *Inner Circle,* der von hypermobilen Dienstleister-Trabanten umkreist wird – Digitalos und Pauschalos, die auf Honorarbasis in Cafés, im ICE oder in der DB-Lounge auf ihren Tastaturen klappern.

An der Frage, ob man in diesen Protagonisten der postmodernen Hyperflexibilität nun die Pioniere eines neuen Lebens- und Arbeitsstils sehen kann, die sich vom »Kaspertheater der festangestellten Bürosklaven« freigemacht haben – wie die Journalisten Holm Friebe und Sascha Lobo sich ausdrücken –, scheiden sich die Geister.[31] Ein großer Teil der als »digitale Bohème« Mystifizierten dürfte sich jedenfalls genauso gut als »digitales Proletariat« beschreiben lassen, dessen Angehörige von ihren Auftraggebern gnadenlos heruntergehandelt und ausgebeutet werden.

Pioniere oder Proletarier – es werden jedenfalls immer mehr: Nach einer Studie der Deutschen Bahn soll zum Ende des Jahrzehnts jeder siebte Euro an Wertschöpfung über hochflexible, temporäre Projektarbeit im Netz erzielt werden.[32]

Büros zum Wohlfühlen

Wird also die Firma als konkreter Ort, an dem wir arbeiten, überflüssig? Wird uns die Technik des Virtuellen letztlich auch virtuelle Firmen bescheren, in denen sich Mitarbeiter nicht mehr in echt begegnen, sondern nur noch auf dem Bildschirm (in 3D natürlich)? Ziehen unsere Schreibtische in die Cloud um, so wie das die Festplatten unserer Computer tun?

Gerade in den Boom-Branchen wie IT oder Biotechnologie, in denen die mobilsten Mitarbeiter arbeiten, ist derzeit ein ganz anderer Trend zu beobachten. Hier stampfen Stararchitekten Firmenzentralen aus dem Boden, die mit den Großraumbüros früherer Zeiten so viel zu tun haben wie ein Gucci-Laden mit einem Billig-Outlet. Sonnendurchflutete Räume, Cappuccino-Bars, Designerlampen, Sitzecken in netten Farben, an den Wänden meditative Natursequenzen als Videoanimation. »Die Mitarbeiter sollen auf keinen Fall daran erinnert werden, dass sie arbeiten«, hört man in dem Dokumentarfilm *Work Hard – Play Hard* den Planer der neuen Unilever-Firmenzentrale in Hamburg sagen.

In einer Werbeagentur im niederländischen Haarlem lassen sich die Schreibtische auf Knopfdruck unter die Decke ziehen, dann setzt sich das Team um einen großen Esstisch und macht gemeinsam Mittagspause. Abends wird das Büro auf dieselbe Weise zu einer Veranstaltungsfläche verwandelt, wer will, kann zusammen mit den herbeiströmenden Nachbarn tanzen, meditieren oder kochen. »Es gibt doch heute«, kommentiert der Inhaber, »für viele keinen festen Feierabend mehr. Gerade deshalb sollten wir die Abende so angenehm wie möglich gestalten.«[33]

Google hat seine neue Zentrale in London mit riesigen Sofasitzecken, plüschigen Separees und einem Garten zum Unkrautjäten im Team ausgestattet – Teil einer »intelligenten Strategie für die Gestaltung von Arbeitsplätzen«, wie der verantwortliche Designer Lee Penson sagt.[34]

Der ideale Arbeitsplatz der Trend-Architekten sieht aus wie eine Kopie der privaten Welt, bloß schöner und aufregender. Das Design ähnelt mehr und mehr einer luxuriösen Hotellobby. Und genauso wie ein Hotel soll der Arbeitsplatz auch alle Annehmlichkeiten bieten, die das Leben bequemer machen. Wäsche- und Massageservice, Fitnessstudio, Kaffeebar, und in der Firmenkantine demonstriert durchaus mal ein Sternekoch seine Kunst, zum Beispiel in der Lübecker Biotech-Firma Euroimmun. Und die Kinder? Spielen zwei Etagen tiefer in der firmeneigenen Krippe. Einen zwingenden Grund, mal nach draußen zu gehen, gibt es nicht mehr.

Natürlich liegt im Trend zum Wohlfühl-Büro nicht gleich die »Zukunft der Arbeitswelt«. Der Fünf-Sterne-Service für Angestellte wird weiterhin auf die Bereiche beschränkt sein, wo Firmen den Rohstoff Kreativität zu satten Gewinnen veredeln können. Und auch in Zukunft werden vom warmen Klima in der Zentrale nur diejenigen unter den Mitarbeitern profitieren, die es zur Mitgliedschaft im Exklusivklub der Festangestellten gebracht haben. Die anderen bevölkern weiterhin als feste Freie oder auch digitale Bohemiens den kühleren Orbit drum herum.

Seit Marissa Mayer, die neue Chefin des angeschlagenen Internetkonzerns Yahoo, Anfang des Jahres 2013 sämtliche Heimarbeiter unter ihren 11 500 Angestellten zurück ins Büro schickte, um die Kommunikation und den Zusammenhalt zu stärken (»Wir müssen *ein* Yahoo sein«), wurde für viele schon das Ende des Home Office eingeläutet – zumindest als zusätzliche Option für die privilegierten Festangestellten. Kommentatoren (von denen manche in Yahoos Maßnahme nichts weniger als einen Schritt zurück ins 19. Jahrhundert sehen) beschwören sogar schon einen Kulturkampf um das Menschenrecht der freien Arbeitsplatzwahl.[35]

Viel eher werden auch in Zukunft die verschiedensten Arrangements friedlich koexistieren: jeder Firma ihr passendes Modell, Hauptsache, die Mitarbeiter liefern ordentliche Arbeit. »Wenn die Leute entspannt sind, arbeiten sie effektiver«, resümiert Designer Penson. Deshalb hat er in seiner Google-Zentrale die Türen wie Eingänge von U-Booten gestaltet. Er will damit zeigen, dass Türen mehr sind als eine technische Notwendigkeit: »Es ist ein unbeschwertes, fröhliches Hindurchgehen.«

Unter Kumpels

Unbeschwert. Fröhlich. Und alle ein großes Team. Was für ein Unterschied zu dem »Arbeitsplatz« unserer Väter, zu dem sie morgens aufbrachen, Thermoskanne und Stulle in der Aktentasche, und von dem sie abends abgekämpft nach Hause kamen, um erst mal die Beine hochzulegen und das erste Bierchen zu zischen, der Auftakt zu einem Feierabend im heimeligen Kreis der Lieben, unbeschwert und fröhlich.

Wenn das wie verkehrte Welt klingt, dann deshalb, weil es genau das ist.

Das Feierabend-Bierchen? Gibt es noch, bloß nimmt man es heute in den »jungen« Trendbranchen selbstverständlich am Arbeitsplatz ein, gemeinsam mit den Kollegen und selbstverständlich auf Kosten des Chefs. Und wenn man Lust hat, zieht man danach noch zusammen los.

Das Wort »Kollege« hat die Distanz verloren, die immer mitschwang, wenn es aus dem Mund unserer Väter kam. Heute klingt es fast ein bisschen wie »Kumpel«. Wenn wir am Wochenende zum Grillen einladen, sind ziemlich wahrscheinlich auch ein paar Kollegen dabei. Auch der Chef ist nicht mehr die unnahbare Autoritätsperson, die er einmal war. Auch er wird immer mehr zum Buddy, mit dem man spätestens nach der ersten Weihnachtsfeier per Du ist.

Für viele der modernen Büroarbeiter besteht gar kein Grund mehr, außerhalb der Firma nach sozialen Aktivitäten zu suchen, etwa in einen Verein einzutreten. Die Jogging-Gruppe der Kollegen trifft sich zweimal die Woche, um sich gemeinsam auf den Marathon vorzubereiten, und im Sommer nehmen alle zusammen am Drachenboot-Rennen teil, selbstverständlich im Firmentrikot. Der französische Telekommunikationskonzern Orange nennt 31 Betriebschöre sein eigen, die sich einmal die Woche in der Mittagspause unter der Leitung eines von der Firma angeheuerten Chorleiters treffen, um gemeinsam eine Aufführung vorzubereiten.[36]

Die Firma ist jetzt unser soziales Universum. Hier ist man unter Freunden, durch die gemeinsame Arbeit verbunden, durch die Schwierigkeiten, die man zusammen gemeistert hat, die Siege aus auswegloser Lage, in letzter Sekunde. Je mehr einem tagsüber die Kugeln um die Ohren pfeifen, desto schöner ist das Gemeinschaftsgefühl, wenn man abends alles noch mal beim Italiener oder in der After-Work-Lounge Revue passieren lassen kann.

Schöne kuschelige Arbeitswelt

Also nicht nur, dass Arbeit sich so wundersam vermehrt hat. Schöner ist sie dabei auch noch geworden.

Wie bitte, schöner? War im letzten Kapitel nicht die Rede von Billigjobbern, Leiharbeitern, der Wiederauferstehung der Dienstbotenklasse? Ist es nicht für Millionen tagtägliche Realität, dass sie sich mit ihrer Arbeit finanziell kaum über Wasser halten können? Dass ihre Netto-Einkommen immer weiter dahinschmelzen, weil sie nicht einmal der Inflation standhalten? Von den Millionen Arbeitslosen und Unterbeschäftigten ganz zu schweigen, die als Zaungäste des Jobwunders ganz andere Sorgen haben. Zu dieser Realität passt der Google-Tempel wie eine Wellness-Oase zu einem Slum von Nairobi.

Und doch bildet dieser krasse Gegensatz die Realität der modernisierten Arbeitswelt ab. Auf der einen Seite stehen diejenigen, die über die Fähigkeiten gebieten, die in der postindustriellen Wirtschaft nachgefragt sind: eine gute Ausbildung, Leistungsbereitschaft, Mobilität, Flexibilität, gutes Auftreten. Auf der anderen diejenigen, die weniger smart sind, weniger mobil, nicht ganz gesund oder mit irgendeinem Handicap versehen (etwa mit Kindern). Oder sich vielleicht einfach in ihrer Selbstvermarktung nicht so geschickt anstellen.

Der Wandel von der Produktions- zur Wissens- und Dienstleistungsgesellschaft hat immer mehr hoch qualifizierte Arbeitsplätze entstehen lassen. Das Angebot an einfachen Tätigkeiten ist dagegen zusammengeschrumpft – die werden längst in Ungarn oder Kambodscha verrichtet oder sind durch die Technisierung jetzt eben keine »einfache Arbeit«

mehr. Wo ein Jugendlicher mit handwerklichem Geschick, aber etwas langsamerem Geist es früher gut und gerne zum »Autoschrauber« bringen (und von diesem Beruf auch leben) konnte, müsste er heute dafür mit der Software im Diagnosecomputer klarkommen. Allenfalls im Bereich der »personengebundenen Dienstleistungen« finden Niedrigqualifizierte noch einen Platz, wenn auch immer seltener ein Auskommen. (Und dass Angestellte auch hier nicht vor Auslagerung geschützt sind, zeigt das Geschäftsmodell eines deutschen Altenheim-Betreibers, der seine Klienten in Thailand pflegen lässt.)

Der Wirtschaftswissenschaftler Meinhard Miegel bringt das Dilemma in seinem Buch *Exit* auf den Punkt: »In einer Wirtschaftsform, die auf permanente Hochproduktivität zielt, ist an sich nur Platz für permanent Hochproduktive.«[37]

Ein Dilemma, das ganz besonders für diejenigen gilt, die gerne als »Bildungsverlierer« bezeichnet werden. Jedes fünfte Kind geht von der Schule ab, ohne richtig lesen und schreiben zu können – und diese Quote ist nach Auskunft der Bildungsforschung seit Jahr und Tag in jeder Alterskohorte konstant, auch wenn die Medien gerne einen anderen Eindruck erwecken.[38] Was sich allerdings geändert hat, ist, dass »Schulversager« heute eben kaum noch Aussicht auf einen auskömmlichen Job mehr haben.

Und so driften die Chancen und Lebenswelten der Bevölkerung immer weiter auseinander. Während etwa Fachhochschulabsolventen heute so gefragt sind wie eh und je, hat sich die Arbeitslosigkeit von Geringqualifizierten ohne Abschluss, die 1975 noch bei 6 Prozent lag, bis heute auf 25 Prozent vervierfacht.[39]

Aber so ungemütlich es bei den Kellerkindern ist, so kuschelig ist es oben für die Kinder der gebildeten Mittelschicht geworden, deren Talente und Leistungsbereitschaft für IT-Unternehmen, Werbeagenturen, Unternehmensberatungen oder Kanzleien systemrelevant sind. Ihre Arbeitsplätze verwandeln sich mehr und mehr in Edel-Wohngemeinschaften, in denen sich das Potenzial der Mitbewohner aufs Wunderbarste entfalten soll, auf dass sich auch noch das letzte Quäntchen davon in Gewinn verwandeln möge.

Vom Geführten zum Selbstführer

Wie sich der Arbeitsplatz des Leistungsträgers verändert hat, so ist dieser selber ein anderer geworden. Aufgeblüht ist er. Vielleicht sogar schöner geworden, wenn der Eindruck nicht trügt (wir werden noch darauf zurückkommen). Auf jeden Fall: selbstbewusster. Er sitzt längst nicht mehr wie ein Schuljunge am Schreibtisch und wartet auf die Pausenklingel. Nein, er ist zum Manager seiner eigenen Zeit geworden, die er mit dem Terminplaner seines Smartphones portioniert und priorisiert. Auch die Vorgaben von oben sind passé, die Listen, die es abzuarbeiten galt. Der moderne Mitarbeiter will und kann selbst gestalten.

Überhaupt kommen seine Befehle nicht mehr von oben. Er ist Teil eines Netzes, in dem er zusammen mit anderen ein Projekt bearbeitet, jeder an seinem Knotenpunkt, jeder mit seiner Expertise, jeder für den Projektfortschritt entscheidend, für seinen Bereich voll und ganz verantwortlich. Ein Netz, in dem eine zentrale Steuerung nichts anderes als absurd wäre, denn seine Rahmenbedingungen sind instabil und volatil, die Konkurrenzsituation kann sich von jetzt auf gleich verändern, genauso der Bedarf des Kunden, eine technische Norm oder eine Risikoeinschätzung, und auf jede Veränderung muss flexibel reagiert werden, und zwar ohne langwierige Abstimmungswege über Instanzen und Etagen, sondern jetzt sofort. Maximaler Zeitdruck ist geradezu das konstitutive Definitionskriterium für ein Projekt.

Die »Stelle« von heute ist eine Baustelle: alles im Fluss, alles halbfertig, alles ein großes Durcheinander, alle Fragen offen. Lösungen gibt es nur in der Last-Minute-Variante. Reines Fachwissen tritt gegenüber den *soft skills* des modernen Projektmanagers zurück: Kommunikationsfähigkeit, Improvisationstalent und Stressresistenz.

Klar gibt es noch einen Chef, und klar gibt es noch Zielvorgaben – aber die werden immer globaler: das Budget, der Termin des *Rollouts,* ein paar *Milestones* noch. Aber wie wir diese Ziele erreichen, das liegt jetzt ganz in unserer eigenen Verantwortung. Laut Arbeitsvertrag mögen wir noch so sehr Angestellte sein, in der Realität des Projektprozesses sind wir selbstständig.

Die klassische Steuerung per Befehlskette ist zu einem interaktiven, hoch vernetzten Selbstregulationsprozess geworden. Und damit ist auch die klassische Stellenbeschreibung des Chefs hinfällig. »Steuern« tut er niemanden und nichts mehr, denn ein komplexes Projekt ist schlichtweg nicht aus einer Hand steuerbar. Genauso wenig ist es der moderne Angestellte; allenfalls kann er dazu motiviert werden, sich selbst richtig zu steuern. Der Chef von heute ist längst nicht mehr die einschüchternde Kontrollinstanz, sondern ein Förderer, der nachfragt und ermutigt, ein Begleiter, der mir hilft, meine eigenen, selbst gesetzten Ziele zu erreichen, die – wie könnte es anders sein? – auf magische Weise mit denen der Firma identisch sind. Wir sind Partner geworden.

Das gilt selbst da, wo die Interessen natürlicherweise auseinandergehen, wie etwa bei Gehaltsverhandlungen. Dem modernen Arbeitnehmer muss kein Chef erzählen, dass seine Wertschöpfung das Unternehmen erst in die Lage versetzt, sein Gehalt zu zahlen. Er weiß auch, dass seine Abteilung über kurz oder lang in billigere Gefilde verlegt wird, wenn sie nicht profitabel arbeitet. Aber im Gegensatz zu früher, wo er dahinter ein Komplott der Bosse gewittert hätte, sieht er heute die unbestechlichen Kräfte des Marktes am Werk.

Aber er kennt durchaus auch seinen eigenen Wert auf diesem Markt. Und er weiß, dass er sein Gegenüber von sich überzeugen muss – und zwar am besten mit Zahlen: dem Deckungsbeitrag des aktuellen Projekts, den glänzenden Marktchancen des Produkts in der Pipeline, mit Excel-Tabellen untermauert, auch eine kleine Powerpoint-Präsentation kann nicht schaden. Um überzeugend rüberzukommen, hat er die Dienste eines Gehaltscoachs oder sonstigen Beraters in Anspruch genommen.

Der moderne Erwerbstätige ist quasi ein Unternehmer in eigener Sache, der weiß, dass er sein Schicksal selber in die Hand hat.

Arbeitskraftunternehmer

Mit der Modernisierung des globalisierten Wirtschaftssystems hat eine neue Spezies von Arbeitnehmern die historische Bühne betreten. Nichts erinnert mehr an den passiven Befehlsempfänger von früher, und auch nicht an seine höhere Inkarnationsstufe als »Mitarbeiter«, der ein wachsendes Stück seiner Zeit für sich behalten durfte, um die Massenprodukte seiner Arbeit zu konsumieren – in seiner Arbeit selbst aber genauso ein Massenprodukt war. Das vor allem eines tun sollte: funktionieren, sei es am Fließband oder im Büro. Im wohlfahrtsstaatlichen Kapitalismus bringt es der Arbeitnehmer sogar noch weiter, er wird fast zu einer Art Familienmitglied, seinem Patriarchen treu ergeben, der ihn dafür mit einer lebenslangen Stellung belohnt.

Und jetzt plötzlich das: ein »Arbeitskraftunternehmer«, wie dieser neue Typ des Erwerbstätigen von den Soziologen Günter Voß und Hans Pongratz[40] genannt wird – ein Individualist mit eigenem Kopf, eigener Meinung, eigenen Ideen, selbstgesteuert, selbstverantwortlich, selbstmotiviert. Er verkauft nicht mehr nur eine Portion seiner Zeit, sondern eine Portion seines Leistungsvermögens. Ein Hybridwesen, in dem die klassische Trennung zwischen Kapital und Arbeit aufgehoben ist: laut Arbeitsvertrag ein Angestellter, im Kopf aber Kapitalist in eigener Sache – ein Kapitalistoid.

Der radikalste Wandel aber: Der neue Arbeitnehmer sucht in seiner Arbeit etwas, was frühere Generationen immer außerhalb von ihr verortet hatten: Spaß.

Der neue Sound der Arbeit

Die neue Welle beginnt mit der »Generation X« – den Kindern der alt gewordenen »68er«. Im Gegensatz zu ihren Eltern wollen sie nicht unbedingt an einer besseren Welt bauen, sondern zuallererst sich selbst verwirklichen. Und das durchaus in der »freien Wirtschaft«, der längst nicht mehr der Makel des kapitalistischen Ausbeutersystems anhaftet. Von irgendwas muss der Mensch schließlich leben. Umso besser, wenn es auch noch Spaß macht und so richtig Kohle bringt. Dabei kann man ruhig auch mal die Ellbogen ausfahren.

Die Nachfolger der New-Economy-Hedonisten, die Vertreter der »Generation Y«, stellen noch höhere Anforderungen an ihr Berufsleben. Sie sind Kinder der Überflussgesellschaft, mit Bildung reich versorgt, haben ein nettes Studentenleben hinter sich und sind auf der ganzen Welt zu Hause. Man hat ein Herz für Randgruppen und Benachteiligte, für die Umwelt sowieso, ein Jahr Sozialarbeit im Slum von Kinshasa oder *Wwoofing* auf einer Ökofarm in Thailand haben sie fast alle in ihrer Vita. Und jetzt steht das richtige Leben an, und klar, der Beruf soll mindestens so viel Spaß machen wie das Erasmus-Semester in Bilbao, super, dass man dabei auch noch Geld verdient.

Im Unterschied zur Vorgängergeneration reißt man sich aber nicht um die Alpha-Posten. Gemeinsamkeit ist wichtiger. Natürlich gibt es sie noch, die smarten Karrieristen aus besserem Hause, die schon zur Einschulung mit der Rolex am Handgelenk aufgetaucht sind. Eine selbst ernannte Elite, die sich nicht unbedingt auf die Qualität ihrer neuronalen Synapsen stützt als vielmehr die Connections und die Mittel der Eltern. Privatschule, Business School. Und Platz da, jetzt komm ich!

Aber die sind die Ausnahme. In der Regel hat die Y-Generation mit bierernster Karriereplanung nichts am Hut. Viel wichtiger ist, dass sie in ihrer Arbeit auch einen Sinn sieht und sich mit ihr identifizieren kann.

Arbeit hat, um einen Begriff des Journalisten Jakob Schrenk zu verwenden, für den jungen Gebildeten der Mittelschicht einen ganz neuen Sound bekommen:[41] Er will arbeiten, aber es soll sich nach allem anfühlen, nur nicht nach Arbeit. Er will kreativ sein, sich engagieren, und zwar mit Haut und Haar, mit Leidenschaft – eine Aufgabe haben! Eine richtige Aufgabe! Er will *brennen!*

Zur Arbeit befreit

Mit dem neuen Sound der Arbeit ist die Spaltung der Arbeitswelten vollends besiegelt. Während sich für die Globalisierungsverlierer Arbeit mehr denn je nach Zwang anfühlt, nach purer Daseinsnotwendigkeit, sieht die gebildete Mittelschicht sie als Mittel zur Selbstverwirklichung – eine Notwendigkeit durchaus, aber mehr im metaphysischen als im materiellen Sinn. Während die einen sich in ihrem Berufsleben mit einer immer breiter werdenden Definition dessen abfinden müssen, was für sie als zumutbar zu gelten hat (»Es gibt keine Drecksarbeit«), wird Arbeit im oberen Bereich zu einem großen Abenteuer, auf das man schon lange begierig gewartet hat.

Wir erleben also tatsächlich das Ende der Arbeit, aber in einem ganz anderen Sinn, nämlich als Ende unseres *Begriffes* von Arbeit, wie er vom Industriezeitalter geprägt wurde – und damit den Wegfall dessen, was Arbeit über Jahrhunderte definiert hat: dass sie zeitlich vom Rest des Lebens (der »Freizeit«) abgegrenzt war; dass sie an einem speziell für die Arbeit reservierten Ort stattfand, dem »Arbeitsplatz«; und dass man sich bei ihr zeitweise der Macht eines »Chefs« unterstellt. Dass sie eben »Arbeit« ist, also Lust- und Selbstbestimmungsverzicht, um eines »Lohnes« willen. Und mit der Arbeit ist auch der Arbeitgeber weggefallen. Wir werden zwar noch von ihm bezahlt, aber wir arbeiten nicht mehr für ihn. Wir arbeiten für *uns*. Arbeit ist *unser Ding* geworden.

Der Kapitalismus hat, so könnte man am Schluss dieses Kapitels mit dem kühlen Blick des Historikers zusammenfassen, ein Arbeitstier hervorgebracht, das mehr arbeitet als sein Vorgänger, seinem Herren mehr Kapital bringt, und dies ganz ohne Not oder äußeren Zwang, sondern aus einem inneren Trieb. Weil es nämlich meint, nur so ganz zum *Menschen* zu werden.

Ist es jetzt vielleicht doch noch gekommen, das Ende der Entfremdung? Das Reich der Freiheit, von dem Marx sagte, dass es da beginnt, »wo das Arbeiten, das durch Not und äußere Zwänge bestimmt ist, aufhört«?[42]

Not? Äußere Zwänge? Der moderne Arbeiter braucht keine Peitsche. Er selber ist es, der die Peitsche schwingt. Er steht nicht mehr unter der

Fuchtel des Vorgesetzten, der seinen Drückeberger zur Arbeit antreibt. Der Antreiber sitzt in ihm selbst. Er weiß, es liegt an *ihm*, die geforderte Leistung zu erbringen. Es ist an *ihm*, sich lebenslang fortzubilden, um den stets wachsenden Anforderungen zu genügen. Es ist an *ihm*, sich fit zu halten, körperlich und geistig. Es ist an *ihm*, sich jeden Tag aufs Neue zu motivieren, für den nötigen Adrenalinspiegel zu sorgen, der ihn bis zum nächsten Abgabetermin oder *Rollout* beflügelt. Es ist an *ihm*, Spaß und Zufriedenheit in seiner Arbeit zu finden, auf dem Hochseil zu bleiben, möglichst ein Leben lang, ohne Absturz.

Er ist ein mündiges Wirtschaftssubjekt. Er ist frei.

3. Frei?Zeit?

War das früher doch einfach. Feierabend hatte man, wenn die acht Stunden bei der Arbeit rum waren, wenn der Laden abgeschlossen oder das »Tagwerk« des Bauern getan war.

Für den modernen Arbeiter gibt es kein Tagwerk mehr. Arbeit ist, wie der Gewerkschafter Peter Klotz einmal sagte, nicht mehr »das, wohin man geht, sondern das, was man tut«[43] – und zwar egal, wo die Sonne gerade steht oder ob der Kalender gerade »Wochenende« anzeigt.

Und damit ist auch der Feierabend nicht mehr der »Feierabend«, wie er im Wörterbuch definiert ist. Denn es ist nicht mehr der »Arbeitgeber«, der die Grenze zwischen meinen Daseinsformen als Privat- oder als Arbeitsmensch festlegt, sondern ich selber. Der Feierabend beginnt, wenn *ich* den Aus-Schalter betätige.

Wir sind geneigt, in dieser Entwicklung ein ganz und gar modernes Phänomen zu sehen. In Wirklichkeit haben wir es mit der Rückkehr der Vergangenheit zu tun. Denn schon in der bäuerlichen und handwerklichen Gesellschaft der Vormoderne, und selbst noch in der Heimmanufaktur-Wirtschaft des Frühkapitalismus, waren Arbeit, Familie und Freizeit unentwirrbar verquickt, so wie das in allen Kulturen und allen Weltgegenden seit jeher der Fall war.

Erst mit der Industrialisierung wurde zwischen dem Leben zu Hause und der Arbeit eine strikte Trennlinie gezogen. Ehemalige Bauern fingen an, tage- oder wochenweise zwischen ihren Dörfern und den Dampfmaschinen in den Städten zu pendeln. Mit dem Ende der Industrialisierung verliert diese Grenze ihre vormalige Klarheit, die postindustrielle Gesellschaft findet quasi zu den vorindustriellen Verhältnissen zurück. Erwerbsarbeit und Leben verschränken sich.

Die duale Welt

Und trotzdem gibt es einen gewaltigen Unterschied zu den alten Zeiten.

Dank Internet leben wir heute nämlich, im Arbeits- genauso wie im Privatleben, beständig auch in einem Paralleluniversum. Im Grunde sind es zwei Leben, die wir gleichzeitig führen: die »Real Life«-Variante im Hier und Jetzt und die virtuelle Version im Internet. Durch die Bits und Bytes des pulsierenden Datenstroms sind diese Zwillingsleben miteinander verbunden wie durch eine Nabelschnur.

Wir nennen uns zwar noch »Individuum« – also unteilbarer Einzelner –, aber in Wirklichkeit sind wir Doppelwesen geworden, duale Persönlichkeiten. Und darin liegt der eigentliche Unterschied zum mittelalterlichen Bauern, dessen Felder nun einmal nicht mobil waren, genauso wenig wie der Webstuhl der frühkapitalistischen Heimmanufaktur. Das wirklich revolutionäre Kunststück ist erst uns postindustriellen Homo-sapiens-Versionen gelungen: Wir können auch dann bei der Arbeit sein, wenn wir uns gar nicht an einem Arbeitsplatz befinden.

Wenn wir zum Beispiel unterwegs sind. Erinnern Sie sich noch an das Zugfahren in den vorrevolutionären Zeiten? Nach jeder Reise musste man erst einmal unter die Dusche – in den Zügen blieb ja der Zigarettenrauch genauso wenig im Raucherabteil, wie sich das Pipi auf den Nichtschwimmerbereich des Hallenbades beschränkt. Aber die Fahrt war eine *Pause,* eine Unterbrechung des Alltags. Vom Einsteigen bis zum Aussteigen: freie Zeit. Heute ist sie die (willkommene) Gelegenheit, all das zu erledigen, was vor der Abfahrt liegen geblieben ist. Ein Gespräch unter Mitreisenden ergibt sich nur noch alle Jubeljahre, weil jeder irgendwo in seinem Paralleluniversum hängt. Dafür darf man die Kundentelefonate des Nachbarn mithören oder kriegt mit, dass Schatzi, Spatzi oder Mausi zu Hause einen Schnupfen hat und sich mit rotem Tee kurieren soll.

Und die Ferien, in vorrevolutionärer Variante? Weiß noch jemand, wie sich das angefühlt hat, den Kollegen vor dem Urlaub Tschüss zu sagen und genau zu wissen: Jetzt können *die* mal den ganzen Kram erledigen? Jetzt, als Mobilitäts-Mutanten, haben wir im Urlaub immer auch noch einen Zipfel des aktuellen Projekts dabei.

Wo bin ich, wenn ich in der Fußballkneipe sitze und zwischen zwei Halbzeiten die aufgelaufenen E-Mails beantworte – bei der Arbeit oder privat? Oder wenn ich zu Hause mit den Kindern mit Legosteinen baue und dabei dem neuen Kollegen in der Firma erkläre, wie er durch die neue Benutzeroberfläche zu navigieren hat?

Feierabend?

Bei dem soeben Gesagten stellt sich unweigerlich die Frage: Was genau ist dann Freizeit? Sie existiert nach wie vor, zumindest der Menge nach. Sie ist ja schließlich nicht verschwunden. Bloß, sie fühlt sich jetzt anders an. Nicht nur auf der Zugfahrt, nicht nur in der Fußballkneipe – die permanente Anwesenheit des virtuellen Zweituniversums macht auch aus der Freizeit eine Art von virtuellem Konzept. Zum Glück lässt sich dieses aber immer noch in eine Realexistenz überführen. Zum Beispiel durch Betätigung des Aus-Schalters, mit dem die Geräte erstaunlicherweise immer noch serienmäßig ausgestattet sind. Seine Betätigung ist nicht einmal schwieriger geworden. Nur hat der Finger immer öfter Ladehemmung.

Doch nehmen wir für einen Augenblick an, diesen Abend ist das Unternehmen geglückt, der Laptop ist zugeklappt, das Handy ausgeschaltet, also Durchatmen, Beine hoch.

Beine hoch? Wollte ich nicht noch ... die Überweisungen machen? ... Und die Bahntickets? ... Ach ja, und das Hotel für den Wochenend-Trip ist auch noch nicht gebucht ... Und schwuppdich ist der Deckel wieder offen.

Der Rest des Abends unseres verhinderten Freizeitgenießers könnte etwa so aussehen: Die Überweisung ist schnell gemacht – Verwunderung nur, dass die TAN nicht auf dem Handy ankommt. Ist vielleicht der Akku wieder mal nicht geladen? (Er dafür umso mehr.) Ach nein, er hat ja den Provider gewechselt, bei dem neuen gibt's die Flat für 19,80. Nur, wo ist jetzt die alte SIM-Karte? Als die endlich gefunden ist, zeigt der Bildschirm die Meldung: »Wir haben Sie aus Sicherheitsgründen aus dem System ausgeloggt ...« Also dasselbe noch mal.

Und wenn man schon dabei ist: Schnell noch zur anderen Bank und ein bisschen Festgeld lockergemacht, in den nächsten Tagen ist mit ein paar dicken Abbuchungen zu rechnen … Wie war da noch mal das Passwort? Falsch jedenfalls: »Sie haben noch zwei Versuche. Ihr Passwort muss mindestens 15 Zeichen umfassen, davon 4 Sonderzeichen, 5 Zahlen sowie Groß- und Kleinbuchstaben.« Lassen wir unseren virtuellen Protagonisten auch diese Hürde nehmen und die Transaktion glatt über die Bühne gehen. Jetzt kann also zur Hotelbuchung geschritten werden. »An Ihrem gewünschten Reisedatum sind noch 228 Hotels verfügbar!«, meldet das Portal mit einem großen Smiley. Puh! 228 Hotels … Am besten erst einmal nach Preis sortieren. Ganz oben auf der Liste der »Smart Deal des Tages«, der schon mal sehr nett aussieht, und dazu noch recht günstig. Also mal eine der 315 Bewertungen angeklickt, »Eine Oase der Ruhe mitten in der Großstadt«, ha, wenn das mal kein Fake ist, man weiß ja inzwischen, dass die meisten positiven Bewertungen von irgendwelchen Agenturen stammen, man ist ja nicht blöd. Also schnell zur nächsten Bewertung. »Die Lüftung scheppert, und im Zimmer nebenan hört man den Nachbarn schnarchen« – siehste! Also weiter zum nächsten Hotel …

Sie ahnen schon, der »Feierabend« unseres Helden kann sich noch ein bisschen hinziehen, und so könnte es sich durchaus auch am nächsten und übernächsten Abend zutragen, schließlich ist die Online-Steuererklärung noch nicht gemacht, die Rechnungen bei der Krankenkasse noch nicht eingereicht, außerdem steht schon lange der Wechsel des Gasversorgers an – nur: Fahre ich mit dem Paketpreis wirklich günstiger? Und was ist von dieser Bonuszahlung zu halten, die beim Wechsel versprochen wird?

Wer nicht der Dumme sein will, steckt schnell ganz tief im Kleingedruckten. Und das gilt erst recht für die Versicherungen, die man sich jetzt nicht mehr von einem Makler aufschwatzen lässt, dessen Geschäftszweck ja eigentlich ist, den Kunden zu schröpfen, man ist ja nicht blöd. Aber halt mal – brauche ich bei meiner Hausratsversicherung den »Verzicht auf Einrede bei grober Fahrlässigkeit«? Unbedingt!, heißt es im konsultierten Testportal. Viel zu teuer!, ist dagegen der Tenor in dem Forum, in das man sich zur Sicherheit auch noch eingeklinkt hat. Und bei der Kfz-Versicherung – reicht da eine Deckungssumme von 7,5 Millionen? Oder sollten es doch lieber die 15 vom Alternativangebot sein? Und eine Versicherung für Tiefkühlkost? Bei den Nachbarn ist der Strom ausgefallen und die Wildsau fast wieder auferstanden ... Und das Ceranfeld versichern, vielleicht auch keine schlechte Idee?

Und so kann es also weitergehen mit den Feierabenden unseres modernen Helden der Freizeit. Einen günstigeren Telefontarif könnte er beispielsweise noch finden, die Bücher in der Stadtbibliothek verlängern oder bei Ebay die alte Lautsprecherbox verkaufen.

Und Sie, wann haben Sie eigentlich zum letzten Mal gecheckt, ob Ihr Riestervertrag wirklich die optimale Verzinsung bringt? Sehen Sie ...

Wir Zweitjobber

Unser Protagonist hat sogar einen wissenschaftlichen Namen: »Arbeitender Kunde« wird er von der Aachener Arbeitspsychologin Kerstin Rieder und dem Chemnitzer Industriesoziologen Günter Voß genannt.[44] Als sein Geburtsdatum gilt die Einführung der Selbstbedienung in den Supermärkten. Bald darauf kamen Firmen auf den Trichter, den Kunden als wandelnden Werbeträger für das eigene Logo zu benutzen, Lacoste etwa. Dann das schwedische Möbelhaus, das die gesamte Endfertigung an den Kunden auslagert (und seither mit der Verballhornung seines Werbespruchs leben muss: »Lebst du schon, oder schraubst du noch?«). Etwas weniger Anstrengung verlangt McDonald's von seinen Kunden: Sie müssen nur hinterher aufräumen.

Aber erst mit dem Internet startet der »arbeitende Kunde« so richtig durch. Er druckt seine Rechnungen jetzt selber aus, verwaltet seine Konten, bucht Tickets jeder Art, kauft und verkauft Aktien, updatet seine Software und macht den kompletten technischen Support für seine Elektrogeräte – von denen es ein deutscher Durchschnittshaushalt immerhin auf 50 bringt (von den sieben Fernbedienungen ganz zu schweigen)[45] – und die wollen alle installiert sein, und alle haben irgendwann ihre Macken und Störungen.

Jeder, der schon einmal das Pech hatte, dass seine Telefonanlage den

Dienst versagt, weiß, was es heißt, arbeitender Kunde zu sein: endlose Warteschleifen in der »Hotline«, mit Plärrmusik bis zur psychiatrischen Schmerzgrenze, irgendwann vielleicht ein »Servicemitarbeiter«, der weiterverbindet, und zwar in die nächste Warteschleife. Allein mit der Zeit, die man in diversen Hotlines verbringt, kommt man auf das Äquivalent eines Jahresurlaubs. Und haben Sie schon mal Ihren Provider gewechselt? Ein Lebensjahr, zumindest gefühlt.

Kein Ponyhof, das Leben als »arbeitender Kunde«, aber alternativlos. All die Schalterbeamten, die in den Neunzigerjahren bei Banken, Post und Bahn wegrationalisiert wurden – das sind jetzt wir. Nur dass wir ihre Arbeit eben in unserer Freizeit verrichten, und zwar kostenlos.

Aber was für eine Wahl haben wir? Wollen wir etwa an der Zapfsäule einen Aufpreis zahlen, um wieder vom guten alten Tankwart bedient zu werden? Unsere Mitarbeit ist nicht nur für die Firmen bares Geld wert, sondern genauso für uns. Und je billiger die Produkte werden, umso mehr davon können wir uns leisten – noch mehr Arbeit für den »Ich bin doch nicht blöd«-Kunden.

Und die Entwicklung zum arbeitenden Kunden geht weiter: Bald werden wir im Supermarkt die Waren selber scannen, und mit dem elektronischen Ausweis und der digitalen Signatur werden wir bei Meldebehörden, Führerscheinstelle und Bauamt nie wieder vor einem Schalter stehen müssen.

Überleben im Infoversum

So wie der Arbeitsplatz seine zeitlichen und räumlichen Grenzen verloren hat, so hat es auch das Ladengeschäft. Dank Internet ist Einkaufen nicht nur rund um die Uhr möglich, sondern auch bequemer geworden – und transparenter. Vorbei die Zeiten, als wir uns von einem Verkäufer mit zweifelhafter Qualifikation und unklarer Provisions-Gemengelage das Für und Wider eines Produktes erklären lassen mussten. Über Bewertungsportale, Testseiten und Foren erhalten wir Zugang zu allen relevanten Informationen und haben es dann selbst in der Hand, das absolut optimale Produkt zum absolut günstigsten Preis zu finden.

Die Sache mit dem Ponyhof gilt allerdings auch hier: Eigentlich gibt es kaum einen härteren Job als den des Kunden. Das bessere Angebot ist immer nur einen Klick entfernt. Und wehe, du hast dich nicht gründlich genug informiert, hast einen der Tricks nicht durchschaut, die online genauso an der Tagesordnung sind wie offline. Wer nicht doof sein will, muss es schon zum Experten bringen. Und das nicht nur beim Kauf der Produkte, sondern auch bei ihrer Nutzung. Eine einfache Digitalkamera für 70 Euro bietet heute mehr Möglichkeiten als ein ganzes Profistudio aus der Analog-Zeit. Von der digitalen Nachbearbeitung ganz zu schweigen, die unseren Maßstab von einem »guten Bild« in die absoluten Profisphären verschoben hat. Musst dich halt ein bisschen einfuchsen …

Das Netz ist der große Entgrenzer. Es legt uns die Welt zu Füßen, bietet uns Möglichkeiten und Freiheiten, von denen die Menschheit noch vor einer Generation gar nicht hätte träumen können. Wir können durch die Straßen von San Francisco schlendern oder die Steppe von Kasachstan überfliegen, verschollen geglaubte Schulkameraden aufspüren, jedes Konsumbedürfnis stillen (Kreditkarte vorausgesetzt), jedem Trieb frönen, alte Handschriften aus Timbuktu analysieren, die melanesische Sprache erlernen, jedes Lied der Welt hören, uns mit wildfremden Menschen über unsere intimsten Probleme beraten.

Das Netz ist unser »Infoversum«, wie es der britische Journalist John Naish in seinem Buch *Genug* nennt.[46] Und unsere Hirne sind quasi ein Teil davon, eingebunden und verwoben in den ewig fließenden, weltumspannenden Datenstrom, der unsere Synapsen umspült wie eine Nährlösung. Aus der wir begierig alles extrahieren, was uns wichtig und notwendig erscheint, was wir spannend oder unterhaltend finden, anregend oder erregend.

Die Zeitung, die in den alten Tagen morgens ins Haus kam, war irgendwann ausgelesen. Und auch der Abend vor dem Fernseher hatte spätestens dann ein Ende, wenn das Testbild erschien und uns wie eine strenge Gouvernante ins Bett schickte. Diese Zeiten werden nie wiederkommen. Heute wird man immer etwas verpassen, der Datenstrom kennt keinen Schlaf.

Wer nicht *on* ist, ist *out*. Zumal unsere Freunde ebenfalls da draußen sind und wir auch als soziale Wesen in der Doppelwelt leben, nein: leben müssen. Von jedem von uns existiert in den Weiten des Paralleluniversums eine virtuelle Kopie, ein zweites Ich, das als unser Stellvertreter in unserem Namen Präsenz zeigt – und dabei eine möglichst gute Figur machen soll. Dazu müssen wir es hegen und pflegen und füttern wie ein Tamagochi. Wenn wir wollen, dass wir Resonanz finden in der Welt dort draußen, müssen wir beständig Input geben, dürfen den Kontakt nicht abreißen lassen, müssen dranbleiben. Auch wenn wir das längst nicht mehr nur aus einem inneren Bedürfnis heraus tun, sondern immer mehr unter Zwang. Denn das Tamagochi hört nicht auf, Forderungen zu stellen: nach mehr Zuwendung, mehr Informationen, mehr Aufmerksamkeit. Wir sind in gewisser Weise Angestellte unseres virtuellen Vertreters geworden und müssen für ihn arbeiten.

Grenzenlose Freizeit

Legen wir hier einen kleinen Zwischenhalt ein.

Was ist aus unserer Freizeit geworden? Sie hat ihre Grenzen verloren, genau wie die Arbeit. Die Grenzposten der Freizeit sind längst im Museum der Begriffe gelandet: Feierabend, Testbild, Ladenöffnungszeiten – Seite an Seite mit dem, was einmal die Grenzposten der Arbeit waren: Werkstor, Stechuhr, Tarifvertrag.

Keiner weint ihnen eine Träne nach. Wir wollen keine Grenzen, wir wollen keine Wächter, wir wollen frei sein. Wir wollen nicht mehr vor einem Schalter Schlange stehen und auf Tickets warten. Wir wollen arbeiten, wenn es *uns* passt. Wir wollen auch auf dem Segelboot ganz genau wissen, wie es unseren Liebsten zu Hause gerade geht.

Doch bei alldem ist unsere Zeit so begrenzt wie eh und je. Während die Informationsmöglichkeiten explodiert sind, ist die Menge an Aufmerksamkeit, die wir den auf uns einprasselnden Informationen widmen können, nicht gewachsen. Und so ist unsere Freizeit immer mehr unter Druck geraten, sie ist zum Gegenteil von freier Zeit geworden: Zeit, die wir nutzen müssen, besser einteilen, effektiver managen. Die freie

Zeit ist letztlich vom Prinzip Arbeit kolonisiert worden und fühlt sich entsprechend an. Ob wir wollen oder nicht – wir sind zu Geschäftsführern unserer Freizeit geworden.

Die Modernisierung des Familienlebens

Nur folgerichtig, dass auch aus der Familie ein Unternehmen geworden ist – das berühmte »Familienunternehmen«, auf das die geschäftsführende Mutter in der Werbung so stolz sein darf.

Man kann darüber lächeln, aber Kinderhaben *ist* stressiger geworden. Mutter wie Vater, ob als Allein- oder als Doppelerzieher, stehen jetzt im Beruf, und damit ist das Familienleben und die Bewirtschaftung des Zuhauses zur Gänze in die Freizeit verdrängt worden. Seit »Hausfrau« – als Beruf – ausgestorben ist (der »Hausmann« hat es erst gar nicht so weit gebracht), hat das Familienleben den Charakter einer zweiten Schicht angenommen.

Und die erfordert tatsächlich Managerqualitäten – gilt es doch die Anforderungen der jeweiligen Berufe mit denen der Familie und der Kinder (die ja mit Kita, Schule, Hort, Hausaufgabenbetreuung auch einer Art Beruf nachgehen) unter einen Hut zu bringen.

Die Rhythmen müssen optimal getaktet werden, Informationen rechtzeitig und akkurat bei den Beteiligten ankommen, die Übergabe des Kindes in die jeweils nächste Abteilung hat reibungslos zu funktionieren: Und bloß das Kuscheltier nicht vergessen! Welche Hausaufgaben sind noch zu machen? Denkst du auch an den Flötenunterricht? Doch wehe, es kommt einmal etwas dazwischen, ob ein kranker Babysitter oder eine nicht verschiebbare Besprechung bei der Arbeit. Ohne Plan B läuft dann gar nichts mehr, dafür sind zu viele Bälle in der Luft.

Und es kommen immer mehr dazu. Denn die Ansprüche an Qualität und Ausstattung des Familienlebens werden nicht geringer, im Gegenteil. Mögen Familien auch immer kleiner werden, ihr Platzbedarf steigt ununterbrochen. Von Jahrzehnt zu Jahrzehnt wächst die durchschnittliche Wohnfläche pro Kopf deutschlandweit um jeweils fast fünf Quadratmeter, jedes Jahr kommen also 400 000 Hektar hinzu, die Fläche von

6000 Fußballfeldern.[47] Und dieser ganze Raum muss eingerichtet, geputzt, gepflegt und unterhalten werden. Der Durchschnittsbürger verbringt heute pro Tag eine halbe Stunde mehr bei der Hausarbeit als 1961, trotz all der neuen Geräte, die sie erleichtern.[48] Womit er den immer weiter steigenden Standards Genüge tut, die von Zeitschriften wie *Meine Familie & ich*, *Mein schöner Garten* oder *Landlust* vorgegeben werden, die als Experten für das perfekte Familienleben paradoxerweise gerade jetzt einen Boom erleben, wo die Leute immer mehr bei der Arbeit sind. Das traute Zuhause ist zu einem Sehnsuchtsbild geworden, dem man aber immerhin durch den Kauf der richtigen Produkte näherkommen kann. Und seit die Angst vor dem sozialen Abstieg auch die Mittelschicht erreicht hat, ist für Eltern noch ein ganz neuer Betätigungszwang dazugekommen. Sie sind jetzt der festen Überzeugung, dass ihre Kinder ohne permanente Leitung und Unterstützung in ihrer Entwicklung zurückbleiben. Man kann die Kleinen nicht einfach mehr in der Geschwisterschar oder auf dem Bolzplatz sich selbst überlassen, nein, man muss sie *fördern,* zu Kursen und Angeboten und in die richtige Bildungseinrichtung kutschieren, auch wenn die eine halbe Tagesreise entfernt liegt oder ein halbes Vermögen kostet.

Wer nicht in die »Bildung« seiner Kinder investiert, riskiert, dass ihm deren Synapsen unter der Hand vergammeln – womit den Kleinen dann das schlimmste Schicksal droht, das in der verängstigten Leistungsgesellschaft denkbar ist: dass es seine »Potenziale« (die in aller Regel im Einstein-Bereich verortet werden) nicht ausschöpft.

Um es mit einem Zitat aus dem Buch *Menschenkinder* des Erziehungsexperten Herbert Renz-Polster (im Nebenberuf Zwillingsbruder des Autors) zu sagen: »In einer Gesellschaft, die permanent von Freiheit und Selbstbestimmung spricht, herrscht in der Erziehung die Diktatur der Angst: Eltern sind längst keine *Eltern* mehr, sondern Babyflüsterer, Trainer und Animateure.«

Seit Eltern ihre Kinder vor allem »fördern« wollen – wir werden auf das Thema noch zurückkommen –, ist aus dem Nachwuchs und dessen Aufzucht ein Projekt geworden. Man verbringt jetzt nicht einfach nur seine Zeit mit den Kindern, nein, man steckt richtig *Arbeit* in sie rein, unterrichtet, lehrt und erklärt.

Eltern ist man nicht mehr »einfach so« – so scheint es zumindest das moderne Bürgertum zu empfinden –, es ist jetzt ein Beruf neben dem Beruf, Stress zum Stress.

Die Verdienstleistung des Privatlebens

Aber nicht nur die Eltern sind gefragt, wenn es um das neue Entwicklungsziel von Kindern geht, nämlich dereinst Hoffnungsträger auf dem Arbeitsmarkt zu werden. An dieser großen Aufgabe wirken zunehmend Experten jedweder Art mit.

Auch wenn es zunächst einmal wie eine maßlose Übertreibung klingt: Kinder sind die neuen Arbeitgeber der Republik. Das fängt bereits mit dem Zeugungsvorgang an. Der war für die Eltern ja schon immer mit Arbeit verbunden, an der beteiligen sich zunehmend aber auch Fruchtbarkeitsspezialisten. Mittlerweile taucht jedes zehnte Paar mit Kinderwunsch in einer Fertilitätssprechstunde auf, pro Jahr werden 70 000 Behandlungen durchgeführt, knapp die Hälfte davon unterzieht sich der Prozedur einer In-vitro-Fertilisation. Der auf diese Weise generierte Jahresumsatz lag 2011 bei 300 Millionen Euro.[49]

Unabhängig vom Zeugungsmodus werden von den werdenden Müttern im Durchschnitt schätzungsweise fünf Millionen Termine beim Frauenarzt wahrgenommen, die Entbindung selbst beschäftigt in aller Regel einen mindestens dreiköpfigen medizinischen Expertenstab, bei jeder dritten Geburt auch gleich noch die Besatzung eines OP-Saals. Danach schlägt die Stunde der Stillberater und der Rückbildungsexperten, der Anbieter von Babyschwimmen, Babyyoga und Babygymnastik, das beinahe nahtlos seine Fortsetzung im Kinderturnen findet. Sofern alles glattläuft und das Kind nicht zu den mittlerweile fast fünfzig Prozent gehört, bei denen im Lauf der Entwicklung ein Defizit jedweder Art festgestellt wird und die deshalb von Logopäden, Physio-, Ergo- oder Psychotherapeuten behandelt werden müssen,[50] kann es jetzt seine Karriere in den »Bildungseinrichtungen« beginnen.

Kinder – so die jetzt gängige Überzeugung – sind am besten in der Hand von Profis aufgehoben. Eltern dürfen vielleicht auch bald ein

Diplom machen, aber bis es so weit ist, wird der Kindergeburtstag doch lieber bei einer der spezialisierten Event-Agenturen gebucht, die wissen am besten, was bei den Kleinen ankommt. Kind hustet? Ab zum Doktor, man könnte was Lebensbedrohliches übersehen. Auf diese Weise ist ein durchschnittliches Kind im Laufe seiner Kindheit ca. 150-mal beim Arzt[51] (von wo es, wenn es Glück hat, nur mit einer im Wartezimmer geholten Infektion nach Hause kommt, andernfalls mit einem Rezept für ein überflüssiges oder gar schädliches Medikament).

Die Verdienstleistung des Privatlebens betrifft aber nicht nur Kinder. Wie die US-amerikanische Soziologin Arlie Hochschild in ihrem Buch *Das gekaufte Herz* analysiert, gehen immer mehr Dienste, die bisher als privat betrachtet wurden, in die Hand von spezialisierten Anbietern über.[52] Was früher – recht und schlecht – im privaten Bereich geleistet wurde, erledigen jetzt, wo Familie und Freunde bei der Arbeit sind, Experten für uns, natürlich professionell und qualitätsgesichert: Neben der Aufzucht der lieben Kleinen die Pflege und Versorgung der Hilflosen und Alten, die Planung der Karriere, die Begleitung durch Krisen oder auch in den Tod. Bei der Suche nach dem idealen Liebespartner nehmen mittlerweile zwei von drei Singles die Dienste einer Dating-Agentur in Anspruch. Der Markt hat ein Volumen von 200 Millionen Euro und hat sich in den letzten zehn Jahren mehr als verachtfacht.[53]

Was einmal das Dorf war, sind jetzt unsere Dienstleister. Was einmal Beziehungen waren, verwandelt sich in Termine. Und die dazugehörige Geldüberweisung.

Emotionale Umpolung

Aber trotz aller Dienstleistungen und zeitsparender Gerätschaften (oder gerade deswegen?), die uns das Leben zu Hause erleichtern sollen, steigt der Druck im Kessel. Seit beide Partner gleichermaßen im Beruf stehen, sind bei den Beziehungen zwischen den beiden immer auch zwei Arbeitsplätze mit dabei, zwei Dienstpläne, zwei Karrieren, deren jeweilige Anforderungen und Notwendigkeiten nicht immer zueinanderfinden. Kann der eine nach einem abgeschlossenen Projekt endlich einmal durchatmen, steckt der andere vielleicht gerade mittendrin, und der nette Abend zu zweit muss wieder mal warten. Hat der eine vielleicht einen guten Job in einer anderen Stadt in Aussicht, heißt das noch lange nicht, dass der andere deshalb den seinen aufgeben kann oder will.

Wenn die Brüchigkeit von Beziehungen gestiegen ist, dann auch deshalb, weil es unter den Bedingungen des flexiblen Arbeitsmarkts für viele schwieriger geworden ist, zwei berufliche Identitäten unter ein Beziehungsdach zu bringen. Oder auch unter ein Hausdach. Das »getrennte Zusammenleben« hat es unter dem Begriff »LAT« – *living apart together* – in den letzten Jahren zu einer festen Kategorie in der soziologischen Paarforschung gebracht.

Mit der Zahl der Schnittstellen zwischen privatem und beruflichem Bereich hat auch die der Sollbruchstellen zugenommen. Und wenn Kinder mit dabei sind, ist der Chaosfaktor gleich noch mal um eine Zehnerpotenz erhöht – das Familienleben konzentriert sich schließlich auf ein immer kleineres Zeitfenster, das der Beruf (oder im Fall der Kinder: die Berufsvorbereitung) noch übrig lässt. Für viele berufstätige Eltern mit kleinen Kindern dürfte mancher Abend im Familienkreis mit dem, was wir uns unter einem »Feierabend« vorstellen, so viel zu tun haben wie eine Rave-Party mit einer Morgenandacht.

In der kollektiven Mythologie wird der private Bereich klassischerweise als das warme Gegenstück zur kalten Arbeitswelt gesehen. Als der Rückzugsort, an dem man emotional auftanken kann, um sich dann wieder dem rauen Wind der beruflichen Konkurrenz zu stellen.

In den letzten Jahren scheint sich dieses Bild langsam zu verschieben. Der Arbeitsplatz ist – wie wir im letzten Kapitel gesehen haben – für viele zumindest gefühlt wärmer geworden: die Hierarchien flacher, die Beziehungen zu den Kollegen freundschaftlicher. Dem gegenüber wird die private Welt immer öfter als unverbindlicher, »schwieriger« und stressiger empfunden.

»Emotionale Umpolung« nennt die Soziologin Arlie Hochschild dieses Phänomen.[54] In dem von ihr untersuchten Unternehmen im Mittleren Westen der USA arbeiteten berufstätige Eltern durchschnittlich sage und schreibe 47 Stunden die Woche. Und das, obwohl die Firma vorbildliche familienfreundliche Arbeitszeitmodelle eingeführt hatte –

und sich die befragten Eltern über zu wenig Zeit für ihr Familienleben beklagten. Finanzielle Gründe für dieses rätselhafte Verhalten konnte die Forscherin ausschließen, denn gerade die Besserverdienenden waren am wenigsten geneigt, ihre Arbeitszeit zu reduzieren. Wie Hochschilds Interviews ergaben, lag des Rätsels Lösung darin, dass die Eltern ihren Arbeitsplatz als »freundlicher und weniger stressig« empfanden als das Familienleben zu Hause.

Das Private scheint als Hort der »schönen Momente« an Bedeutung zu verlieren. Der Journalist Jakob Schrenk spricht in seinem Buch *Die Kunst der Selbstausbeutung* von einer inneren Landnahme: »Der Beruf verspricht Anerkennung und Abwechslung, Spaß und Spannung, Abenteuer und Freundschaft, nähert sich in seinen Formen dem Privatleben an – und frisst es damit auf.«[55] Und je mehr Bedürfnisse vom Beruf abgedeckt sind, desto unattraktiver wird das Privatleben. Je mehr der Mensch in die Arbeitswelt abtaucht, desto blasser und unvertrauter erscheint ihm die Welt drum herum.

Mit der Neubewertung unserer Lebenswelten verschieben sich auch unsere Vorstellungen von den Quellen, aus denen sich das gute, richtige Leben speist. Das gilt bis hinein in unsere allerintimsten Entscheidungen: ob wir uns einer Liebe hingeben oder eher auf Abstand bleiben, ob wir einer Beziehung eine zweite Chance geben oder »aus und vorbei« sagen, ob ein Kind auf die Welt kommt oder nicht. Auch wenn die Antworten oft gar nicht »bewusst« gegeben werden – sie hängen von unseren Lebensprioritäten ab, wie wir unsere verschiedenen Glücksmöglichkeiten gewichten. Wie viele Kinder in einer Gesellschaft zur Welt kommen, das ist nicht nur eine statistische Größe, sondern auch eine Aussage darüber, wo die Menschen die Quellen vermuten, aus denen ihr Glück kommt.

Dieser Ort fällt immer mehr mit dem Ort zusammen, an dem wir auch unser Geld verdienen. Hier, bei der Arbeit, suchen wir unsere Identität, unsere Erfolgserlebnisse, unsere »großen Momente« – und zunehmend auch das, was wir bisher immer mit unserer freien Zeit und unserem Privatleben zusammengebracht haben: ein soziales Netz, ja, eine Heimat.

4. Die Suche nach dem Sinn

In der postindustriellen Wissens- und Dienstleistungsgesellschaft ist der Mensch zum wettbewerbsentscheidenden Produktionsfaktor geworden. Nur folgerichtig, dass er als »Humankapital« im modernen Manager-Sprech zum *Kapital* geadelt wird. Sein Wissen, seine Einfälle, seine Persönlichkeit – alles Vermögenswerte, die über Erfolg oder Misserfolg, Sein oder Nichtsein eines Unternehmens entscheiden.

Nur: Wie bringt man den Wissensarbeiter dazu, Gedankenblitze kreativ weiterzuspinnen, bis daraus ein Patent wird? Die Sekretärin, das ganze Potenzial der neuen Archivierungssoftware auszuschöpfen? Den Kundenbetreuer, auch dem nervigsten Kunden ein verbindliches Lächeln zu schenken?

»Motivierte Mitarbeiter schaffen das Zehnfache«, sagt einer von Deutschlands Top-Personalern.[56] Der Rohstoff der modernen Ökonomie heißt Motivation. Diesen Schatz zu heben, wird heute als die Kernaufgabe modernen Managements gesehen. Nur wer seine Mitarbeiter dazu bringen kann, ihr Bestes einzubringen, kann im Hexenkessel des globalisierten Wettbewerbs bestehen.

Ex oriente lux

Die Sicht des Menschen als Produktionsfaktor ist nichts Neues. So versuchten Unternehmen schon in der Zeit nach dem Ersten Weltkrieg, das Gefühl des Patriotismus, der im Krieg die Soldaten zu Heldentaten beflügelt hatte, auf den Arbeitsplatz zu übertragen und so ihre Angestellten zu loyaler Hingabe zu motivieren. In den Fünfzigerjahren des letzten Jahrhunderts betonte unter dem Stichwort »Human Relations« eine Managementströmung das Zwischenmenschliche, die kollegiale Zusammenarbeit und einen kooperativen Führungsstil. Ein Ansatz, der in den nun anbrechenden Zeiten der Massenfertigung jedoch bald in Vergessenheit geriet: Mitarbeiter wurden wieder zu Zahnrädchen in einem Arbeitsprozess, den es möglichst effizient und reibungsfrei zu organisieren galt.

Die (Wieder-)Entdeckung des Menschen hinter dem Fließband oder hinter der Schreibmaschine erfolgt zu Beginn der achtziger Jahre, und das nicht freiwillig, sondern im Gefolge eines Schocks: Der Westen sieht sich plötzlich von einem einstigen Entwicklungsland im Fernen Osten überrollt. Die Welt fährt jetzt Honda und Mitsubishi, kauft Stereoanlagen von Sony, Fernsehgeräte von Panasonic. In Talkshows und Wirtschaftsblättern ist der »Japan-Schock« Thema Nummer eins, der Untergang des Abendlandes genauso eine besiegelte Sache, wie heute keiner an der bevorstehenden Weltherrschaft Chinas zweifelt. Was haben die Japaner, was wir nicht haben?, fragen sich verunsicherte Politiker und Wirtschaftslenker der abgehängten Unternehmen.

Die Antwort kommt in Form eines Buches mit dem programmatischen Titel *In Search of Excellence*, verfasst von Tom Peters und Robert Waterman, zwei Managern von McKinsey, der damals führenden amerikanischen Unternehmensberatung. Ihre Diagnose: Das japanische Wirtschaftswunder beruht – neben der überlegenen Strategie und einer besseren Infrastruktur – vor allem darauf, dass die Firmen über motiviertere Mitarbeiter verfügen. Von den sieben von den Autoren identifizierten japanischen Erfolgsfaktoren liegen vier im »weichen« Bereich – also auf dem Feld der Mitarbeiterführung.[57] Anders ausgedrückt: Das Problem der Abendländer ist ein Führungsproblem.

»Wer Leistung fordert, muss Sinn bieten«

Die großen amerikanischen Corporations funktionieren wie riesige Bürokratien; in Deutschland ist es nicht viel anders, wenn es hierzulande auch ein bisschen familiärer zugeht. Die Mitarbeiter sind reine Befehlsempfänger, die die Vorgaben ihres Chefs abzuarbeiten haben und dabei sorgfältig überwacht und kontrolliert werden. »Motiviert« werden sie, ganz dem behavioristischen Zeitgeist entsprechend, wie Pawlow'sche Hunde: Im Erfolgsfall lobt man sie, andernfalls gibt es einen Tadel – ein Führungsstil, der in der Managementtheorie unter dem Begriff »Transactional Leadership« firmiert, liegt ihm doch eine kühle Transaktion zugrunde: der Austausch von Arbeitszeit, Schweiß und Hirnaktivität gegen

Geld und Aufstiegschancen: Wie du mir, so ich dir. Und hinter der Stechuhr fängt um 17 Uhr das Reich der Freiheit an.

Ganz anders bei den Japanern: Gearbeitet wird in überschaubaren Projektgruppen, die Hierarchien sind flach, jeder kann sich einbringen und fühlt sich einem großen Ganzen zugehörig. Wer zur Stammbelegschaft gehört, kann sich der Loyalität der Firmengemeinschaft sicher sein und arbeitet auch nach 17 Uhr mit Freuden weiter, manchmal bis in den berühmten *Karoshi,* den Tod durch Überarbeitung.

Das Buch von Peters und Waterman schlägt ein wie eine Bombe, es wird in alle wichtigen Sprachen übersetzt, in vielen Unternehmen wird es Pflichtlektüre für Führungskräfte. Ein kollektives Aha-Erlebnis geht durch die Managerszene: Höchstleistungen entstehen da, wo sich der Mensch mit seinem Tun identifiziert, wo er sich wertgeschätzt und einem höheren Ziel verpflichtet fühlt.

»Wer Leistung fordert, muss Sinn bieten«[58] – so lautet jetzt der Marschbefehl an die moderne Führungskraft. Unternehmen sollen kein dröger Arbeitsplatz mehr sein, sondern ein Ort, an dem der Mitarbeiter seine Selbstverwirklichung sucht. Der moderne Angestellte soll – wie es der große Management-Vordenker Peter F. Drucker ausdrückt – »die Arbeit für genau dieses Unternehmen allen anderen Tätigkeiten gegenüber vorziehen«.[59]

Die Stunde des »Transformational Leadership« ist gekommen, das große Verwandeln. Das Eigeninteresse des Mitarbeiters soll hin zu den Gruppeninteressen des Unternehmens transformiert werden. Und dazu sollen Führungskräfte ran an dessen *Gefühle* – von den McKinsey-Autoren »hot buttons« genannt, also die heißen, sensiblen Knöpfe, die es nur zu finden und zu drücken gilt. Der Mitarbeiter soll, genauso wie die Firma, in einen permanenten Veränderungs- und Verbesserungsprozess eintreten, er soll Ziele gesetzt bekommen, die ihn begeistern und herausfordern, ihn stimulieren, sein Bestes zu geben, um das zu erreichen, was Peters und Waterman zur Messlatte für jeden Einzelnen wie für jedes Unternehmen ausgerufen haben: *excellence.*

Unternehmen mit Sendung

Das Unternehmen ist keine anonyme Maschinerie mehr, sondern bekommt ein warmes Herz. Man ist überzeugt, dass eine Firma eine »Unternehmenskultur« besitzt oder, wenn dem noch nicht so ist, eine solche braucht: ein in sich kohärentes Wertesystem, gemeinsame Rituale, Symbole oder auch sprachliche Gepflogenheiten, die die Firma unverwechselbar machen – eine Art Stammesidentität, auf die man stolz sein kann. »Stark« soll sie sein, diese Unternehmenskultur, darin sind sich die Ratgeber einig, die jetzt den Markt überfluten. Wobei offengelassen wird, was genau eine »starke Kultur« ausmacht; es ist in diesem Zusammenhang gern vom *commitment* der Belegschaft die Rede, also von Hingabe und Engagement.

Um ihre Kultur aufzubauen und zu stärken, geben Unternehmen Milliarden für Berater aus, die in der Schaffung von emotionalem Mehrwert ein ganz neues Geschäftsfeld erschließen. Sie entwickeln Trainingsprogramme für Führungskräfte, in denen die Basics des emotionalen Transformations-Managements eingeübt werden, halten Seminare, Meetings und Workshops ab, in denen eine einzigartige »Corporate Identity« entwickelt wird, neue Logos, neue Farben, eine neue Typo. Vor allem aber helfen sie der Firma, ihren höheren Daseinszweck zu entdecken: ihre *Mission*.

Früher waren Firmen profan und plump einem »Geschäftszweck« nachgegangen. Jetzt, in der Ära des emotionalen Managements, sollen sie eine »Mission« bekommen, also einen Auftrag, mehr noch: eine Sendung – und die wird in einem sogenannten *Mission Statement* festgehalten.

Ein Mission Statement ist so etwas wie das Glaubensbekenntnis eines Unternehmens, eine Art feierliche Selbstverpflichtung, in der seine unumstößlichen Werte und Überzeugungen benannt werden, die den inneren Kern seiner Kultur ausmachen (oder zumindest ausmachen sollen). Im deutschen Sprachraum wird dieses Credo manchmal noch »Unternehmensleitbild« genannt, welches aber zunehmend von der »Mission« verdrängt wird, die nun mal ein absoluter lexikalischer Glücksfall ist, indem sie uns an die Sendung denken lässt, durch die das Gute in die

Welt kommt; gleichzeitig schwingt das vom heroischen Kampfeinsatz des Soldaten kündende »mission accomplished« mit.

Ein Mission Statement transportiert zunächst einmal die Werte eines Unternehmens und damit den Urgrund seiner Kultur. Bevorzugte Werte sind vor allem solche, die der Vertrauensbildung dienen. »Integrität und Ehrlichkeit sind das Herz unseres Geschäfts«, heißt es etwa bei Goldman Sachs.[60] Oder bei Shell: »Honesty, integrity and respect for people«. Zum Klassiker hat es die (beispielsweise von Procter & Gamble verwendete) Formulierung gebracht: »Andere behandeln wir so, wie wir selbst behandelt werden wollen.«

Neben den allgemeinen Werten sollten sich in einem guten Mission Statement Wendungen finden, die vom unendlichen Engagement für den Kunden künden, mit den entsprechenden Schlüsselvokabeln wie »Leidenschaft«, »Begeisterung«, Stolz« oder »Hingabe«. Starbucks etwa fühlt sich der »Entwicklung« (sic!) von »jederzeit begeistert zufriedenen Kunden« verpflichtet. General Motors will sich den »Enthusiasmus« seiner Kunden durch »Integrität, Teamwork und Innovation« verdienen. Oder noch mal Goldman Sachs: »Die Interessen unserer Kunden kommen immer an erster Stelle.«

Individuelle Wertschätzung für die Mitarbeiter (auch »lovebombing« genannt) gehört zu den zentralen Maximen der »transformierenden« Managementtheorie. Im Mission Statement kann das dann so klingen: »Our competitive advantage: OUR PEOPLE«.[61] Mit der Bezeichnung »unsere Leute« können sich die Mitarbeiter als Angehörige eines erwählten Stammes fühlen, so etwas wie eine ganz eigene Spezies; bei General Motors etwa treffen wir auf »the GM people«. Gerne wird mit dem Adjektiv »great« bzw. »großartig« noch eine Schippe draufgelegt, sodass die meisten Unternehmen heute das Glück haben, über »großartige Mitarbeiter« zu verfügen.

So großartig wie die Mitarbeiter sind in einem anständigen Mission Statement denn auch die Unternehmensziele. Der Chemiekonzern Dow Chemical etwa hat sich das Ziel gesetzt, »ständig das zu verbessern, was zum Fortschritt der Menschheit notwendig ist«, Unilever will »dem Leben Lebendigkeit hinzufügen«, der Ölkonzern Chevron »Menschen und die Umwelt schützen«.

Heute verfügt jede Firma, in die je ein Berater seinen Fuß gesetzt hat, über ein Mission Statement. Bei knappem Budget kann es aber auch vom Firmenchef selbst aus Textbausteinen zusammengepuzzelt werden, Anleitungen finden sich im Internet.

Visionen von einer besseren Welt

Mit einer Mission ist es allerdings noch nicht getan – heutige Unternehmen müssen außerdem *Visionen* haben. Auch deren Entwicklung wird in der Regel von Beratern moderiert und soll nach Möglichkeit die ganze Führungsebene einbeziehen. Die Unterscheidung zur Mission gestaltet sich im Einzelfall schwierig, als Faustregel kann aber gelten: Visionen (und die dazugehörigen »Vision Statements«) sind etwas knapper gehalten und konzentrieren sich meist ganz auf die Zielsetzung für die fernere Zukunft. »Wir wollen Weltmarktführer werden (alternativ: bleiben)«, heißt es beispielsweise, »die Besten sein«, »die Nummer eins« respektive ein »pre-eminent global player« – die Wünsche an die Zukunft sind meist recht uniform und gedanklich eher schlicht. Gern genommen wird auch die Floskel vom Unterschied, den es zu machen gilt. Coca-Cola zum Beispiel ist in seiner Vision »ein verantwortlicher Weltbürger, der einen Unterschied macht«.

Die Visionen und Missionen sollen natürlich auch den Kunden dort draußen erreichen. Diesem Zweck dienen die sogenannten *Taglines,* die in den Werbebotschaften eingesetzt werden: kurze, knappe Sinnsprüche mit höchstmöglichem Emotionsgehalt, wie das »Leistung aus Leidenschaft« der Deutschen Bank, das uns jeden Abend vor der *Tagesschau* zugehaucht wird. Eine Tagline ist so etwas wie der in Worte gegossene Heiligenschein des Unternehmens. Aus einer Erdölfirma wie Shell wird »The Green Company«, und der Versicherungskonzern AXA sorgt mit »The Future. Together. Now.« für Gänsehaut-Feeling, Ford wird nur noch von einem Drang angetrieben, nämlich »Making The World a Better Place«. Unter der Welterrettung wird es im Regelfall nicht getan.

Ob Kunde oder Mitarbeiter, die Botschaft muss sitzen: Unternehmen sind keine banalen Subjekte des Wirtschaftslebens, sondern in höheren

Sphären beheimatete Wesenheiten, die Heil und Zukunft der Menschheit hüten und befördern.

Das gilt zunehmend auch für stinknormale Behörden, von den Stadtwerken bis zum Finanzamt. Bisher weiße Flecken auf der Landkarte des emotionalen Managementstils, werden sie derzeit allesamt der Modernisierung unterzogen, überall gibt es Besuch von den netten Beratern von McKinsey oder Roland Berger. (»Wenn es die DDR noch gäbe, sie würde bestimmt von McKinsey beraten«, frotzelt der Leiter des New Yorker Goethe-Instituts, Christoph Bartmann, der in seinem Buch *Leben im Büro* ein wunderbares Sittengemälde der Modernisierung des Behördenalltags entworfen hat.[62])

Neben der Implementierung effizienterer Abläufe soll ein neuer »Spirit« in die Läden gebracht werden – und der manifestiert sich zuallererst in einer Modernisierung der Begriffe. Aus dem Amt wird eine Agentur, der Schalter wird zum Service Counter, der Wartesaal zur Lounge und der Sachbearbeiter zum Fallmanager.

Vor allem aber wird der neue Geist in eine »Mission« gegossen. Das Universitätsklinikum Schleswig-Holstein beispielsweise, die Alma Mater des Autors, ist jetzt, nachdem die Unternehmensberater die Tür hinter sich zugemacht haben, kein Krankenhaus mehr, sondern ein »wachsendes Netzwerk«, das »Verantwortung gegenüber den Menschen und Ressourcen in unserem Land« übernimmt und auf das sich die zehntausend Mitarbeiter, sorry, »großartigen Mitarbeiter« (die jetzt genauso wie ihre Kollegen in der freien Wirtschaft »klar, ehrlich und verantwortlich kommunizieren«) »absolut verlassen können«. Wer will da nicht dabei sein?

Die Entdeckung des Teams

Der Arbeitsplatz ist jetzt nicht mehr nur ein Ort, an dem man sein Geld verdient, er hat eine Seele bekommen. Zu seiner emotionalen Aufwertung gehört auch die (durchaus nicht neue) Idee, die einzelnen Mitarbeitern als *Team* zu betrachten und so den Spaß, die Herausforderung und das Zusammengehörigkeitsgefühl, die den Sport so attraktiv machen, an den Arbeitsplatz zu transplantieren. Aus ganz normalen Angestellten entsteht eine Schicksalsgemeinschaft, die wie die elf Freunde eines Fußballteams durch Siege und Niederlagen geht, durch dick und dünn, und die Konkurrenz das Fürchten lehrt. »One Company, one Team!« – wie es etwa im Mission Statement von Dow Chemical nachzulesen ist.

»Teambuilding«, das Zusammenschweißen von Gruppen, steht jetzt ganz oben auf der Aufgabenliste der Führungskräfte. Um den Teamgeist zu stärken, werden gemeinsame Rituale zelebriert, wie das Freitagnachmittagsbier im Büro des Chefs, oder bestimmte sprachliche Marotten gepflegt, wie etwa im Investmentbanking, wo der Chef seine Tradermannschaft gerne als »meine Jungs« oder gar als »meine Sturmtruppe« anspricht. Als dem Teamgefühl förderlich erweist sich anscheinend auch ein gemeinsamer Name; bei meiner Online-Bank beispielsweise ist das »Team anthrazit« für mich zuständig. (Wobei allerdings nicht ausgemacht ist, ob das Team wirklich in irgendeiner Form zusammenarbeitet. Insider von Callcentern wissen, dass Mitarbeiter durchaus auch als Team etikettiert werden, selbst wenn der Einzelne nur in seiner Box sitzt und in sein Headset quatscht. Den Teamkollegen trifft man höchstens mal zufällig am Kaffeeautomaten.)

Das »Prinzip Team« als hochpotenter Motivator ist heute aus Unternehmen (und zunehmend auch aus Behörden) kaum mehr wegzudenken. Oder haben Sie schon eine Stellenanzeige gelesen, in der nicht die Aufnahme in ein innovatives, kreatives, großartiges oder sonst wie distinguiertes *Team* versprochen wird? Eine nicht näher spezifizierte »Teamfähigkeit« ist fast über Nacht zur absoluten Grundvoraussetzung für alle Jobs von der Putzfrau bis zum Abteilungsleiter geworden. Selbst der oberste Chef ist jetzt laut Stellenbeschreibung und Selbstdarstellung ein »Teamplayer«.

Apropos Stellenannoncen. Wie der Medienwissenschaftler Michael Klemm zeigt, werden auch diese immer mehr vom neuen emotionalen Kommunikationsstil geprägt.[63] Ob es sich um eine Azubi- oder eine Chefstelle handelt, die Firmen überbieten sich mit dem Versprechen von Selbstverwirklichung, Spaß und ständiger schöpferischer Erregung. »Egal, was du bei uns machst, du bist Teil von etwas ganz Großem«, heißt es etwa auf dem deutschen Bewerbungsportal von Apple. Die eigentliche

»Stellenbeschreibung« fällt dagegen immer diffuser und magerer aus. Klare Vorstellungen hingegen haben die Arbeitgeber von den gewünschten Persönlichkeitsmerkmalen – auch wenn sie in allen Anzeigen merkwürdig gleich klingen: »Überdurchschnittliche Leistungsbereitschaft«, »Begeisterungsfähigkeit«, »Leidenschaft« und, selbstverständlich, »Teamfähigkeit«.

Der Chef als Trainer: Yes, we can!

Mit dem »Team« hält – nur folgerichtig – bald auch der »Coach« Einzug in die Büroetagen.

Barbara Ehrenreich beschreibt in ihrem Buch *Smile or Die,* wie in den frühen Achtzigerjahren in den großen amerikanischen Corporations die Idee aufkommt, dass Leute auf Drehstühlen einen Trainer brauchen. Firmen wie AT&T fangen an, echte Trainer (meist von Footballteams) einzustellen. Auf den Visitenkarten der Unternehmensberater taucht jetzt immer öfter neben »Consultant« auch der Titel »Coach« auf, und auch immer mehr Führungskräfte übernehmen den Coaching-Gedanken. Aus dem furchteinflößenden, unnahbaren Boss wird nach und nach ein fürsorglicher Führer, der seine Leute auf die Herausforderungen vorbereitet, die jetzt, in Zeiten des »Business-Reengineering«, wo ganze Firmen auseinandergeschlagen und neu zusammengebaut werden, auf sie zukommen.

Mit dem Gedankengut des emotionalen Transformations-Managements hat sich der Blick auf den Mitarbeiter grundlegend verändert: Während man früher seine spezifische Fähigkeit möglichst gewinnbringend einzusetzen trachtete, steht jetzt sein *Potenzial* im Fokus. Der Coach ist ein Motivator und »Enabler«, der dieses Potenzial in einem planmäßigen, permanenten Verbesserungsprozess zur Entfaltung bringt.

Was es dazu braucht, ist zunächst eine schonungslose Analyse des Ist-Zustandes: Wo stehe ich? Wo liegen die Stärken, wo die Schwächen? Wie ist meine Performance, verglichen mit der Benchmark? Es ist Aufgabe der personalverantwortlichen Führungskraft, diese Fragen gemeinsam mit dem Mitarbeiter in einem regelmäßig anzuberaumenden

»Mitarbeitergespräch« zu klären, mit ihm zusammen die zu erreichenden Ziele zu definieren und einen individuellen Trainingsplan zu erarbeiten.

Mit dem Trainingsgedanken hält auch die Hochleistungsrhetorik des Spitzensports Einzug in die Bürotrakte. Der Arbeitsplatz ist jetzt nicht mehr der banale Ort, wo man seine Aktentasche hinstellt, um seine Aufgaben zu erledigen, nein, jetzt steht man überall vor »Herausforderungen« (oder auch *challenges*), legt eine »Top Performance« hin, wobei man selbstverständlich »ans Limit« geht oder auch gerne darüber hinaus. In der Ära des emotionalen Managements ist das Büro ein Ort der Grenzerfahrungen geworden, an dem es prinzipiell ums Ganze geht.

Und dabei zählt vor allem eines: die richtige Einstellung.

Wie Barbara Ehrenreich analysiert, wird der Trainingsgedanke genau in der Zeit populär, als das Gedankengut der »positiven Psychologie« im kulturellen Mainstream der USA angekommen ist. Ob du erfolgreich bist oder scheiterst – so das Credo dieses selbstproklamierten »neuen Paradigmas der Psychologie« –, hat weniger mit deinen Talenten und Fähigkeiten zu tun als vielmehr mit deiner mentalen Haltung. Und diese kannst du, das ist der Punkt, *selbst* beeinflussen, wenn du nur *willst* und die Technik des positiven Denkens drauf hast. »Visualizing victory«: Man muss sich den Sieg nur vor Augen halten, und schon wird er wahrscheinlicher, allein durch die mentalen Energien, die jetzt aufgebaut werden.

Yes, we can! Das neue Denken schlägt im verunsicherten Amerika der frühen Achtziger ein wie eine Bombe. Ratgeber wie Mike Hernackis *The Ultimate Secret to Getting Absolutely Everything You Want* erreichen Millionenauflagen. Du hast es selbst in der Hand, alles nur eine Frage, ob du an dich glaubst. Firmen schicken ihre Führungskräfte zu Seminaren und Erweckungsveranstaltungen, auf denen ihnen in einer Art Massenhysterie die »Siegermentalität« eingepflanzt wird. Oder sie lassen die Heilsbringer zu Firmenevents einfliegen, wo sie ihre Botschaft rausschreien: »Sprenge deine Grenzen!«

Die Welle des positiven Denkens kommt bald auch in Europa an, ihre Selbsthypnosetechniken bilden das ideologische Fundament der jetzt anlaufenden Coaching-Bewegung. In Deutschland etabliert sich eine Handvoll Motivationsgurus, wie Jürgen Höller oder Ulrich Strunz, die ganze Kongresshallen füllen und das beglückte und aufgewühlte Publikum an einem Wochenende zu »Winnern« machen, die ihrem »Sieger-Ich« wieder ein Stück näher gekommen sind. Der jährliche Umsatz der Branche mit Büchern (darunter jahrzehntealte Dauerbrenner wie *Sorge dich nicht – lebe!* von Dale Carnegie oder *Denke nach und werde reich* von Napoleon Hill), Seminaren und Motivationsreden wird für Deutschland auf fünf Milliarden Euro geschätzt.[64]

Vom Anzugträger zum Exzentriker

Mit der New Economy lebt in den Neunzigern eine ganze Wirtschaft vom Glauben an die Zukunft. Eine blutjunge Hinterhof-Firma wie Intershop wird über Nacht an der Börse so viel wert wie das traditionsreiche Industrieunternehmen ThyssenKrupp. Die Qualität einer Firma bemisst sich über ihre *Burn Rate,* also wie schnell sie Geld von Risikoinvestoren einsammeln und für die Produktentwicklung »verbrennen« kann. Es ist der Ritt auf dem Tiger, *bust* und *boom* sind nur einen Mausklick voneinander entfernt, unvorstellbarer Reichtum wartet gleich um die Ecke, wenn man nur verrückt genug ist, ohne lange Analysen und Bedenken zuzuschlagen. Lernen wir, das Risiko zu lieben und dabei unseren Spaß zu haben.

Der Manager alten Typs, der abwägende Verwalter, ist verschwunden – jetzt ist der Charismatiker an der Reihe, der mit seinen »I have a dream«-Reden Investoren und Gefolgschaft mobil macht. Es schlägt die Stunde der Einpeitscher, die ihre Anzüge ablegen und in Rollkragenpulli über die Bühne rasen, wie das der Microsoft-Chef Steve Ballmer, Spitzname »Monkeyboy«, gerne macht. Seine Auftritte vor den versammelten Führungskräften ähneln mehr einem Voodoo-Ritual als einer Bilanzpräsentation, er redet sich in Ekstase, tanzt wie ein Derwisch über die Bühne, um ihn herum trampeln die kreischenden Anhänger mit den Füßen, während ihr Chef mit einem Urschrei zum Höhepunkt kommt: »I ... LOVE ... THIS ... COMPANYYYYYYY ... YEAHHHHH!«

Der Prototyp des New-Economy-Führers ist der Exzentriker. In vielen Firmen entsteht ein regelrechter Kult um den Aura-Mystiker an der Spitze, der in manchen Fällen zum Vollbild des Führerkults ausartet, wie im Fall des Energiekonzerns Enron, der seinerzeit zu den zehn größten amerikanischen Unternehmen zählt. Kenneth Lay, der oberste Chef, in Unternehmenskreisen auch »der Magier« genannt, ist berühmt für seine Ansprachen, in denen er eine begeisterte Belegschaft dazu aufpeitscht, »gemeinsam über den Horizont hinauszuschießen«. Enron gilt als leuchtendes Beispiel für eine »starke Unternehmenskultur« (zu der auch gehörte, dass Führungskräfte ihre Besuche bei Prostituierten per Firmenkreditkarte bezahlen durften).[65]

Je mehr die Jahrtausendwende (und damit das Platzen der Seifenblase) näher rückt, desto mehr wird die New Economy zu einem Zirkus der Narren. Die Börsenkurse haben sich längst von jeder Realität gelöst, nur der Kurs für Vernunft bleibt im Keller.

Die Stunde der Schamanen

Aber der moderne Manager soll sich ohnehin nicht mehr von seinem begrenzten Verstand leiten lassen, dessen Vorhersagekraft in der Welt des verschärften Wandels immer weiter abgenommen hat. Nein, er soll intuitiv werden. Solide, harte Arbeit und Sachkenntnis sind jetzt sekundär, Erfolg ist eine Frage des Bauchgefühls.

Jetzt ist viel die Rede von der rechten Hirnhälfte, in der Kreativität und Emotion sitzen und die – bei entsprechender Förderung – aus einem Manager einen Künstler macht, der seine (natürlich positive) Verrücktheit für den Geschäftserfolg einsetzt.

Eine *Business Week*-Titelstory beschreibt eine »schamanische Heilreise«, bei der Top-Manager mit verbundenen Augen zum Klang einer Trommel in ihre »untere Welt« eintauchen, um dort Orientierung und Führung für sich und ihre Unternehmen zu finden.[66] Indianische Heilkreise sind ebenso ausgebucht wie »Visionssuchen« in der Einsamkeit der Wüste. Ehemalige Hippie-Begegnungsstätten werden zu Seminarzentren der Luxusklasse umgebaut, in denen das Top-Personal von AT&T,

Ford oder Procter & Gamble Erleuchtung sucht. Beratungsfirmen mit so programmatischen Namen wie Energy Unlimited schicken Manager barfuß über glühende Kohlen. Scharen von hochrangigen Führungskräften lassen sich auf der Ranch des berühmten Pferdeflüsterers Monty Roberts die subtilen Kommunikationsfähigkeiten vermitteln, die dieser von seinen Pferden gelernt hat. Auch diesseits des Atlantiks boomt das Geschäft mit der Bewusstseinserweiterung für Führungskräfte. Ganz groß im Geschäft ist beispielsweise das »Neurolinguistische Programmieren«, das mit verbaler Suggestion das Hirn neu formatieren will.

Neue Werte statt neuer Nüchternheit

Mit dem Absturz der New Economy ebbt der spirituelle Hype etwas ab. Auch das Platzen der nächsten Blase – Stichwort Lehman-Pleite – nimmt dem Kult um den überlebensgroßen Führer den Wind aus den Segeln. Zu viele von ihnen haben sich als fehlbare Menschen entpuppt, als Hochstapler oder ganz normale Kriminelle – wie etwa Kenneth Lay, der »Magier« von Enron (Mission Statement: »In unserer Zusammenarbeit sind wir offen, ehrlich und aufrichtig«). Wie sich im Dezember 2001 herausstellte, hatte seine Magie offenbar im gekonnten Fälschen von Bilanzen bestanden. 22 000 Mitarbeiter stehen auf der Straße, 60 Milliarden Dollar an Börsenwert sind vernichtet. Noch wenige Tage vor dem Konkurs lässt der Kultführer sich einen Bonus von 300 Millionen überweisen.[67]

Das Ende des emotionalen Managements?

Im Gegenteil.

Die mit dem Platzen der Blase offenkundig gewordenen moralischen Verwerfungen in den Firmenkulturen eröffnen einen neuen Weg, emotionalen Mehrwert zu schaffen. Jetzt sind – erst recht – die *Werte* an der Reihe. Und damit eine (zumindest vom Begriff her) neue Variante des emotionalen Managements: »Durch Werte führen«. Um dem durch gierige Banker und immer exorbitantere Managergehälter schlechter gewordenen Image von Wirtschaftsunternehmen entgegenzuwirken, lässt beispielsweise der Vorstand von Unicredit im Jahr 2005, nach der

Übernahme der HypoVereinsbank, das Mission Statement des Konzerns (»Fairness, Transparenz, Respekt, Gegenseitigkeit, Freiheit und Vertrauen bilden die Grundlage unseres Handelns«) gleich auf sämtliche Mitarbeiterausweise drucken.

»Werteorientierung« ist in letzter Zeit fast zu einer Art TÜV-Siegel geworden, das spezialisierte Unternehmensberatungen nach entsprechender Schulung des Führungspersonals vergeben – kein billiger, aber ein lohnender Prozess, will man denn auf einem Arbeitsmarkt bestehen, auf dem das »Feeling« zählt. Das Markenbewusstsein des modernen Wirtschaftssubjekts bezieht sich zunehmend auch auf den Arbeitgeber, und dazu gehört mit dem Auftauchen der »Generation Y« immer mehr auch die ethische Dimension. Zu der die aktuelle Mode des »werteorientierten Managements« – Zufall oder nicht – gar nicht besser passen könnte.

Apple, der Gefühlsspezialist

Wohl kein Unternehmen war in den Techniken der Emotionalisierung von Anfang an so versiert wie Apple, und vielleicht liegt ja auch gerade darin der Grund, warum es zum wertvollsten Unternehmen der Welt aufgestiegen ist. Apple-Mitarbeiter tragen auf Schritt und Tritt sogenannte »Credo Cards« mit sich, also ihr Glaubensbekenntnis: Auf der Vorderseite die Apple-Mission: »Das Leben schöner machen«. Auf der Rückseite: »Die Mitarbeiter sind die Seele von Apple und unser größtes Kapital« – *lovebombing* vom Feinsten. Die von der emotionalen Managementtheorie geforderte individuelle Wertschätzung zeigt sich sogar auf den Namensschildchen an ihren uniform blauen T-Shirts Ein Verkäufer im Apple Store ist schon als blutiger Anfänger »Specialist«, nach ein paar Wochen »Expert«, und von da ist es nicht mehr weit zum »Creative«. Wenn die Umsätze stimmen, bringt er es in einem Jahr zum »Genius«. Alle zusammen beklatschen sie jeden Morgen die Verkaufszahlen des Vortags.

Mit derselben warmen Verbindlichkeit wird auch der Kunde behandelt. Die Mitarbeiter haben Anweisung, ihn nicht plump in Verkaufsgespräche zu ziehen, sondern ihm erst mal was Nettes wie »schöne

Schuhe!« zu sagen, um die Beziehung auf eine persönliche Ebene zu heben. Verkaufszahlen sind in einem Apple Store keine schnöden Ziffern, sondern als »Attachment Rate« der Ausdruck davon, mit wie vielen Kunden es gelungen ist, eine »Bindung« aufzubauen. Ist diese so gut, dass der Kunde beim Kauf die (für Apple) lukrative extralange Garantie oder ein Schulungspaket dazubucht, ist er mit Brief und Siegel Mitglied der Familie und hat jederzeit Zutritt zum »Family Room«, wo er Workshops besuchen oder eine persönliche Schulung bekommen kann (zumindest bis die Garantie abgelaufen ist).[68] Wenn man es nach der Länge der Warteschlangen und den vor den Stores durchfrorenen Wartestunden bemisst, scheint die Bindungsmasche zu funktionieren.

Credo. Bindung. Familie. Warum so sehr auf diesen Urgrund der menschlichen Emotionalität gezielt wird, hat einen banalen Grund: In einer Welt des Überflusses, in der alle Produkte letztlich austauschbar sind, lässt sich der Kunde nur noch über Emotionen an den Haken nehmen. Nur über Emotionen lässt sich das gewisse Etwas von Produkten transportieren, die eigentlich Jacke wie Hose sind. Nur über Emotionen lässt sich noch das knappe Gut Aufmerksamkeit monopolisieren, lassen sich Hirne in Aktion versetzen, die ihrem Besitzer das Signal senden: »Ich will einen Apple haben und nicht einen Samsung!«

»Emotionaler Kapitalismus« nennt die israelische Soziologin Eva Illouz diese neue Transformationsstufe der Wirtschaftssphäre.[69] Je mehr die – an sich kalte und rationale – ökonomische Austauschbeziehung »Ware gegen Geld« in den privaten Bereich vordringt, umso mehr ist sie von Emotionen geprägt. Firmen und Marken sind nichts anderes als Gefühls-, Erlebnis-, letztlich Sinnlieferanten – ganz großes Kino.

Die Kirchen sind tot?

Kirchen entvölkern sich, Gemeinden schrumpfen zu Grüppchen zusammen. Aber dies bedeutet nur oberflächlich betrachtet eine Profanisierung der Welt. Der Geist der Kirche, ihre Symbole, Sprache und Riten sind nur dorthin ausgewandert, wo die »Aufgeklärten« aus der Mittelschicht heute ihre Bedeutung suchen: in der ökonomischen Sphäre, wo sie als arbeitende und konsumierende Wesen eine neue Heimat gefunden haben.

Die Kirchen sind tot, das Prinzip Kirche ist lebendiger denn je. Wo sonst als in seiner Firma darf sich der säkularisierte Sinnsucher als Gemeinschaft oder gar als Familie angesprochen fühlen? Wo sonst gehört er zu einem großen Ganzen, das in dieser Welt eine Aufgabe hat, viel mehr noch: eine *Sendung*? Auch wenn vielleicht im Dunkeln bleibt, wer genau all diese Menschen ausgesandt hat, so viel Gutes zu tun, ändert dies nichts daran, dass die Mission von einem tiefen Sinn erfüllt ist: die Welt ein Stück besser zu machen, das Leben ein Stück lebenswerter.

Wo sonst hat der angeblich säkularisierte Mensch noch ein Credo? Wo sonst darf er sich höheren Geboten unterwerfen? Wo kann er sich einem höheren Ziel verpflichtet fühlen?

Natürlich ist der Weg zum Heil auch für den modernen Gläubigen kein leichter. Es gibt sie, die Momente der Schwäche, die Abweichung von der vorgegebenen Benchmark, die persönlichen Gründe, die verhindern, dass er sein Potenzial nicht ganz ausschöpft. Aber mit der Hilfe wohlmeinender Führungskräfte lässt sich die rechte Bahn wiederfinden. Im Mitarbeitergespräch etwa bietet sich regelmäßig die Möglichkeit zu Beichte und Buße. Unter vier Augen können hier Mittel und Wege gefunden werden, in dem Prozess der permanenten Selbstverbesserung weiter fortzuschreiten, um am Ende vielleicht sogar zu der Persönlichkeit zu reifen, die eines Tages Verantwortung für die Geschicke der Gemeinde übernehmen könnte.

Der Weg dorthin ist mit Prüfungen gepflastert, Leiden sind zu ertragen, Überstunden oder auch die Trennung von den irdischen Liebsten. Doch diese unumgänglichen Kasteiungen sind nun einmal notwendig und verstehen sich von selbst für denjenigen, der eines Tages in den Kreis der Auserwählten aufsteigen will, die in den höchsten Höhen der oberen Stockwerke in lichtdurchfluteten Räumen als Teil einer Jüngerschaft von »Global Players« wirken und walten, durch astronomische Gagen der Sphäre der Menschen längst enthoben, zu denen sie jedoch von Zeit zu Zeit hinabsteigen, um den quartalsweisen Fortschritt auf dem Weg zur Gnade zu verkünden oder heilige Handlungen wie die Präsentation eines neuen *iPhones* vorzunehmen oder ein anderes Produkt zu offenbaren, in dem sich der Geist der Firma materialisiert hat, in der ultimativ perfekten Gestalt, in der es jetzt auf dem Altar steht, ins Scheinwerferlicht der Kameras getaucht, von himmlischen Fanfaren umtost, von der Gemeinschaft der Gläubigen bestaunt und beklatscht, die nun Teil hat an diesem Wunder, durch welches Millionen von Kunden das Licht der Begeisterung beschert wird. Rund um den Globus werden sie nun alsbald die *Stores* stürmen, sich von den Messdienern in blauen T-Shirts in die höhere Stimmung versetzen lassen, die sie so begeistert und beflügelt, dass sie am Ende vor dem Klingelbeutel (oder profaner: an der Kasse) mit einem seligen Lächeln ihre Kreditkarte zücken.

Die neue Fürsorglichkeit

So wie die Kirchen die Hoheit über die Skylines der Städte verloren haben, haben sie auch die Hoheit über die Seelen abgegeben. Die Kathedralen der Postmoderne sind die Wolkenkratzer der Konzerne, zwischen denen die alten Kirchen zu Legohäuschen geschrumpft sind.

Die neuen Kathedralen bringen aber nicht nur das Licht des Glaubens, sondern auch tätige Nächstenliebe: Das Kantinenessen ist Bio, Fitness- und Yogakurse sorgen für körperlichen Ausgleich, der Chef gibt an seine Leute Schrittzähler aus, um sie zu einem gesunden Lebensstil zu motivieren: Wer sich am meisten bewegt, wird am Ende des Monats zum Sieger ausgerufen. In der Mittagspause trifft man sich zum gemeinsamen Chorsingen.

»Work-Life-Balance« ist von einem schmutzigen Wort zu einem Programm geworden. Der Coach besinnt sich darauf, dass selbst bei Spitzensportlern auch Erholungsphasen im Trainingsplan stehen – Stichworte: Lebensarbeitszeitkonten, Smartphone-Verbot am Wochenende, keine Weiterleitung dienstlicher E-Mails während des Urlaubs. Die ersten Firmen bieten bereits Sabbatical-Programme an. Die Zufriedenheit der Mitarbeiter und die Anzahl der Krankheitstage werden immer öfter als Bewertungskriterien für Führungskräfte herangezogen. Die Sorge um die körperliche und seelische Gesundheit ist keine Privatangelegenheit mehr, sondern von betrieblichem Belang.

Mit der neuen Fürsorglichkeit ist die nächste Metamorphose der Führungskraft gekommen: Sie wird jetzt zunehmend als Expertin für das ganzheitliche Wohlergehen ihrer Untergebenen definiert. Der heutige Manager soll deshalb über Persönlichkeitseigenschaften wie Empathie, emotionale Intelligenz und soziale Sensibilität verfügen, kurz: »ein guter Hirte der Büroseelen« sein, wie Christoph Bartmann schreibt.[70]

Und ist damit selbstverständlich heillos überfordert – weshalb ihm ein aufblühender Wirtschaftszweig von entsprechend geschulten Beratern und Coaches zur Seite steht. Life-Coaching, Berufscoaching, Mentaltraining, Lösungsfokussierte Kurzzeitbegleitung, Work-Life-Coaching gehören jetzt zum Büroalltag wie die neue Nespresso-Maschine. Die Firmenkultur bekommt – durchaus zeitgeistentsprechend – einen satten Einschlag ins Therapeutische.[71]

Größere Unternehmen delegieren ihre Fürsorge an externe Dienstleister wie das Fürstenberg Institut, dessen Ärzte, Psychologen, Sozialarbeiter den Mitarbeitern diskret und auf Firmenkosten zur Verfügung stehen, auch bei Problemen im privaten Bereich, von Sucht bis zu Schulden.

Mit der Sorge um die Seele ist die Firma, es sieht ganz so aus, endgültig zur »Familie« geworden, die über ihre Mitglieder all das ausgießt, was eine Familie zu geben hat: Wärme, Sicherheit, Trost, Beistand in der Not, Schutz vor den Widrigkeiten des Lebens, ja, wie wir dies von guten Eltern erwarten, sogar Schutz vor sich selbst.

Es ist also vollbracht, könnte man fast meinen. Der Kapitalismus ist Mensch geworden.

It's the profit, stupid!

Aber, mag sich der eine oder andere leise räuspern, wie passt das denn zusammen? Sind die Zeiten denn nicht rauer geworden? Warum ist die weiche Welle gerade jetzt ins Rollen gekommen, wo die Firmen »lean and mean«, schlank und gemein, werden, um immer höher geschraubte Renditeziele zu erreichen? Je mehr der Geist der Firmen de facto von der

Mechanik der Geldvermehrung geprägt wird, desto menschlicher soll ihr Antlitz werden?

Die meisten Mitarbeiter *wissen* durchaus, dass sie sich nicht auf einer humanitären Mission befinden. Sie wissen, dass Coca-Cola nicht Limonade verkauft »um die Welt zu erfrischen«, sondern dabei die Erfrischung der Aktionäre im Sinn hat. Dass der Geschäftszweck einer Autofirma nicht im Klimaschutz liegt. Dass ein Konzern, der Kleinkinder mit Kalorienbomben mästet, eben kein »responsible global citizen« ist, sondern eine Gefahr. Dass ein Zigarettenkonzern wie Philip Morris, wenn er sich allen Ernstes als »Macht des Guten« bezeichnet, zu viel Zeug in seinen Tabak getan haben muss.

Fürsorglichkeit? Soziale Verantwortung?

Arbeit – und damit der Arbeiter – ist in der ökonomischen Logik ein Rohstoff wie jeder andere. Die Geschichte der Managementtechniken zeigt, dass Unternehmen sich als lernfähig erwiesen haben, wenn es darum geht, diesen Rohstoff so einzusetzen, dass er sich unter den jeweils gegebenen Umständen mit dem höchstmöglichen Wirkungsgrad zu dem transformiert, was ihren Daseinszweck ausmacht: die bestmögliche Rendite.

Das Grundprinzip des emotionalen Kapitalismus ist es, Gefühle zu liefern, die sich unterm Strich in Gewinn übersetzen. Es ist ihm gelungen, den Mitarbeiter mit einem Sinnversprechen an den Arbeitsplatz zu ziehen und ihn dazu zu bewegen, dort sein Bestes zu geben. Und jetzt, wo Kreativität und Motivation unabdingbarer denn je geworden sind, wo Unternehmen auf kein Quäntchen an Schaffenskraft ihrer hochqualifizierten Wertschöpfer verzichten können, haben sie es geschafft, deren Trainer, Therapeuten, ja, Seelsorger zu werden.

Nichts als Worte

Sind Unternehmen deshalb anders geworden? Zu den höheren Wesen mutiert, die uns in den *Taglines* begegnen?

In der profanen Wirklichkeit ihres ganz konkreten Arbeitsplatzes erleben viele Mitarbeiter etwas anderes: Dass nämlich die gefühlte

Temperatur des von oben verordneten Glaubensbekenntnisses in aller Regel in umgekehrt proportionalem Verhältnis zum realen Betriebsklima steht. In einer Studie an amerikanischen Firmen zeigte sich, dass die Rhetorik von der großen Gemeinschaft nicht vor Entlassungen schützt, sondern dass im Gegenteil gerade die Firmen, die den Teamgedanken in ihren Verlautbarungen besonders strapazierten, mit Entlassungen am schnellsten bei der Hand waren.[72]

Vielen Mitarbeitern, die den »Change-Prozess« von innen erlebt haben, können die Missionen und Visionen höchstens noch ein müdes Lächeln abnötigen; sie haben die Erfahrung gemacht, dass sie als Mitarbeiter genauso austauschbar sind wie die Sinnsprüche. Sobald ihre Arbeit billiger von einem Computer oder einem Kollegen in einer ärmeren Weltgegend verrichtet werden kann, sind sie ihr Team los.

Und die so gerne strapazierte Fairness? Welche Fairness ist gemeint, wenn sich Führungskräfte einen immer größeren Teil des gemeinsam erwirtschafteten Kuchens herausschneiden, der normale Arbeitnehmer aber immer weniger am Erfolg seiner Arbeit beteiligt ist? »Andere behandeln wir so, wie wir selbst behandelt werden wollen« – was kann damit gemeint sein, wenn der Chef das 500fache seiner Belegschaft verdient?

Während wir versuchen, unseren Kindern schon im Sandkasten Fairness beizubringen, ist dort, wo wir arbeiten, ein Selbstbedienungsladen entstanden, in dem sich die oberen Chargen mit Boni und Abfindungen bedienen dürfen. Fairness? Nur ein Wort.

Nur ein Wort auch der berühmte Teamgeist, der von den Mitarbeitern verlangt wird, das »Commitment« für die gemeinsame Sache. Sie sollen sich mit der Firma identifizieren, ihre einzigartige Kultur einatmen, Gläubige sein. Einer für alle, alle für einen, aber für lau. Die Leute an der Spitze dagegen: Söldner, die sich meistbietend verkaufen. Während man den Untergebenen den Teamgedanken einpflanzt, wartet man auf den Anruf vom Headhunter.

Motivation durch Werte, Visionen, Missionen? Für das Fußvolk eine feine Sache. Sich selber aber lässt man für sein »besonderes Engagement« mit Prämien motivieren, wie der Bundesliga-Profi, der noch für jedes Tor einen Extra-Bonus kassiert.

Eine Umfrage unter Top-Managern ergab, dass sie für die normalen Angestellten *non-cash incentives* wie besondere Feierlichkeiten und Ehrungen für das beste Motivationsmittel erachten – für die Leute an der Spitze müsste es aber schon bare Münze sein.[73]

Win-Win?

Gut, aber ist das nicht alles ein bisschen übertrieben? Gibt es sie nicht überall, die schwarzen Schafe? Und vor allem: Entwertet das denn die (in manchen Fällen womöglich ehrlich gemeinten) Bemühungen, den Mitarbeiter auf der Gefühlsebene zu motivieren und zu begeistern? Schließlich haben alle etwas davon, wenn er sich mit ganzem Herzen einbringt, die Firma sowieso, aber genauso auch der Mitarbeiter selber, der in seinem Tun Freude und Sinn finden kann. Eine klassische Win-Win-Situation, oder etwa nicht? Was soll dagegen einzuwenden sein, wenn der Arbeiter seine Arbeit liebt? Und wenn Unternehmen ihre Fürsorglichkeit entdecken, die den Mitarbeiter gesund, fit und munter erhält?

Nichts.

Aber vielleicht ist dazu eine Anmerkung zu machen. Dass nämlich die »neue Fürsorglichkeit« der Unternehmen in einem ganz bestimmten Kontext steht: dem der Polarisierung der Arbeitswelt, die die Menschen aufteilt in Gewinner und Verlierer. Während man die High Potentials, die Schlauen und Durchsetzungsstarken, die Sieger des gesellschaftlichen Rattenrennens um die besten Ausbildungsplätze in den Firmen hätschelt und begöschert, werden die Verlierer, also die, die eben keine der Superqualifikationen im Portfolio haben, immer mehr unter Druck gesetzt. Oder »outgesourct«. Oder entlassen.

Die neue Fürsorglichkeit wird denjenigen zuteil, die als Leistungsträger für die Firma unerlässlich sind – sie gehören dazu, sie sind die »Familie«, die mit Liebe und Wertschätzung zu Höchstleistungen motiviert wird, neuerdings auch mit sanftem, wohlgemeintem Druck gezwungen wird, Körper und Geist fit zu erhalten, damit diese der Firma auch morgen noch zur Verfügung stehen. Die anderen finden sich in Billiglohn-GmbHs wieder oder tun ihre Arbeit als Leiharbeiter, »feste Freie« oder

Werkverträgler, von denen man nicht einmal die Namen kennt. Von den Arbeitsplätzen ganz zu schweigen, die jetzt zu irgendwelchen Zulieferern in China oder Bangladesch ausgelagert sind, wo die Mitarbeiter kaum Schutz und Rechte genießen, während sie das Wohlfühlprogramm für die Leistungsträger mit ihrer Hände Arbeit erst ermöglichen. Kinderarbeit? Bedauerlich, aber da hat man leider keinen Einfluss darauf. Der Manchester-Kapitalismus ist nicht tot, er ist nur umgezogen.

Liebeskriterium Ausbeutbarkeit

Das Bild von der Firma als »großer Familie« verkennt, dass ein Unternehmen von seinem Wesen her das genaue Gegenteil einer Familie ist. Seine Fürsorglichkeit ist letztlich an die ökonomische Verwertbarkeit gekoppelt und damit die Antithese zu dem, was eine Familie auszeichnet: dass man nämlich, einfach nur so, zusammengehört – und zwar auch dann, wenn man krank, gebrechlich oder behindert ist, *underperformer* aus welchem Grund auch immer. Für die Pseudofamilie Firma gilt das Familienprinzip nur in guten Zeiten; das gütige, motivationserzeugende Gesicht zeigt sich nur denjenigen, die etwas zur Bilanz beizutragen haben. Und solange andere »Familien« nicht billiger produzieren.

Und apropos Bilanz. Wem gehört der Betrag unterm Strich? Der »Familie« etwa? Nein, und wenn sie noch so intakt wäre, der Chef noch so gütig; der erarbeitete Gewinn gehört einem fremden Dritten, dem Shareholder, der die Firma in der Regel noch nie von innen gesehen hat.

Ob man das gut findet oder schlecht und ob es überhaupt eine andere Wahl gibt (ich fürchte, nein), ist an dieser Stelle gar nicht der Punkt. Der Punkt ist, dass die Anwesenheit eines Shareholders die Familie noch mehr in Anführungszeichen setzen muss. Denn solange *sein* Gesetz gilt, dass nämlich die »Familie« jeden Tag, jedes Quartal, jahrein, jahraus das Erarbeitete abzuliefern hat, können die postulierten »Werte« nur Nebelkerzen sein. Denn Werte, die einem *Zweck* dienen, sind keine Werte. Sie wären es nur dann, wenn sie sich im Zweifelsfall auch in Konflikt zum Paradigma der Gewinnmaximierung befinden dürften – und das heißt: wenn sie dem Unternehmen auch *Schaden* zufügen könnten. Und dieser Fall ist qua Shareholder-Prinzip axiomatisch ausgeschlossen. »Werteorientiert führen« kann deshalb nur Augenwischerei sein, ein Marketinginstrument, das letztlich nur zu noch mehr Profit für den Shareholder führt.

Noch mal: Der Punkt ist nicht, dass es schlecht wäre, bei Mitarbeitern mehr Freude am Arbeitsplatz und Enthusiasmus für ihre Arbeit zu wecken. Arbeit interessanter und befriedigender zu gestalten, ist ein ehrenwertes Unterfangen, darüber ist gar nicht zu diskutieren.

Allerdings: Wenn die eigentliche Intention die ist, Arbeitnehmer durch Spaß und Sinnversprechen dazu zu bringen, einen Mehrwert zu schaffen, der ihnen nachher gar nicht zugutekommt, weil er zwischen Top-Management und Shareholder aufgeteilt wird, dann versteckt sich hinter der an sich noblen Absicht etwas zutiefst Unmoralisches, das die Frage aufwirft, die die Wirtschaftsethikerin Joanne Ciulla von der *United Nations Leadership Academy* bereits im Jahr 2000 gestellt hat: Ist es denn moralischer, die Zufriedenheit eines Menschen auszubeuten als dessen Elend? (Genauso einfach ist es inzwischen jedenfalls – dank der perfektionierten Techniken des emotionalen Managements.) Steht uns, so fragt sie, »der ultimative Triumph von hundert Jahren Managementtheorie bevor? Dass es die Unternehmen endlich geschafft haben, ihre Angestellten dahin zu bringen, dass sie mehr arbeiten *wollen,* für weniger Geld?«[74]

Wenn der Wert der Arbeit trotz steigender Wirtschaftsleistung immer weiter verfällt – liegt der Grund dafür vielleicht auch darin, dass wir uns damit zufriedengeben, dass uns ein Teil des Gehalts als spiritueller Mehrwert ausbezahlt wird? Würde der Apple-Store-Mitarbeiter akzeptieren, dass er unter Karstadt-Tarif bezahlt wird, wenn er sich nicht als »Specialist« fühlen dürfte?

Warum wirkt der Zauber trotzdem?

Der Siegeszug des emotionalen Kapitalismus beruht auf seinem Heilsversprechen. Dem Mitarbeiter verheißt er Wertschätzung und Zugehörigkeit, dem Kunden Glückseligkeit durch das noch bessere Produkt.

Ein Versprechen, das er nicht halten kann – selbst wenn er es wollte. Denn Glück ist nicht käuflich; seine Erlangung durch ein Produkt ist ein Widerspruch in sich. Genauso Geborgenheit in einer Pseudofamilie, die in Wirklichkeit gar nicht sich selber gehört, sondern einem fremden Dritten, der auch den heiligsten Pakt zwischen den Familienmitgliedern mit einem Federstrich annullieren kann.

Jeder der Verheißungen des emotionalen Kapitalismus wohnt ein Verrat inne: Er appelliert an unsere tiefsten Gefühle und tritt sie gleichzeitig mit Füßen.

Warum wirken die Versprechungen trotzdem? Warum lassen wir uns an der Nase herumführen? Visionen, Missionen, heilige Werte – wurden wir denn einer Gehirnwäsche unterzogen, dass wir den ganzen Quatsch nicht nur mitmachen, sondern auch noch *glauben?* Haben wir unseren kritischen Verstand vollends über Bord geworfen?

Nicht umsonst hat sich Arbeit gerade jetzt mit metaphysischem Sinn aufgeladen, wo wir jede Form von Transzendenz von uns weisen. Und je weiter wir fortschreiten auf unserem Weg der Individualisierung, umso mehr tragen wir an den Folgen dieses »Fortschritts«. Körper und Verstand jubilieren über die gewonnenen Freiheiten, aber die Seele ächzt unter der Vereinzelung. Zwischenmenschliche Beziehungen, ob in Familie oder Nachbarschaft, sind immer weniger verlässlich, Traditionen, Kirche und Religion geben keinen Halt mehr. Der moderne Mensch ist nicht mehr selbstverständlich in einen größeren Zusammenhang eingebunden, er muss sich seine Zugehörigkeit buchstäblich verdienen. Er hat Haus und Hof verlassen und kämpft nun als »spirituell Obdachloser« um einen Platz in der Welt, um die Achtung seiner Mitmenschen und um seine Selbstachtung. Dieser Kampf wird heute am Arbeitsplatz ausgetragen. In einer unverbindlich gewordenen Welt ist Arbeit der letzte Anker für das Individuum, für viele sogar der letzte Strohhalm. Von allen »Rollen« und »Identitäten« ist oft nur die des Berufsmenschen übrig geblieben.

Familie? In den oberen Gesellschaftsschichten ist sie zum Karrierehindernis geworden, in den unteren zum Verarmungsrisiko. Wer sich als Mutter oder Vater nicht die aufreibende Doppelrolle als berufstätige Eltern ans Bein bindet, erntet anstelle von gesellschaftlicher Anerkennung den Vorwurf, dass sie oder er »seine Talente verschwendet«. Kein Wunder, dass Familie von einer Selbstverständlichkeit zu einem Projekt geworden ist, dem man sich mit der allergrößten Ambivalenz und Vorsicht nähert.

Natürlich gibt es Aufgaben, und zwar genug davon, in der Familie und außerhalb. Aber Anerkennung? Respekt gar? Kommt nur über den Job. Und je mehr sich die Gesellschaft um die Arbeit zentriert, desto blutleerer ist das Gemeinschaftsleben drum herum geworden. Die Positionen, die das Individuum in Privatleben und Gemeinschaft geräumt hat, sucht und findet es jetzt am Arbeitsplatz.

Arbeit – unser letzter Anker

Arbeit ist der sichere Boden unter den Füßen eines Individuums, das sich keiner Rolle mehr sicher sein kann. Wo sonst sollte es sich in der Welt beweisen als im Beruf? Je diesseitiger unsere Existenz geworden ist, desto mehr besetzt die Arbeit das Sinnmonopol. Begierig wollen wir uns deshalb mit ihr »identifizieren«, mit Haut und Haar in ihr aufgehen. Wir wollen brennen.

Und tun es auch, ja, haben sogar unseren Spaß dabei. Wenn es gut läuft. Wenn nicht, führt unser Brennen stattdessen zum »Burn-out«.

Aber selbst wenn wir brennen – es fehlt uns etwas. Fragt man die Menschen, was ihnen wirklich wichtig ist im Leben, rangiert Arbeit in aller Regel unter »ferner liefen«. Viel wichtiger sind Freunde, Beziehungen, Gemeinschaft und Freizeit. Das eigentliche Leben findet für die meisten nicht bei der Arbeit statt, zumindest nicht, wenn man ihren Aussagen glaubt. Doch stellt man den tatsächlichen Einsatz an Zeit, Energie und Aufmerksamkeit dagegen, der im realen Leben auf die Arbeit entfällt, wirkt es fast schizophren: Unser Lebensglück vermuten wir woanders, gleichzeitig sind wir mehr denn je an die Arbeit gefesselt. Das moderne Arbeitstier hat den Kopf voller Ausstiegsfantasien.

Aber wo ist die Alternative? Wo ist denn unser wirkliches Zuhause? Unsere Träume verlocken uns, aber ängstigen uns auch. Was würde denn aus uns, wenn wir ihnen nachgeben würden? Wer wären wir denn ohne unsere Arbeit?

Und so rennen wir weiter, in einer rasenden Flucht nach vorne, wir haben uns für die Vorwärtsverteidigung entschieden. Unser Job *ist* spannend. Und das nächste Projekt eine echte Herausforderung. Wir erhöhen den Einsatz und merken nicht, dass die Fallhöhe immer größer wird. Nur nicht anhalten. Lieber das Ziel verklären und weiterrennen, immer weiterrennen. Um der Sinnentleerung und Depression zu entkommen, wählen wir die Manie. Solange es bloß geht.

5. Das Leiden an der Arbeit

Es scheint sich zu lohnen, nicht allzu viele Fragen zu stellen. Wir Deutschen sind jedenfalls gut damit gefahren. Nach Krieg und Völkermord sind wir sanft und schmerzfrei ins Wirtschaftswunder gesegelt. Von da bis zum Exportweltmeister war es kein weiter Weg mehr. Sogar die Klippe der Wiedervereinigung wurde souverän umschifft, die vermutlich jedes andere Boot zum Kentern gebracht hätte. Die Krisen der letzten Jahre bedeuteten noch einmal richtig Seegang, aber jetzt nimmt unser Schiff wieder Fahrt auf. Unsere Produkte, unsere Effizienz und unser Fleiß werden in der ganzen Welt bewundert.

Und wir werden sogar noch fleißiger. Und brauchen uns nicht einmal mehr mit der teuer und beschwerlich gewordenen Kinderaufzucht herumzuschlagen, nein, die Welt kommt zu uns und bringt ihre Kinder und unsere zukünftigen Rentenzahler gleich mit. Der Warenausstoß kann weiter steigen.

Wir leben in der besten aller Welten. Chapeau.

Neue Seuche Burn-out

Aber merkwürdig. Statt Optimismus geht eine Welle der Erschöpfung durch das Land. In den Zeitungen und Magazinen tauchen Schlagzeilen auf wie »Eine Generation brennt aus«, »Millionen Deutsche im Burn-out« oder »Das Volk der Erschöpften«. Ob man selber von der Seuche betroffen ist, kann man per Test eruieren, der im Serviceteil gleich mit angeboten wird. Auf Burn-out spezialisierte Kliniken schießen wie Pilze aus dem Boden. Mittlerweile sind Hunderte von Ratgebern in Buchform erschienen, von *Den Burn-out besiegen* bis *Burn-out für Dummies*.

Immer alarmierendere Zahlen werden veröffentlicht: Psychische Krankheiten sind mittlerweile der häufigste Grund für Frühverrentungen und Erwerbsminderungsrenten; binnen zehn Jahren ist ihr Anteil von 24,2 auf 39,4 Prozent gestiegen.[75] In den letzten 15 Jahren hat sich die Anzahl der Arbeitsunfähigkeitstage aufgrund von Depressionen,

Anpassungsstörungen und anderen psychischen Krankheiten mehr als verdoppelt.[76] 2012 erreichte die Zahl der Krankschreibungen aufgrund psychischer Erkrankungen mit bundesweit 59,2 Millionen Arbeitsunfähigkeitstagen einen neuen Höchststand, ebenso die Ausgaben für psychische Erkrankungen, die sich allein zwischen 2002 und 2008 um 5,3 auf 28,7 Milliarden Euro erhöht haben.[77] Nach einer Erhebung der Techniker Krankenkasse stieg der Verbrauch von Antidepressiva im selben Zeitraum um 113 Prozent.[78]

Der Begriff »Burn-out« wurde erstmals 1974 von dem amerikanischen Psychoanalytiker Herbert Freudenberger verwendet, und zwar zur Beschreibung des psychischen und physischen Abbaus der meist ehrenamtlichen Mitarbeiter sozialer Projekte, wie therapeutischer Wohngemeinschaften, Frauenhäuser oder Kriseninterventionszentren – ein Abbau, der mit einer Verminderung der psychischen Belastbarkeit begann und dann über die oft zynische Distanzierung vom Beruf, den inneren Rückzug von anderen Menschen bis hin zur totalen Erschöpfung verlief.

Burn-out ähnelt damit in seiner Anfangszeit dem damals in Deutschland populären »Helfersyndrom«, das von seinem Erfinder, dem Psychoanalytiker Wolfgang Schmidbauer *(Die hilflosen Helfer)* als Problem der sozialen Berufe gesehen wurde, die an unrealistisch hohen altruistischen Zielsetzungen scheiterten.

Vom Leiden des Idealisten ist der Burn-out heute in der öffentlichen Wahrnehmung zum Leiden des Erfolgsmenschen mutiert, der unter großer Arbeitsbelastung, Konkurrenzdruck und den allzu hohen Ansprüchen an sich selber zusammenbricht. Die Medien wühlen ihr Publikum vor allem mit Einzelschicksalen von Prominenten auf, wie etwa dem der Kommunikationswissenschaftlerin Miriam Meckel, die eine Burn-out-Karriere wie aus dem Bilderbuch vorzuweisen hat: jüngste Professorin Deutschlands, Regierungssprecherin, Staatssekretärin. Aus der Burn-out-Klinik schreibt sie ein viel beachtetes Buch, mit dem sie ihre Krise verarbeitet.

Aber auch wenn Burn-out in den Medien gerne als Krankheit von besonders Exponierten porträtiert wird – de facto sind so gut wie alle

Berufsgruppen betroffen. »Das Burn-out-Alphabet reicht von A wie Animateur und H wie Hausfrau über L wie Lehrer und M wie Mutter bis hin zu S wie Stewardess und Z wie Zahnarzt«, so Matthias Burisch, der Autor des einschlägigen Standardlehrbuchs.[79]

Alles Mode?

So vielfältig wie die Liste der potenziell Betroffenen sind auch die Beschwerden, unter denen sich Burn-out offenbar manifestieren kann: In der Fachliteratur geht es mit über 130 Symptomen und den unterschiedlichsten Stufenmodellen und Diagnoseschemata drunter und drüber, Burn-out scheint ein wahres Chamäleon zu sein.[80]

Dazu kommt, dass die Krankheit außerhalb Deutschlands so gut wie unbekannt ist. Aber auch hierzulande gibt es keine einheitliche Definition des Leidens. Es taucht zwar in der offiziellen Klassifikation von Diagnosen (ICD-10) auf, aber nicht als eigenständige Krankheit, sondern bloß als Zusatzdiagnose, und noch dazu mit einer Umschreibung, die mehr wabert als eingrenzt: »Probleme mit Bezug auf Schwierigkeiten bei der Lebensbewältigung« – vom Schweregrad her also irgendwo zwischen urlaubs- und krankenhausreif.

Kein Wunder eigentlich, dass sich viele Therapeuten schwertun mit der Diagnose, insbesondere Ärzte, die klare Kriterien gewohnt sind. Der Versuch der Deutschen Gesellschaft für Psychiatrie, Psychotherapie und Nervenheilkunde, einen Konsens zu finden, endete in einer Kompromissformel: Burn-out wird als »subjektiv erlebte Überforderung« am Arbeitsplatz beschrieben, die mit einem chronischen Erschöpfungszustand einhergeht, der sich auch in Erholungsphasen nicht zurückbildet – keine *Krankheit,* sondern ein Risikozustand für andere Erkrankungen, namentlich Depression.[81]

Aber viele Therapeuten weigern sich weiterhin, den Begriff zu benutzen – wie etwa Professor Ulrich Hegerl, der Vorstandsvorsitzende der Stiftung Deutsche Depressionshilfe, der in dem Begriff gleich eine doppelte Gefahr sieht: einerseits die, dass die schwere, oft lebensbedrohliche Erkrankung Depression verniedlicht und letztlich nicht adäquat therapiert wird. Andererseits die, dass eine bloße Befindlichkeitsstörung zur Krankheit erhoben wird: »Stress und gelegentliche Überforderung sind Teil des Lebens und müssen nicht medizinisch behandelt werden.«[82]

Bei aller Kontroverse kommt der Burn-out-Welle aber zumindest ein Verdienst zu: dass das Leiden an der Arbeit überhaupt zum Thema geworden ist.[83] Und dass dadurch auch offener mit der Krankheit Depression umgegangen wird, die in der hyperaktiven Leistungsgesellschaft seit jeher zu den illegitimen Leiden zählt, wird sie doch mit mangelnder Willenskraft und Sich-Hängenlassen konnotiert. Insbesondere in Managerkreisen, wo das Eingeständnis einer Depression regelrecht existenzvernichtend war, dürfte Burn-out als sozial akzeptables Leiden für viele an Depression Erkrankte sozusagen die Rettung sein.

Wobei das Pendel der sozialen Akzeptanz fast schon in die andere Richtung auszuschlagen scheint: Immer häufiger kommt die Krankheit mit einem heroischen Touch daher, für manchen scheint sie sogar ein veritabler Ritterschlag zu sein – der ultimative Beweis, dass man in der Firma auch wirklich alles gegeben hat. Wem das Blei um die Ohren geflogen ist, der darf sich ruhig mal ein paar Tage aus der Schusslinie nehmen lassen.

Bei näherem Hinsehen erweist sich der Nimbus der Managerkrankheit jedoch als Mythos – wir haben das lange Alphabet der Betroffenen ja kennengelernt. Auch der Name selbst scheint dem Reich der Mythologie entliehen, jedenfalls lässt sich die in vielen Publikationen hergestellte Verbindung zwischen »Ausbrennen« und »Brennen« nicht überzeugend nachweisen: In vielen Fällen ist vermehrtes Engagement in der Vorgeschichte vergeblich zu suchen. Viele der Ausgebrannten haben – zumindest am Arbeitsplatz – noch nie gebrannt.[84]

Auch wenn die Medien als Opfer noch so gerne Promis und Leistungsträger präsentieren, in Wirklichkeit ist das Erschöpfungssyndrom eher in den unteren Ebenen der Arbeitshierarchie anzutreffen. Nur wird es dort unten meist mit dem weniger schicken Label »Depression« versehen. Folgt man den Diagnosestatistiken, kann eine Kassiererin bei Lidl im Grunde gar kein Burn-out entwickeln. Dieser Begriff ist den sozial gehobenen Kreisen vorbehalten (bzw. den Privatversicherten, die in Burn-out-Kliniken gerne gesehene Kundschaft sind).

Aber ob Burn-out nun wirklich eine neue Erkrankung ist oder nur ein neuer Schlauch für alten Wein, eines ist nicht wegzudiskutieren: Das Leiden der Betroffenen ist *real*. Ob wir es nun als Burn-out oder als Depression ansehen, als Neurasthenie, Anpassungsstörung oder als Erschöpfungs-, Stress- oder Helfersyndrom – letztlich ist das nur ein Streit um Worte.

Was ist Gesundheit?

Was hat das alles überhaupt mit der Arbeit zu tun? Leiden wir wirklich an der Arbeit? Oder ist es eben das »moderne Leben«, das uns erschöpft und krank macht?

An diesem Punkt lohnt es sich, etwas weiter auszuholen, als dies üblicherweise in Titelgeschichten von *Focus*, *Spiegel* und Co. geschieht. Vielleicht müssen wir uns überhaupt einmal ganz lösen von der Frage nach Krankheiten, Diagnosen und Definitionen.

Fragen wir einmal grundsätzlich nach unserer *Gesundheit*. Wo kommt sie her? Besteht sie wirklich darin, dass wir von Krankheiten verschont bleiben, so wie das von der Medizin üblicherweise gesehen wird? Die Resilienzforschung, die sich auf den israelischen Soziologen Aaron Antonovsky beruft, gibt eine ganz andere Antwort: Gesundheit ist weder die Abwesenheit von Krankheiten oder Schmerzen noch die von Krisen und Leid, sondern besteht darin, dass ein Mensch die Belastungen bewältigen kann, die das Leben unweigerlich mit sich bringt. Nicht die krankmachenden Einflüsse bestimmen demnach unseren Gesundheitszustand, sondern die Schutzfaktoren, Kompetenzen und Ressourcen, die uns zu Gebote stehen. Das von Antonovsky begründete Konzept der Salutogenese (»Gesundheitsentstehung«) betrachtet Gesundheit also als Prozess, als etwas Sich-Entwickelndes.

In Erweiterung dieses Ansatzes haben Sozialpsychologen in der berühmt gewordenen »Selbstbestimmungstheorie«[85] drei dieser Schutzfaktoren als Grundlage unseres Wohlbefindens und unserer Gesundheit identifiziert:

- Wirksamkeit – dass wir uns in unserem Leben als *kompetent* erfahren,
- Autonomie – dass wir *selbstbestimmt* handeln können,
- Bezogenheit – dass wir sozial verankert und *anerkannt* sind.

Dieses Trio könnte man auch als die drei Wächter unserer Gesundheit bezeichnen. Sie stellen unsere psychologischen Grundbedürfnisse dar, unsere Erwartungen an die Welt, wie sie sich auf unserer langen Reise durch die Evolution herausgebildet haben und die für unser Gedeihen genauso elementar sind wie Essen und Trinken.

Die Wächter unserer Seele

Nehmen wir die Wirksamkeit. Schon das Krabbelkind hat den unbezähmbaren Drang, die Welt zu »begreifen«, seine Fähigkeiten zu erproben und immer wieder neu auszutesten, wo seine Grenzen liegen. Als Erwachsene kennen wir unsere Grenzen zwar schon besser, aber an dem Trieb, sie immer wieder aufzusuchen, hat sich nichts geändert. Wir wollen uns bewähren in dieser Welt, wollen etwas bewirken, unsere Kräfte messen, eine Rolle spielen. Der Drang nach Kompetenzerfahrungen ist quasi als biologisches Programm in uns angelegt: Wenn wir Widerstände überwunden haben, belohnt uns unser sogenanntes Motivationssystem mit einem kleinen Dopaminrausch, den wir als »Erfolgserlebnis« wahrnehmen (und in dem letztlich auch der Reiz und die Gefahr von manchen Computerspielen, sogenannten Ego-Shootern, liegen, ebenso auch das Suchtpotenzial von Arbeit).

Auch der zweite unserer Schutzfaktoren, Autonomie, ist sozusagen ein biologischer Imperativ. Wer schon mal die Wutanfälle eines Kleinkindes erlebt hat, weiß, dass es dabei meistens darum geht, dass es etwas *selber* machen wollte. Und genauso (wenn auch glücklicherweise auf weniger vehemente Art) sind wir als Erwachsene genervt, wenn wir nicht selber bestimmen können, wo es langgeht. Wir wollen nicht nur Befehle ausführen, sondern selbst Verantwortung tragen. In unserer Selbstbestimmung liegt das eigentliche Wesen der Freiheit – und der Grund, warum sich Menschen den Entzug der Freiheit als Bestrafung ausgedacht haben.

Kommen wir zum dritten Wächter unseres Wohlbefindens. Die Anerkennung durch die Mitmenschen ist die begehrteste soziale Ressource schlechthin (wir können sie auch Liebe nennen). Denn Menschen – wie jede andere soziale Spezies auch – können nur als Teil einer Gemeinschaft überleben. Sie kämpfen deshalb um *Beachtung* und leiden wie Hunde, wenn sie die nicht bekommen. Kinder, die ohne ein Mindestmaß an Sozialkontakten aufwachsen, gehen unweigerlich zugrunde, selbst wenn es ihnen ansonsten an nichts mangelt.

Die Beachtung durch die anderen gibt dem Selbstvertrauen Schub. Menschen, die viel angeschaut werden, tragen mehr zu einer Diskussion bei[86] – einer der Gründe übrigens, warum Diskussionen oft von den Attraktiven dominiert werden (wir kommen in Kapitel 9 noch darauf zurück).

In diesem Urbedürfnis nach Einbindung liegt der Grund, warum die Arbeit im Home Office sich nie als »Arbeitsplatz der Zukunft« durchsetzen wird. Und wenn die hyperflexiblen Jobnomaden der digitalen Bohème mit ihren Laptops ins Café ziehen oder sich einen Schreibtisch in einem »Coworking Space« wie dem Berliner Betahaus mieten, dann nicht, weil ihnen daheim der Kaffee ausgegangen ist, sondern um nicht auf das verzichten zu müssen, was für viele andere der einzige Grund ist, weshalb sie ins Büro gehen: dass sie unter Leute kommen.

Das gibt Stress!

Was aber nun, wenn unsere elementaren psychischen Bedürfnisse nicht befriedigt werden? Wenn wir eben keine Anerkennung finden? Keine Erfolgserlebnisse haben? Oder in unserer Selbstständigkeit beschnitten werden?

Dann gerät unsere Psyche unweigerlich in die Gefahrenzone. Die Schwächung oder Abwesenheit der drei Wächter setzt die Seele unter Dauerstress. Und dasselbe gilt für den Körper. Auch er ist jetzt in ständiger Alarmbereitschaft, alle physiologischen Systeme sind auf Verteidigung eingestellt, das Stresshormon Cortisol sorgt für einen erhöhten Blutdruck und damit für eine Dauerbelastung des Herz-Kreislauf-Systems. Genauso setzt die stressbedingte Hormonkaskade auch das Immunsystem in Daueralarm; dessen ziellose Aktivierung macht seine Arbeit fehlerträchtig, Infektionen treten häufiger auf.

Auch für das Hirn bedeutet die Schwächung der Wächter eine Belastung. Wie Neurophysiologen nachweisen, zieht das Leben in der psychischen Stresszone eine Kommunikationsstörung der Nervenzellen nach sich, ihre Arbeit wird ineffizient. Dauergestresste fühlen sich angespannt, sind reizbar und leicht aus der Fassung zu bringen. Die Beeinträchtigung der normalen Arbeit der Nervenzellen kann so weit gehen, dass diese regelrecht abgeschaltet werden, in schweren Fällen ist sogar eine Schrumpfung des Gehirns nachweisbar. Wenn sich der Gestresste erschöpft fühlt, dann deshalb, weil es sein Hirn ganz buchstäblich ist.

Das heißt nun nicht, dass aus einer Erschöpfung gleich eine Depression wird. Wie die Forschung zeigt, reagieren Menschen sehr unterschiedlich auf Stress. Wo sich der eine gefordert fühlt, ist der andere bereits überfordert. Jeder Mensch besitzt eine Art Stress-Thermostat, der ihm vorgibt, wo seine Belastungsgrenzen liegen. Stress ist letztlich eine Frage der inneren Bewertung, und dabei ist das Selbstbild oft entscheidender als wie die Welt draußen wirklich ist.

Es wird angenommen, dass etwa 15 Prozent der Erwachsenen von ihrer Persönlichkeit und genetischen Ausstattung her Stress relativ problemlos wegstecken können. So fühlen sich beispielsweise erstaunlich viele Top-Manager trotz hundert Wochenstunden gesund und munter. Auf der anderen Seite stehen die besonders Vulnerablen – ebenfalls circa 15 Prozent –, die auf Stress eher überreagieren.[87] Und dazwischen diejenigen, die eine normale Empfindung für Stress besitzen.

Überforderung und Unterforderung

Dem *Stressreport Deutschland 2012* der Bundesanstalt für Arbeitsschutz und Arbeitsmedizin zufolge, dem eine Befragung von 20 000 Beschäftigten zugrunde liegt, klagt die Hälfte der Befragten über »starken

Termin- und Leistungsdruck«.[88] Der Ernährungsreport der Techniker Krankenkasse berichtet, dass bei der Arbeit nur jeder zweite Beschäftigte dazu kommt, in Ruhe zu essen.[89]

»Immer mehr Beschäftigte fühlen sich unter Zeitdruck«, sagt Werner Fürstenberg, der in Hamburg eine »externe Mitarbeiterberatung« betreibt, die sich im Auftrag von Firmen um die Gesundheit ihrer Belegschaften kümmert. »Sie müssen in immer kürzerer Zeit immer mehr leisten. Die Arbeitsdichte hat massiv zugenommen.«[90]

Besonders hoch scheint der durch Arbeitsverdichtung bedingte Stresspegel in restrukturierten Betrieben zu sein. So sehr der mobilisierende Effekt permanenter Veränderungen von vielen Managern angepriesen wird – die Mitarbeiter scheinen die Segnungen des *change* nicht als solche wahrzunehmen. Laut Stressreport klagen zwei von drei Beschäftigten, deren Firma gerade eine Restrukturierung durchmacht, über Leistungsdruck; die Hälfte fühlt sich erschöpft, und ein Drittel klagt über Schlafstörungen.

Wenn allzu viel Wandel Mitarbeiter krank macht, dann sicher auch deshalb, weil Fusionen und Umstrukturierungen in aller Regel mit Personalabbau einhergehen – die Menschen sich also in ihrem Grundbedürfnis nach Zugehörigkeit und Sicherheit bedroht sehen. Dazu kommt, dass im Rahmen der Umstrukturierungen, die ja meist von Unternehmensberatern »begleitet« werden, in aller Regel auch ein professionelles Personalmanagement implementiert wird, mit seinem ganzen Arsenal an Motivationshilfen, insbesondere Zielvereinbarungen mit »erfolgsabhängiger Gehaltskomponente«. Leistung muss also messbar gemacht werden – mit dem durchaus erwünschten Nebeneffekt, neben den Prämienberechtigten auch die »Minderleister« aufzudecken, die bisher so mitliefen. Der Effekt: mehr Stress für alle. Die Schwachen müssen um ihren Job fürchten, die Leistungsträger um ihre Prämie. (Wie Studien zeigen, können Bonuszahlungen die Leistungsbereitschaft von Mitarbeitern allenfalls kurzfristig steigern. Oder sich sogar gegenteilig auswirken: Die Motivation über »extrinsische« Ziele hat einen verheerenden Effekt auf die »intrinsische«, also Eigenmotivation. Ganz zu schweigen von der ultimativen Demotivation bei denen, die keine Extrawurst bekommen.[91])

Nach einer repräsentativen Umfrage von TNS Emnid aus dem Dezember 2010 fühlen sich 12,5 Prozent aller Beschäftigten in Deutschland in ihrem Job überfordert. Jeder Achte ist demnach abgeschnitten von Kompetenzerfahrungen.

Stress kann aber auch – so paradox das auf den ersten Blick erscheint – aus Unterforderung entstehen. Denn wie bei der Überforderung ist auch in diesem Fall das Grundbedürfnis nach Kompetenzerfahrungen verletzt: Wer kein Ziel vor Augen hat, kann sich nicht als kompetent erleben. Unterforderung dürfte einen großen Teil der »Burnouts« derjenigen erklären, die nie gebrannt haben – in manchen Publikationen werden sie deshalb durchaus treffend als »Boreouts« bezeichnet (*to bore* = langweilen).[92]

Im Stressreport der Bundesregierung beklagt sich die Hälfte der Befragten über »ständig wiederkehrende Arbeitsvorgänge«, also Monotonie. Und genau darin dürfte zumindest *ein* Grund liegen, warum das moderne Erschöpfungssyndrom viel mehr das Fußvolk betrifft als die Chefetage. Nach einer Untersuchung der Harvard University zeigen Menschen in leitenden Positionen im Vergleich zu einfachen Angestellte weniger Anzeichen von Stress, sowohl bei den Hormonparametern als auch im subjektiven Empfinden.[93] Denn wer leitet – so könnte man den Befund erklären –, der hat (idealerweise zumindest) zwei wichtige Verbündete unter den Anti-Stress-Wächtern: Kompetenz- und Autonomieerfahrungen. Ein weiterer Grund könnte durchaus auch darin liegen, dass sich dort, in der Chefetage, die besonders Stressresistenten ansammeln, die Stresslabilen dagegen eher in den unteren Rängen.

Die Macht des Teams

Der mächtigste der Anti-Stress-Wächter ist Anerkennung. Dabei geht es nicht nur um die Anerkennung durch den Chef, sondern genauso um die durch die Kollegen. Mobbing ist sicher der Extremfall, aber nach allem, was wir über die Bedeutung des Zugehörigkeitsgefühls wissen, ist nachvollziehbar, dass es Menschen krank macht, wenn sie sich am Arbeitsplatz isoliert oder von Kollegen missachtet fühlen. Nachvollziehbar also, warum der Teamgedanke im heutigen »emotionalen Managementstil« eine so zentrale Stellung einnimmt. Menschen arbeiten nun einmal besser, zufriedener und motivierter, wenn sie sich einer Gruppe zugehörig fühlen. Überraschend ist eigentlich nur, dass das Konzept des »Teams« als hochpotenter Motivator (zumindest im Westen) erst relativ spät entdeckt wurde, nämlich in den Achtzigerjahren. (Spekulieren ließe sich darüber, ob das Thema vielleicht durch die Überstrapazierung des »Kollektivs« im Sozialismus einfach verbrannt war.)

Mangelnde Anerkennung ist wohl die gewichtigste Ursache für Frust am Arbeitsplatz. Betroffen sind oft diejenigen, die mit fliegenden Fahnen in den Beruf gestartet sind, aber nun in ihrer Karriere ein Plateau erreicht haben. Jüngere Kollegen ziehen an ihnen vorbei, die Aufmerksamkeit des Chefs liegt jetzt auf anderen »High Potentials«.

Und mit der Anerkennung bleiben allmählich auch die Herausforderungen aus. Man hat alles schon mal gesehen, alles schon mal gemacht, aber *Neues* – und damit neue Erfolgserlebnisse – ist nicht mehr zu erwarten. Der Wechsel in einen neuen Job wird wegen der damit in aller Regel verbundenen Gehaltseinbußen oft erst gar nicht in Erwägung gezogen, lieber zieht man sich in die Schmollecke zurück.

Im Grunde ist man damit in einer Falle gelandet, die quasi naturgesetzlich zur Leistungsgesellschaft gehört: der Erfolgsfalle. Die besteht schlicht darin, dass von denen, die siegesgewiss in ein Rennen starten, nun einmal nicht alle auf den erträumten Siegerplätzen landen können. Den allermeisten sind Plätze beschieden, die sie als Enttäuschung erleben müssen, Plätze, auf denen sich die drei Wächter der Zufriedenheit dann auch immer rarer machen. Das lange, dicke Ende in der Erfolgsfalle ist sozusagen die logische Konsequenz des Leistungsgedankens.

Burn-out in diesem Sinn ist eine Enttäuschungskrankheit. Tatsächlich steigt die Anzahl der Demotivierten in den Unternehmen mit dem Alter kontinuierlich an. Nach dem »Engagement-Index«, den die Unternehmensberatung Gallup jedes Jahr auf der Grundlage von Umfragen unter deutschen Beschäftigten veröffentlicht, hat fast jeder dritte Arbeitnehmer über fünfzig innerlich gekündigt – und gehört damit zur Hauptrisikogruppe für eine depressive Erschöpfungskrankheit.[94]

Unglück Arbeitslosigkeit

Aber die schlimmste Form des Leidens an der Arbeit hat in der Arbeitsgesellschaft gar nichts mit Arbeit zu tun. Sie besteht darin, dass man nicht arbeiten *darf*, sondern mangels momentaner Verwendungsmöglichkeit aussortiert ist. Für viele Arbeitslose bedeutet ihre Arbeitslosigkeit das Worst-case-Szenario ihres Lebens. Denn mit dem Verlust des Arbeitsplatzes verabschieden sich auch die Wächter still und heimlich einer nach dem anderen, und oft genug macht der letzte dann das Licht aus. Keine Anerkennung mehr, keine Erfolgserlebnisse, und als passiver Almosenempfänger geht dem Arbeitslosen auch noch das letzte Stückchen Autonomie verloren.

Manchen gelingt es, die Quellen, aus denen sich Zufriedenheit und Gesundheit speisen, in anderen Lebensbereichen zu finden. Aber für die große Mehrzahl – von klein an auf Arbeit gepolt und über Arbeit definiert – ist der Zugang gründlich verbaut.

Kein Wunder also, dass Arbeitslose im Durchschnitt deutlich unglücklicher sind als die arbeitende Bevölkerung. Und je länger sie arbeitslos sind, desto mehr leidet ihre Lebenszufriedenheit. Lediglich in Gegenden mit hoher Arbeitslosigkeit ist der Effekt etwas abgemildert, weil sich Arbeitslose entsprechend weniger »aus der Art geschlagen« fühlen müssen und eine gewisse Form der Einbindung über die Schicksalsgemeinschaft der anderen Arbeitslosen erfahren.

Eine Systemkrankheit

Das Erschöpfungssyndrom – nennen Sie es, wie Sie wollen – ist eine Systemkrankheit, die alle Bereiche des Lebens einbezieht. Die Probleme am Arbeitsplatz sind oft nur *ein* Faktor – der seine verheerende Wirkung aber erst dann entfalten kann, wenn es in den anderen Bereichen des Lebens um die Wächter unserer Zufriedenheit schlecht bestellt ist. Wenn es etwa in der Partnerschaft oder der Familie nicht funktioniert.

Oder wenn das Zuhause als Ausgleichs- und Rückzugsraum abhandenkommt. So wie uns das Internet zu 24-h-Kunden gemacht hat, so sind wir durch BlackBerry, iPhone und E-Mail zu virtuellen 24-h-Arbeitern geworden. Nach einer aktuellen Erhebung des Verbandes Bitcom sind in der IT-Branche mittlerweile 77 Prozent der Arbeitnehmer für die Firma auch nach Dienstschluss zu erreichen, ein Drittel sogar rund um die Uhr. In den meisten Fällen wird die Erreichbarkeit vom Arbeitgeber erwartet.[95]

Dass das seinen Preis hat, zeigt eine Studie der Krankenkasse DAK: Von den Beschäftigten, die angaben, auch im Privatleben für die Firma ständig erreichbar zu sein, leidet jeder Vierte unter einer Depression.[96]

Aber iPhone, BlackBerry und Co. sind nur die Spitze des Eisbergs, wenn es um die Wucherung des krankmachenden Faktors »Fremdbestimmung« in den privaten Bereichen des Lebens geht. Denn dessen Kern liegt im modernen Leben selber, namentlich in dem Überfluss an Optionen, das es für uns bereithält. Dieser Überfluss an Wahlmöglichkeiten überfordert uns, weil er die Menge der für unsere Entscheidungen benötigten Informationen ins Unendliche steigert. Aber nicht nur unsere Zeit, sondern auch unsere Aufmerksamkeit sind endlich, und so geraten wir zunehmend unter Druck: Immer rastloser müssen wir Informationen einholen, zurück aber bleibt das ewige Gefühl des Mangels.

So scheint zur Freiheit ein unauflösbares Paradox zu gehören: Je mehr Wahlmöglichkeiten wir haben, je freier wir also objektiv sind, umso versklavter müssen wir uns fühlen.

Eine Frage der Verwertbarkeit

Das Leiden an der Arbeit – dieses Fazit können wir zum Ende dieses Kapitels ziehen – hat viele Gesichter. *Das* Leiden an der Arbeit gibt es nicht. Und es muss nicht einmal unbedingt mit unserer Arbeit zu tun haben. Leiden und Stress entstehen dann, wenn die grundlegenden Bedürfnisse unserer Seele beschnitten sind – egal, in welchem Bereich.

Aber ist die Arbeit nicht besser geworden? Verfügen wir am Arbeitsplatz nicht über mehr Freiheiten, als wir je hatten, mehr Selbstverantwortung, weniger Monotonie?

Ja, richtig, Sie haben es ja in Kapitel 2 gelesen. Aber genauso richtig ist eben auch, dass das liberalisierte Regime sich nur dort durchgesetzt hat, wo die Verwertbarkeit der Mitarbeiter solchen Luxus rechtfertigt. Die anderen müssen schauen, wie sie mit den vorgefundenen Bedingungen klarkommen.

Nach dem Gallup-»Engagement-Index« ist der Anteil derer, die keine emotionale Bindung an ihr Unternehmen haben, innerhalb der letzten zehn Jahre von 15 auf 24 Prozent angestiegen, demnach hat also jeder Vierte innerlich bereits gekündigt. »Die Werte sind alarmierend«, schreiben die Autoren – und können das Ausmaß der Katastrophe sogar in Zahlen ausdrücken: 112 bis 138 Milliarden Euro entgehen der deutschen Volkswirtschaft jedes Jahr durch die Produktivitätseinbußen und Krankheitstage.[97]

Die Schar der Frustrierten hat sich also, wenn man genau nachrechnet, über die letzten zehn Jahre um über drei Millionen vergrößert. Alarmierend, gewiss. Aber alarmierend erst einmal nicht wegen der vielen Milliarden, die dadurch den Aktionären entgangen sind, sondern wegen der Einzelschicksale, die hinter den Zahlen stecken. Einzelschicksale, die zeigen, wie sehr die Arbeitsbedingungen für viele Menschen schlechter geworden sind – und das in einer Dekade eines Wirtschafts- und Beschäftigungsbooms, der Deutschland zum Musterknaben Europas gemacht hat. Offenbar kann die Wirtschaft sehr wohl mit unzufriedenen Mitarbeitern leben, solange sie nur billig genug sind. Während wir als Staatsbürger in unserer Demokratie garantierte und einforderbare Grundrechte genießen, ist es uns nicht gelungen, in unserer Arbeitswelt für wirklich menschengerechte Bedingungen zu sorgen. Im Gegenteil, wir nehmen es offenbar als Normalität hin, dass sich Menschen tagtäglich in ihren Grundbedürfnissen beschnitten sehen und ihr Leben bei einer Arbeit verbringen, die sie demütigt, kränkt und krank macht.

6. Zivilisationskrankheit Arbeit

In ihrem Buch *Gestatten: Elite*[98] stellt uns Julia Friedrichs die »Mächtigen von morgen« vor: junge Karrieristen, auf dem Sprung von der Business School in die Geldmaschinen der Investment- und Consultingbranche, nicht wirklich Sympathie-, sondern Krawattenträger. Mit vierzehn sind sie von Papi (Chefarzt oder Unternehmer) in einem englischen Privatinternat vor den deutschen Unterschichten in Sicherheit gebracht worden, mit siebzehn waren sie beim Karrierecoach (zusammen mit den Eltern), auf dessen Rat hin noch ein Monat in einem Sozialprojekt eingeschoben wurde (so was muss man heute einfach im Lebenslauf haben). Im Studium klotzen sie richtig ran, sie wollen sich der in sie getätigten Investitionen würdig erweisen, und – um der Wahrheit die Ehre zu geben – so richtig würden sie eigentlich auch nicht wissen, was sie sonst mit ihrer Zeit anfangen sollten. Mit roten Bäckchen geht es von Prüfung zu Prüfung, und mit roten Bäckchen starten sie in ihre Karriere, die sie irgendwann dahin bringt, wo Papi jetzt ist. Ihr Leben wird ihre Arbeit sein, die Gefahr, sich eines Tages selber zu begegnen, minimal, und sie werden stolz darauf sein, mit wenig Schlaf auszukommen.

Glückskinder? Arme Schweine? Zufriedenheit hat für jeden ein anderes Gesicht.

Klingt ziemlich nach Klischee, dieses Bild vom hochgezüchteten Krawattenträger. Und das ist es auch. Zwar sind die Karrieregeilen in manchen Branchen – gerade in den Wirtschaftswissenschaften – überdurchschnittlich häufig anzutreffen; insgesamt aber dominiert heute beim Start in den Beruf ein anderer Typus. Für ihn ist der berufliche Aufstieg kein Selbstzweck. Auch das Geldverdienen kommt nicht an erster Stelle. Nein, man will sich verwirklichen und dabei seinen Spaß haben. Und seine Ideale will man auch noch umsetzen, wenn es irgendwie geht. Vielen dieser jungen Leute fällt es schwer, sich überhaupt für einen bestimmten Berufsweg zu entscheiden, sie sind mit Talenten reich gesegnet und tun sich schwer damit, sich von ihren Optionen zu trennen. Also gönnt man sich erst einmal eine Selbstfindungsphase, geht auf große Reise nach Australien oder Neuseeland, arbeitet in einer Hilfsorganisation mit oder absolviert ein freiwilliges soziales Jahr.

Immer der Verheißung nach

Aber irgendwann hat er sie dann doch, der Beruf, und wird erstaunlich schnell zu *ihrer* Welt, an der sie nach Kräften mitbauen, die sie gestalten und erobern wollen. Sie sind mit voller Motivation dabei, die Zusammenarbeit im Team macht Spaß, und sie scheuen sich vor keiner Aufgabe. Mit dem gleichen Enthusiasmus wie damals im studentischen Arbeitskreis zur Rettung des Regenwaldes stürzen sie sich jetzt in das Unterfangen, den Reifenabrieb noch mal um 2,5 Prozent zu verringern. Ein Schlüsselprojekt, wahnsinnig wichtig, für das ganze Unternehmen, für den Chef, für die ganze Welt.

Die Aufgaben, mit denen man betraut ist, werden größer und wichtiger, nicht jedes Projekt läuft immer glatt, aber die gemeisterten Probleme geben das gute Gefühl, gebraucht zu werden. Der Chef ist offenbar hochzufrieden, Überstunden sind kein Thema, und selbstverständlich sagt man nicht Nein, als man die Leitung des Anschlussprojektes angetragen bekommt, auch wenn das vorübergehend etwas mehr Einsatz verlangt. Und nach dessen erfolgreichem Abschluss schlägt man auch das Angebot nicht aus, sich mal ein bisschen um die Niederlassung in Shanghai zu kümmern. Gute Leute kann man da immer gebrauchen, so hat sich der Chef ausgedrückt, und es ist ja nur für ein Jahr.

Ein anstrengendes Jahr, aber die Anstrengung wird belohnt: Kaum zurück in der Zentrale, bekommt unser Protagonist eine Anfrage: Ob er nicht vielleicht auch einmal Personalverantwortung übernehmen will? Klar will er, im Grunde hat er sogar schon auf das Angebot gewartet. Für die neue Aufgabe gilt es sich aber erst einmal weiterzuqualifizieren, die Wochenenden sind jetzt mit Seminaren und Workshops angefüllt, nicht optimal fürs Privatleben, die Partnerin ist aber zum Glück beruflich in einer ganz ähnlichen Situation, er kann auf ihr Verständnis rechnen. Ganz schön anstrengend trotzdem, sich so aus der Ferne zu lieben.

In der Firma läuft es dafür umso besser, manchmal schüttelt er über sich selber den Kopf: Eigentlich hatte er ja gar nicht Karriere machen wollen, und jetzt ist er hier plötzlich der Vorturner. Und das Schweinegeld erst – wer hätte sich das träumen lassen, dass er sich einmal einen Urlaub im Robinson Club leisten könnte? Und die Penthouse-Wohnung mit Blick aufs Wasser?

Nur die Zeit fehlt. Manchmal kommt ihm mit Bedauern in den Sinn, dass er schon Ewigkeiten kein Buch mehr gelesen hat. Und nun hat er schon zum dritten Mal die Probe mit seiner Band absagen müssen, das geplante Konzert können sie vergessen. Aber er kann sich ja nicht einfach verdrücken, wenn die Gäste aus China einen schönen Abend erleben sollen. Immerhin reicht es noch dreimal die Woche ins Fitness-Studio. Manchmal kommt die Erinnerung an die Abende am Wasser hoch, wenn die Sonne über der Stadt untergegangen ist und die Fledermäuse durch das letzte Licht des Tages segeln.

Einmal erinnert er sich auch an das Jahr nach dem Abi, das Behindertenprojekt in den Favelas von Rio, all die Menschen, die ihm so ans Herz gewachsen waren. Er hatte sich damals vorgenommen, regelmäßig vorbeizuschauen und mitzuarbeiten. Vielleicht könnte er den Chef fragen, ob er zwei Wochen an den nächsten Urlaub dranhängen darf? Oder eine kleine Auszeit nehmen? Aber gerade jetzt, wo man mit den Planungen für das neue IT-Konzept in Verzug ist? Wo das ganze Abrieb-Projekt auf der Kippe steht? Und dann ... hat der Chef nicht angedeutet, dass da irgendwann einmal die Leitung in Paris frei würde? Einen unpassenderen Moment könnte es wirklich nicht geben.

Aber die folgenden Jahre werden auch nicht ruhiger. In der Firma wird umstrukturiert, und dann kommt eines Tages der Anruf vom Headhunter, der alles verändert. Ein Angebot, das man wirklich nicht ausschlagen kann. Ein Global Player, ein ganz spannendes Thema, und der Job ist auch noch deutlich besser bezahlt.

Also steht erst einmal ein Umzug an. Und bald darauf der nächste. Und so gehen die Jahre vorbei.

Weiter, immer weiter – doch wohin?

So wie unserem Protagonisten geht es nicht wenigen: Sie stolpern mehr nach oben, als dass sie dorthin streben. Jeder Schritt ist zwingend, eine *Chance*, eine *Möglichkeit*, mit jeder Stufe werden sie wichtiger (nicht selten auch gewichtiger). Und das Konto wächst mit. Sie sind, um auf die drei grundlegenden Selbstwertquellen aus dem letzten Kapitel zurückzukommen, mit Motivationsenergien bestens versorgt: fühlen sich anerkannt, haben ihre Dosis an Erfolgserlebnissen, und auch an freier Selbstbestimmung ist kein Mangel.

So sind sie mit fliegenden Fahnen immer der jeweils auftauchenden Verheißung gefolgt: noch mehr Anerkennung und Reputation, noch mehr Verantwortung, noch mehr Herausforderungen. Und zum Schluss irgendwo an einem Ort angekommen, an den sie, eigentlich, nie hingelangen wollten. Ein Ort, der am Ende gleichwohl zu ihrer Heimat geworden ist.

Natürlich hört man sie seufzen, wenn es gar zu hektisch wird. Zumal zu Hause der Stress auch nicht kleiner geworden ist, seit die Kinder da sind, und das Haus gebaut ist. Trotzdem werden die Abende in der Firma länger, und anstatt nach Hause zu fahren, nehmen sie sich noch eine Akte vor. Oder plaudern mit dem Kollegen, der auch noch nicht nach Hause will. Oder sie laden sich Arbeit in Gremien und Verbänden auf, mit einem koketten Stöhnen: Vorsitzender des Berufsverbandes, einer muss es ja machen. Schließlich ist es ja nur der eine Abend im Monat. Für manchen könnten es gerne auch mehr sein, über die Jahre sind die Abende zu Hause auch nicht spannender geworden. Der Beruf ist längst das eigentliche Leben. Und entsprechend spärlich sprudeln die Zufriedenheitsquellen in den anderen Lebensbereichen. Anerkennung und Bestätigung gibt es nur noch in der Arbeit, nur hier ist man jemand, nur hier lauern noch die echten Herausforderungen. Der Garten des Lebens ist zu einer Monokultur geworden, die man dafür umso intensiver bewirtschaften muss. Ohne sich dessen vielleicht bewusst zu sein, ist unser Protagonist damit genau dort angekommen, wo der Krawattenträger (von dem er sich immer so abgesetzt hatte) schon immer war: Vollprofi bei der Arbeit, im sonstigen Leben eine Fehlbesetzung.

Andere würden durchaus gerne etwas kürzertreten. Der Beruf macht ihnen schon Spaß, auch nach all den Jahren, sie hängen an den Kollegen, aber der Druck hat immer weiter zugenommen, man muss sich nicht mehr alles geben, sollen sich jetzt mal die jungen Wilden da reinhängen.

Wieder anderen ist die Begeisterung gänzlich abhandengekommen, und damit sind auch die Motivationsquellen versiegt. Sie sind in ihrer Karriere vielleicht am Ende der Aufstiegsphase angekommen, haben die eine oder andere Umstrukturierung durchgestanden und miterlebt, wie mancher Kollege gehen musste, weil der neue Investor die Renditeziele hochgeschraubt hat. Man hat die Frustrationen weggesteckt – man ist nicht der Typ, der sich hängenlässt –, aber merkt doch, dass man immer öfter auf das Wochenende wartet. Und das mit dem Reifenabrieb findet man eigentlich schon lange nicht mehr so rasend spannend.

Für manche ist jetzt die Zeit des Innehaltens gekommen. Sie erinnern sich vielleicht an das Gefühl der Freiheit, das sie einmal hatten, ganz am Anfang ihrer Karriere, als sie noch meinten, zu einem großen Abenteuer aufzubrechen.

Und jetzt? Was ist davon geblieben? Wo ist überhaupt die Zeit geblieben? Was machen eigentlich meine Kinder? Was ist aus der Band von damals geworden? Und dieses Projekt in den Favelas von Rio, was damit wohl ist? Was fange ich an mit dem Rest meines Lebens? Ich bin zwar nicht mehr der Jüngste, aber doch noch jung genug für etwas Neues. Noch mal den Job wechseln? Die Arbeitszeit ein bisschen reduzieren? Eine Auszeit nehmen? Einfach aufbrechen, wie damals, in dem Jahr nach dem Abi, als das Leben noch den Zauber des Anfangs hatte. Einfach den Rucksack packen und los …

Das ewige Proletariat

Aber … wäre ein Jobwechsel nicht mit Gehaltseinbußen verbunden? Weniger arbeiten – kann ich mir das denn leisten?

Die meisten müssen gar nicht lange herumrechnen. Die Miete, die Hypothek, die Versicherungen, das Studium der Kinder, der Sparvertrag, die Rente, das Auto … Wer ganz genau rechnet, stellt sogar fest, dass er nicht einmal auf die Überstunden verzichten könnte, um über die Runden zu kommen.

Also so weiter wie bisher. Man kann nun mal nicht alles haben.

Merkwürdig nur: Dass man sich seine Träume nicht leisten kann, hat offenbar nicht das Geringste mit der Höhe des Einkommens zu tun, sondern betrifft buchstäblich *alle* Gehaltsstufen, bis hinauf zum Millionär. Je höher das Einkommen, desto größer das Haus und die Hypothek, das Auto ist jetzt kein Clio, sondern ein Geländewagen, das Gartenhäuschen ein Ferienhaus in der Provence, das Paddelboot eine Yacht. Und dazu kommt noch die Privatschule für die Kinder. Alles zusammengezählt – kein Platz für große Sprünge. Wenn *Sie* wüssten, wie teuer es ist, Geld zu haben …

»Fixkosten-Proletarier« nennt der Autor Helmut Saiger diesen tragischen, aber prototypischen Vertreter der Konsumgesellschaft, und sein Werdegang ist immer der gleiche: Jeder zusätzliche Euro – ob er aus einer Gehaltserhöhung oder einem Erbe stammt – wird sofort in ein »besseres Leben« investiert.[99] Und das bessere Leben ist nun mal das teurere Leben. Das typische Mitglied der Arbeitsgesellschaft kann es sich nicht leisten, auch nur auf eine Stunde Arbeit zu verzichten. Im Gegenteil: Meist ist auch schon die nächste Tarifsteigerung fest als Ausgabe verplant. Der Konsumklimaindex macht jedes Mal, wenn in einer Tarifrunde Gehaltssteigerungen vereinbart werden, wie etwa im Mai 2013, einen Freudensprung.[100] Im nächsten Urlaub muss man jetzt nicht mehr auf den Campingplatz, sondern kann auch mal ins Hotel gehen. Wie durch Zauberhand finden wir uns immer auf dem Konsumniveau, das wir uns gerade noch leisten können, manchmal auch darüber, aber nie darunter.

Auf Mangel gepolt

Um den bösen Zauber zu verstehen, müssen wir eine Reise weit zurück in die graue Vorzeit unternehmen, als der Mensch noch als Jäger und Sammler durch die Wälder und Savannen zog. Aus dieser, weit über 100 000 Jahre währenden Epoche stammen die grundlegenden Voreinstellungen, die die Evolution unserer Psyche mitgegeben hat.

Unsere steinzeitlichen Vorfahren waren auf das angewiesen, was die Natur jeweils im Angebot hatte. Vorräte anzulegen war nur sehr begrenzt möglich, ein besonders harter Winter oder das Ausbleiben des sommerlichen Regens konnte deshalb Hunger und Tod bringen. Der Mensch, so wie die meisten anderen Säugetiere auch, ist deshalb von der Evolution darauf gepolt, Vorsorge für die unweigerlich kommenden Zeiten des Mangels zu treffen. Und hierfür hat sie ihn mit der Fettzelle ausgestattet, die alle aktuell nicht gebrauchten Kalorien so lange speichert, bis die darin enthaltene Energie wieder abgerufen wird, ob im nächsten Winter oder in Schwangerschaft und Stillzeit.

Auch unser Appetit folgt diesem Austeritätsprogramm. Er lässt nicht automatisch nach, wenn wir genug Vorräte abgespeichert haben, sondern rechnet auch dann noch mit schlechten Zeiten, wenn die Fettzelle längst prall gefüllt ist. Mehr geht immer …

Genau diese Gier nach den Kalorienbomben, die einst ein Segen war, ist heute zum Fluch geworden. Der Mensch ist zwar längst vom Lagerfeuer an den Kühlschrank und die Mikrowelle umgezogen, aber seine auf Mangel eingestellte Fettzelle tut auch heute noch brav ihren Dienst und damit das, was sie schon immer getan hat: Sie legt Vorräte für harte Zeiten an – die aber nie kommen. Und sie kann sich heute aus einem geradezu überirdischen Angebot bedienen: Steckten die Kalorien früher in mühsam auszugrabenden Knollen (die vielleicht fünf Kilometer vom Lager entfernt wuchsen), so sind sie heute in hochkonzentrierter Form in der Tiefkühlpizza enthalten, die man nach zwei Handgriffen auf dem Teller hat. Das Ergebnis: die Fettsucht- und Diabetes-Epidemie unserer Zeit.

Das soziale Fettpolster: Status

Neben dem überschüssigen Appetit hat uns die Evolution noch etwas anderes mitgegeben: den Drang nach *Status*.

Status ist so etwas wie der »soziale Wert«, den die anderen einem Gruppenmitglied zumessen, also das Maß an Anerkennung, Aufmerksamkeit und Respekt, das sie ihm entgegenbringen. Hinter dem Drang nach Status verbirgt sich, wie es der Philosoph Alain de Botton so schön auf den Punkt bringt, das Bedürfnis nach der »Liebe der Welt«.[101] Status ist sozusagen das »soziale Fettpolster«: ein Vorrat an Wertschätzung, Ergebenheit und Beachtung durch die anderen, das dem Individuum das Leben angenehmer macht und es für harte Zeiten absichert.

Wie man aus experimentalpsychologischen Befunden weiß, heißt Beachtung ganz konkret: angeschaut zu werden. Genauso wie andere Menschenaffen verfügen wir Menschen über eine Art »Blickrichtungsdetektor«, mit dem wir unbewusst, aber supersensibel registrieren, wer von wem wie lange angeschaut wird, und verwenden diese Daten als eine Art Statusmesser. Wer angeschaut wird, genießt Ansehen; wer beachtet wird, befindet sich auf den oberen Rängen, wer wenig beachtet wird, auf den unteren.

Die Evolution hat uns mit einem höchst empfindlichen Gespür für Statushierarchien, wie etwa den »guten Ruf« oder den »Namen«, ausgestattet – und mit der dazugehörigen Motivation, uns in den gegebenen Rangordnungen optimal zu positionieren. Ganz so, wie wir beim Naschen von Schokolade mit der Empfindung »süß« belohnt werden, geraten auch die Neuronen unseres auf Status gerichteten Belohnungssystems in einen Freudenrausch, wenn wir eine Portion Status hinzugewinnen können. Und auch hier heißt es, genau wie beim Zucker: nach oben keine Grenzen.

Die Frage nach den genauen Qualitäten, die einem Menschen »Status« verleihen, wird von jeder Epoche, Kultur oder Subkultur anders beantwortet. Bei Jägern und Sammlern hatten gute, erfolgreiche Jäger einen hohen Status, aber auch Schamanen, Geschichtenerzähler oder Ältere. In der Feudalzeit war der Adelstitel und der damit zusammenhängende Besitz ausschlaggebend. Auch in der heutigen westlichen Welt spielt das *Haben* bei der Zuweisung von Status eine wesentliche Rolle, und diese fällt umso größer aus, je ungleicher eine Gesellschaft ist. In den USA etwa wird man oft schon kurz nach der Begrüßung gefragt, wie viel man denn so »mache« – und große Zahlen ernten dann nicht nur Staunen, sondern echte Anerkennung. Auch in unserer Gesellschaft spielt das Konsumpotenzial bei der Zuweisung von Status eine wesentliche Rolle, aber dazu kommt noch eine schwer fassbare Gemengelage an Erfolgsfaktoren, die sich von Schicht zu Schicht und Subkultur zu Subkultur unterscheiden. Ein »interessanter« Beruf etwa: »Schriftsteller!« ... seufz ... »Das war schon immer mein Traum ...« noch mal seufz ... Oder: »Er geht jetzt mit dieser *Sopranistin* aus ...« Auch Auftritte in den Medien helfen. Und dass die »Liebe der Welt« durchaus auch vom Äußeren, nämlich Attraktivität und Körpergröße (manchmal auch Körbchengröße) beeindruckbar ist, wird uns noch beschäftigen. Die inneren Qualitäten, also das *Sein* eines Menschen, hat bei der Vergabe der Währung Status dagegen heute einen eher schwachen Wechselkurs (ob das zu anderen Zeiten viel anders war, muss offenbleiben).

Vom Teilen

Mit unserem Drang nach Status ist die Motivation verbunden, aus der Gruppe herauszuragen. Damit stehen wir aber vor einem Paradox. Denn der Mensch ist für sein Überleben in einer Weise auf seine Mitmenschen angewiesen, wie das nur bei den allerwenigsten Spezies der Fall ist. Einer für alle, alle für einen – das Individuum war von jeher auf diesen impliziten Gesellschaftsvertrag angewiesen. Die einzige Hoffnung aufs Überleben bestand darin, dass die Gruppe gut funktionierte.

Der Mensch trägt damit einen fundamentalen Widerspruch in sich: Er ist Individuum und Gruppenwesen gleichzeitig. So wie er darauf gepolt ist, seinen Vorteil zu sehen und zu verfolgen, ist er auf Kooperation ausgerichtet. Egoismus und Altruismus liegen ihm gleichermaßen im Blut.

Diesen fundamentalen Interessenkonflikt zwischen dem Einzelnen und der Gruppe auszubalancieren, ist seit jeher die Grundfunktion der menschlichen Kultur. Wo immer es menschliche Gemeinschaften gibt, legen Regeln, Normen und Traditionen fest, wo die Grenzen zwischen Einzel- und Gruppeninteressen, zwischen dem »Ich« und dem »Wir« verlaufen.

Der US-amerikanische Anthropologe Melvin Konner beschreibt in seinen Büchern das Leben des Buschmann-Volkes der !Kung in der südafrikanischen Sandwüste Kalahari, bei denen er zwei Jahre gelebt hatte.[102]

Die !Kung ernähren sich vorwiegend von Wurzeln, Nüssen und Früchten, die von den Frauen gesammelt werden. Umso willkommener die Proteine, die von der Jagd der Männer stammen. Ist es ihnen gelungen, ein Wildtier zu erlegen, wird das Beutestück ins Lager gebracht und dort unter den Familien der Stammesmitglieder gleichmäßig aufgeteilt. Der erfolgreiche Jäger bzw. seine Familie bekommen weder ein größeres noch ein besseres Stück von der Beute ab. Wie die anderen ist er in das kollektive System der gegenseitigen Abhängigkeit und Verpflichtungen eingebunden, das den Egoismus des Einzelnen zugunsten der Gruppe einhegt.

Dass dieser Egoismus damit aber noch lang nicht aus der Welt geschafft ist, zeigt eine Geschichte, die Melvin Konner über einen der !Kung-Jäger erzählt. Dieser hatte eine Antilope erlegt und kam nun mit einem ihrer Beine zu seinem weißen Freund, mit der Bitte, das gute Stück für ihn zu verstecken (was ihm Konner trotz eines leicht schlechten Gewissens nicht abschlagen konnte).

Wenn auch in diesem Fall der Egoismus über den Imperativ des Teilens obsiegte: Zu wirklichen Reichtümern kann es auch ein noch so durchtriebener !Kung nicht bringen – schon aus dem einfachen Grund, dass seine Welt nun einmal keine Reichtümer zu bieten hat. Und große Vorräte anzulegen, ist für hochmobile Nomaden ohnehin nicht möglich.

Das Prinzip *Mehr*

Aber mit der Sesshaftwerdung unserer Vorfahren waren andere Zeiten angebrochen. Die Menschen hatten es geschafft, die Erde zu größerer Freigiebigkeit anzuregen, und mit dem größeren Angebot an Nahrungsmitteln konnten immer dichtere Populationen in immer größeren und komplexeren Verbänden zusammenleben. Viehherden und Kornspeicher fungierten nun als externe Energiespeicher und machten den Menschen unabhängiger von seiner Fettzelle – und erlaubten es jetzt, wirkliche Reichtümer zu akkumulieren.

Je größer und anonymer die Verbände und Gesellschaften wurden, desto mehr konnten sich Einzelne durchsetzen und diese Vorräte für sich und ihren Clan monopolisieren. Das Monopol auf die materiellen Ressourcen war meist auch mit dem Monopol auf das weibliche Fortpflanzungspotenzial verbunden: Während sich die mächtigen Patriarchen mit Harems umgaben, die die Größe ihrer Viehherden widerspiegelten, waren viele ihrer Knechte von der Fortpflanzung ausgeschlossen. Und diese Herrscherkasten wurden, ganz nach dem »Prinzip Fettzelle«, immer reicher und fetter. Denn so, wie die Fettzelle kein »Genug« kennt, so wenig tut das auch der Drang nach Status. Anerkennung kann es nie genug geben. Schon deshalb, weil Status eine wahrhaft infernalische Eigenschaft besitzt: Er ist immer *relativ,* er beruht nämlich auf dem Vergleich mit den anderen. Status ist damit ganz und gar unabhängig von den tatsächlichen Gütern oder Qualitäten, die einer besitzt. Wenn die anderen mehr davon haben als ich, bin ich trotzdem eine arme Wurst. Da nun aber alle nach Status streben – und das tun sie, das Prinzip Fettzelle lässt grüßen –, kann es nie zu einem *Genug* kommen. Es gibt immer jemanden, der *mehr* hat: Besseres, Schöneres, Ausgesuchteres.

Die Entfesselung des Statusrennens

Mit der Entstehung der Hochkulturen wird der materielle Besitz zum wichtigsten Statuskriterium, und das Streben nach dem individuellen Vorteil immer grenzenloser. Im römischen Weltreich erreicht das Statusrennen seinen vorläufigen Höhepunkt: Eine hauchdünne Herrscherschicht hat es geschafft, die halbe Welt zu Sklaven zu machen und auf diese Weise unvorstellbare Reichtümer aufzuhäufen.

Das Christentum bringt dann einen geradezu revolutionären Egalitarismus in die Welt. Mit dem Verweis auf das Jenseits legt es dem Statusstreben im Diesseits Zügel an. Persönlicher Reichtum wird im christlichen Abendland bis in die Moderne hinein als unvereinbar mit dem Seelenheil erachtet. Theoretisch zumindest. Denn das große Prassen der Mächtigen geht trotzdem munter weiter, wenn es jetzt auch von einem schlechten Gewissen begleitet ist. Aber dafür gibt es ja Beichte und Absolution. Beim einfachen Volk jedoch erweist sich das Christentum als deutlich effizienter, das sündige Gewinnstreben (und die Neigung zum Aufbegehren) zu dämpfen.

Paradoxerweise ist es gerade die Einführung von Gleichheit und Demokratie, die die Statuskonkurrenz dann erst so richtig anheizt. Denn jetzt, wo alle Klassenschranken gefallen sind, kann es (zumindest im Prinzip) *jeder* nach ganz oben bringen. Alle finden sich in Konkurrenz zu allen wieder. Die neuen demokratischen Verhältnisse haben die Gier, die bisher auf die Wenigen begrenzt war, gleichsam demokratisiert. In der bürgerlichen Ära ist es geradezu Pflicht geworden, es so weit zu bringen, wie es nur irgend möglich ist.

Der französische Jurist und Historiker Alexis de Tocqueville, der in den Dreißigerjahren des 19. Jahrhunderts die noch jungen Vereinigten Staaten bereiste, macht sich dazu schon in seinem 1835 erschienenen Buch *Über die Demokratie in Amerika* folgende Gedanken: »Sind alle Vorrechte der Geburt und des Besitzes aufgehoben, sämtliche Berufe jedermann zugänglich, ... so ist es, als öffne sich dem Ehrgeiz der Menschen eine unabsehbare und bequeme Laufbahn. ... Ist die Ungleichheit das allgemeine Gesetz einer Gesellschaft, so fallen die stärksten Ungleichheiten nicht auf; ist alles eingeebnet, so wirken die geringsten Unterschiede kränkend ... Das ist der Grund für die merkwürdige Melancholie, welche die Bewohner der Demokratie inmitten ihres Überflusses plagt.«[103]

Die Angst, zurückzufallen

Wir haben also – dieses erste Fazit lässt sich nach diesem kurzen Ausflug in unsere Vergangenheit ziehen – den Mangel hinter uns gelassen, ohne jedoch auf den Überfluss vorbereitet zu sein. In Deutschland ist heute fast die Hälfte der Erwachsenen übergewichtig. Der chronische Kalorienexzess, verbunden mit chronischem Bewegungsmangel, macht sechs Millionen Menschen zu Diabetikern, noch mehr leiden an Bluthochdruck.

Und so, wie die immer hungrige Fettzelle dafür sorgt, dass wir permanent mehr essen, als uns guttut, so bringt uns unser auf Mangel eingestelltes Hirn dazu, Dingen hinterherzurennen, die wir eigentlich gar nicht brauchen, ja, die uns, unserer Umwelt oder unseren Mitmenschen sogar schaden.

Seit mit dem Anbruch der Moderne der Siegeszug des Individualismus begonnen hat, fließen die psychischen Energien der Menschen in vorher nie dagewesenem Ausmaß in die ökonomische Sphäre. Ein immer größerer Teil des menschlichen Hirnpotenzials ist jetzt darauf gerichtet, Dinge zu erfinden und zu produzieren, die uns mehr an Bequemlichkeit, Spaß und Befriedigung bringen. Jeder Durchschnittsbürger lebt heute in größerem Luxus als ein römischer Patrizier.

Der Punkt ist nur: Es fühlt sich nicht so an. Denn um uns herum leben andere Patrizier – die vielleicht sogar in noch größerem Luxus leben, gegenüber dem sich unser Dasein armselig anfühlt. Und das gilt nicht nur für den Luxus, der von materiellen Werten kommt. Auch mit dem murkeligsten Computer und dem langsamsten Internetanschluss kommen wir heute an mehr Informationen und Daten als alle Gelehrten des 19. Jahrhunderts zusammen. Und trotzdem – gegenüber unseren Hightech-gerüsteten Mitmenschen sind wir abgehängt und *brauchen* jetzt einen besseren Computer. Und genauso können wir uns arm und abgehängt fühlen, wenn wir meinen, dass andere ein aufregendes Leben führen oder nach einer Botox-Behandlung mehr Blicke abbekommen.

So paradox es klingt: Wir haben immer mehr Möglichkeiten, unser Leben in unserem Sinn zu gestalten, wir haben den Mangel hinter uns gelassen, aber das *Gefühl* des Mangels will einfach nicht verschwinden. Satt? Können wir nie werden, solange die anderen auch am Fressen sind. Deshalb sind in der Überflussgesellschaft die Fantasien ihrer Mitglieder vor allem mit den Dingen beschäftigt, die sie *nicht* haben. »Menschen, denen es ungleich besser geht als ihren Vorfahren ... neigen stark zu der bemerkenswerten Ansicht, dass das, was sie sind und haben, bei Weitem nicht ausreicht«, schreibt dazu Alain de Botton.[104]

Mit der Entfesselung des Statusstrebens breitet sich notwendigerweise auch die Angst aus, zurückzufallen, abgehängt zu werden, Ansehen und Aufmerksamkeit zu verlieren. Und diese *Statusangst* verdirbt uns die Freude an dem, was wir erreicht haben. Durch den Vergleich mit anderen befinden wir uns immer in der Defensive. Wir *müssen* vorwärtsgehen. Anhalten heißt zurückfallen. Es gibt kein Zurück.

Darin liegt der eigentliche Grund, weshalb unser Leben in die Hand der Arbeit gefallen ist. Der Grund, weshalb viele mehr arbeiten, als sie eigentlich wollen. Weshalb sie zu einer Arbeit gehen, die sie eigentlich gar nicht mehr lieben. Weshalb sie eine Auszeit nicht nehmen, obwohl sie voller Ideen und Pläne stecken. Statusentzug ist genauso angstbesetzt wie die Vorstellung, Hunger leiden zu müssen.

Diese Angst ist es auch, weshalb wir nicht einfach Nein sagen können, wenn das Angebot für den »besseren« Job kommt – auch wenn wir wissen, dass er uns Zeit und Freiheit wegnimmt. Wir können gar nicht anders, als in einer Statusverbesserung eine Verheißung zu sehen – und Verrat an unseren Träumen zu begehen. Unser auf Mangel gepoltes Steinzeithirn flüstert uns ein, dass wir sie uns nicht *leisten* können.

Also machen wir weiter wie bisher. Gehen weiter zu unserer Arbeit, auch wenn unsere Begeisterung nachgelassen hat, ebenso die Bedeutung, die unsere Tätigkeit einmal für uns hatte. Oder stürzen uns umso manischer ins Gewühle, suchen nach Aufgaben, Herausforderungen und großen Gefühlen, hecheln der Motivationsdroge hinterher, bei deren Ausgabe unsere Firma so spendabel ist. Nur nicht anhalten. Nur nicht ins Träumen geraten.

So wie wir die evolutionäre Voreinstellung in unserer Überflusswelt mit Diabetes und Fettsucht bezahlen müssen, so bezahlen wir auch unsere Jagd nach »sozialen Kalorien«: dass wir arbeiten und immer mehr arbeiten, obwohl wir immer mehr haben. Dass wir rackern müssen, als ob wir am Verhungern wären. Arbeit – eine Zivilisationskrankheit.

Natur und Kultur

Halt. Moment mal: Arbeit eine Zivilisationskrankheit? Ist das Bedürfnis nach Arbeit nicht fester Bestandteil unserer menschlichen Natur? Liegt es uns nicht in den Genen?

Bewahre! Wie wir im nächsten Kapitel sehen werden, haben die meisten Menschen, die je diese Erde bevölkert haben, um Arbeit lieber einen großen Bogen gemacht, wenn sie nur konnten. Sollen die etwa alle an einem Gendefekt gelitten haben?

Nein. Was uns in den Genen liegt, ist die aus der kargen Vergangenheit stammende Polung auf Mangel, und die macht es uns jetzt im Überfluss so schwer, Maß zu halten. Der Drang zum »besseren Leben« ist tatsächlich fest in unserem Hirn verkabelt.

Wie dieses bessere Leben aussieht, stellt sich jedoch für jeden anders dar. Für den einen mag es das bessere iPhone sein, für den anderen eine Bulthaup-Küche. Für wieder andere das romantische Wochenende zu zweit. Natürlich, Konsumidioten sind immer die anderen, und wir Bildungsbürger sind schnell bei der Hand, den Materialismus der Unterschicht anzuprangern. Aber »guter« Konsum oder »schlechter« Konsum, beide haben eines gemeinsam: Sie kosten Geld. Und beiden liegt das gleiche Prinzip zugrunde: Es gibt immer einen noch größeren Bildschirm, und es gibt immer ein noch unberührteres Stück Natur.

Und auch wenn uns der Hang zum Mehr in den Genen liegt: *Ob* wir ihm folgen und *wie* wir ihm folgen, das ist immer noch eine Frage, über die unsere Kultur befindet. Über Jahrtausende hatte die Menschheit kein größeres Problem mit Diabetes – weil nämlich die Gier der Fettzelle durch die Notwendigkeit der Bewegung in Schach gehalten wurde. Und so, wie sich dies erst mit der Mechanisierung ändern sollte, so ist auch unser Hang zum Mehr erst dann zur Hetzjagd geworden, als es der Mensch durch seinen Erfindergeist geschafft hat, die karge Welt des Mangels hinter sich zu lassen.

Dass diese Hetzjagd nach Status überhaupt mit Arbeit (zumindest die der eigenen Hände) verbunden ist, ja, dass Arbeit überhaupt zu einem Mittel geworden ist, die »Liebe der Welt« zu erringen – auch das hat nicht das Geringste mit unserer Natur zu tun, sondern ist das Ergebnis eines tiefgreifenden kulturellen Transformationsprozesses, der uns in den nächsten beiden Kapiteln beschäftigen wird.

Aber der Fortschritt?

Gene oder Kultur, hin oder her – was ist so schlimm an Zivilisationskrankheiten? Haben wir nicht Medikamente gegen Diabetes, Fettsucht und Bluthochdruck gefunden? Hat der Fortschritt nicht immer wieder Lösungen für unsere Probleme gebracht? Ist Arbeit nicht einfach der Preis, den wir für diesen Fortschritt bezahlen müssen? War nicht gerade die Entfesselung des Egoismus letztlich auch der Motor, der die Welt besser gemacht hat? Hat der Kapitalismus nicht Wohlstand gebracht? Und das für immer mehr Menschen? Was ist gegen Überfluss einzuwenden? Menschen werden heute 90 Jahre alt, und das trotz Diabetes und Bluthochdruck.

Alles richtig. Wir haben mit unserem Drang nach dem *Mehr* Unglaubliches geschafft. Während Generationen vor uns ein entbehrungsreiches Leben im Kampf ums blanke Dasein führen mussten, haben wir es geschafft, uns über die Daseinsnotwendigkeiten zu erheben. Wir haben die Demokratie erfunden. Die Sklaverei abgeschafft. Wir sind dabei, den Hunger auf der Welt zu besiegen. Und die Polio. Wir waren sogar auf dem Mond. Bald auf dem Mars. Und jeder kann nach seiner Fasson selig werden. Wir haben tausend Möglichkeiten entdeckt, wie wir unsere Lustneuronen noch effektiver kitzeln können, wie wir noch mehr Spannung, noch mehr Gefühl erzeugen und unser Leben damit bunter und intensiver machen können. Wir haben Möglichkeiten realisiert, die den !Kung und allen anderen Menschen, die jemals den Planeten bewohnt haben, wie das schiere Glück erscheinen würden.

Das schiere Glück. Nur, wo ist es denn?
Fünf Prozent der deutschen Bevölkerung nehmen Antidepressiva ein, in den USA, dem Land der unbegrenzten Glücksmöglichkeiten, sind es sogar fast doppelt so viele. Jeder dritte Deutsche war im letzten Jahr wegen einer psychischen Erkrankung in Behandlung,[105] und unter ihnen sind immer mehr Kinder und Jugendliche.[106]

Wenn wir psychisches Leiden als Antithese von Glück definieren – wo sind die ganzen Glücksmöglichkeiten geblieben, die wir uns so frenetisch erarbeitet haben? Bei der Jagd nach dem besseren Leben sind wir offenbar am guten Leben einfach vorbeigerannt.

Dafür haben wir in unserem Leben *Sicherheit* wie nie zuvor. Unser Reisegepäck ist versichert, wenn es um den Globus transportiert wird. Unsere Haustiere sind versichert. Von unserem Leben ganz zu schweigen. Wir sind geimpft, wir haben die 112 für Notarzt, Polizei und Feuerwehr, wir können uns *sicher* sein, dass es uns an nichts existenziell Notwendigem mangeln wird.

Aber merkwürdig: Trotz all dieser Errungenschaften ist unser Welterleben zutiefst pessimistisch. Das Leben, um das wir einen so sicheren Zaun gezogen haben, macht uns Angst; überall lauern Risiken. Der Gang der Welt besteht aus einer Aneinanderreihung von Krisen. Ein Anstieg der Benzinpreise macht uns mehr zu schaffen als den !Kung eine Trockenheit, die sie zwingt, mit ihrem ganzen Hab und Gut über Hunderte von Kilometern weiterzuziehen. Wir leben in der längsten Friedenszeit der Geschichte, aber angesichts der »Wachstumsschwäche« unserer Wirtschaft bekommen wir es mit der Angst zu tun. Da ist die unsicherer gewordene Rente. Und wer pflegt uns einmal, wenn wir alt sind? Noch keine Generation hat so viel Vermögen aufgehäuft, noch keine hat so abgesichert gelebt. Und noch keine ist so verzagt durchs Leben gegangen. Selbst das Kinderkriegen ist nur noch etwas für Mutige, den anderen ist das Risiko zu groß, dass sie beruflich, also bei der Jagd nach Status, zurückgeworfen werden.

Angst ist die eigentliche Epidemie unserer Zeit. Eine angebliche Welle von Erschöpfung und Depression hat es zwar auf die Titelseiten gebracht – aber es sind Angststörungen, die die Statistik der psychischen Erkrankungen mit großem Abstand anführen:[107] Versagensängste, Prüfungsängste, soziale Ängste, Nervosität, Unruhe, Panikattacken. In Deutschland nehmen 10 bis 17 Prozent der Bevölkerung im Verlauf eines Jahres irgendwann einmal ein Beruhigungsmittel ein, über eine Million Menschen sind von Tranquilizern abhängig.[108]

Aber die größte Angst betrifft das Leben selber. Dass es irgendwann zu Ende geht.

Wir arbeiten deshalb daran, ewig jung zu bleiben, schön, schlank und faltenfrei. Jedes Mittel ist uns recht, wenn wir nur verdrängen können, dass wir sterben müssen. Frenetisch arbeiten wir daran, das Leben zu verlängern, nicht nur durch eine längere Lebensspanne, sondern auch dadurch, dass wir noch mehr reinpacken, noch mehr erleben, an Gefühlen, Nervenkitzel und Lust. Wir müssen als große Verdränger durchs Leben gehen, die ihr Leben mit Produkten füllen, um die Angst nicht zu spüren.

Das Hamsterrad des Glücks

Auch die !Kung haben ihre Krankheiten, körperliche wie psychische. Sie leben nicht in einem Paradies seelischer Gesundheit, aus dem wir »Zivilisierten« vertrieben worden wären. Dass Stress krank macht, das gilt auch für sie. Und Mangel bedeutet Stress, von Krieg ganz zu schweigen. Auch die !Kung werden von Schicksalsschlägen heimgesucht, und manchmal ist es mehr, als ein Mensch aushalten kann. Im Durchschnitt muss eine Frau die Hälfte ihrer Kinder sterben sehen.

Und trotzdem, trotz aller Härte, Knappheit und Unsicherheit, in der sie leben, betrachten die !Kung die Welt als »gebenden Ort«.

Verkehrte Welt. Wo doch *wir* unsere Welt in diesen gebenden Ort verwandelt haben. Wo doch *wir* an einer ewig sprudelnden Quelle leben, an der wie im Garten Eden für alles gesorgt ist. Trotzdem, in unserem Empfinden werden wir von Mangel, Unsicherheit und Angst heimgesucht. Wir haben uns von den Zwängen der Natur befreit, von dem erzwungenen Zustand der gegenseitigen Abhängigkeit, vom Imperativ des Teilens, um uns eine Welt zu bauen, in der – wie Melvin Konner sich ausdrückt – »der wesentlichste soziale Akt darin besteht, sich mit anderen zu vergleichen«[109]. Auch wenn wir dafür die Bezeichnung »Fortschritt« verwenden: Im Grunde haben wir die missliche Lage des *echten* Mangels nur hinter uns gelassen, um in einer anderen misslichen Lage zu landen: der des *gefühlten* Mangels.

Mit den Augen eines !Kung betrachtet haben wir *alles*. Nur haben wir keine Zeit, die Früchte unseres Fortschritts zu genießen. Wir müssen weiter rackern, um unser Leben zu verbessern. Wir müssen uns Neues ausdenken, müssen effizienter werden, weiter wachsen, um bloß nicht in die Krise zu rutschen. Wenn wir nicht zurückbleiben wollen, müssen wir schneller rennen.[110] Also schaffen wir den Sonntag ab, damit wir auch da arbeiten und einkaufen können. Und endlich haben auch die Südländer erkannt, dass ihre Siesta ein Fortschrittshindernis ist. Schließlich bemühen wir uns ja auch, mit weniger Schlaf auszukommen.

Wir haben *alles,* tatsächlich. Und wir mögen aus Sicht der !Kung und aller Welt darum beneidet werden. Aber in Wirklichkeit sind wir arme Tröpfe.

7. Die lange Geschichte der Arbeit und die kurze Geschichte ihrer Verherrlichung

Treten wir an dieser Stelle einen großen Schritt zurück, gönnen wir uns eine Pause zum Nachdenken. Woher kommt er denn, unser unbedingter Wille zu Arbeit, Leistung und Anstrengung? Woher kommt er, dieser Mangel an Ruhe und Zeit, den wir alle beklagen und doch so schwer beheben können? Machen wir uns auf eine Reise weit zurück in unsere Vergangenheit, vielleicht lassen sich hier die Quellen finden, aus denen wir auf der Suche nach einer besseren Gegenwart schöpfen können.

Kaum je hat ein Begriff eine solche Karriere hingelegt wie der der »Arbeit«. Im gesamten westlichen Kulturkreis ist Arbeit, etymologisch gesehen, zunächst ganz und gar ein Paria. Im Altgriechischen bedeutet das für Arbeit stehende Wort *ponos* – von dem sich das französische *peine* und das deutsche *Pein* ableiten – Mühe, Qual und Leid.[111] Das lateinische Wort *labor,* das in dem englischen Begriff für Geburtswehen eine besonders sinnfällige Ableitung gefunden hat, steht häufig auch für Armut, Krankheit und Bedrückung. Auch das französische Wort *travail* ist eher düsterer Herkunft; es geht auf das galloromanische *tripaliare* zurück – zu Deutsch: »quälen«.

Unser deutscher Begriff Arbeit kommt wahrscheinlich von dem indogermanischen Verb *orbho,* das laut Duden so viel bedeutet wie »ein verwaistes, zu schwerer körperlicher Arbeit verdingtes Kind sein«.[112] Bis ins Neuhochdeutsche hinein wird Arbeit gleichgesetzt mit Mühsal, Plage und Not. Erst im ausgehenden Mittelalter verliert der Begriff seine negative Bewertung und bedeutet nun schlicht und einfach »zweckgerichtete Beschäftigung«. Ab dem 18. Jahrhundert ist der Begriff Arbeit dann immer häufiger positiv besetzt, und seine vollständige Erhebung in den Gnadenstand lässt nicht lange auf sich warten. Heute kann man mit seiner Hilfe sogar Wahlen gewinnen: Das Wort »Arbeit« fehlt neben »Zukunft« und »Sicherheit« auf keinem Wahlplakat.

Arbeit macht unfrei

Blicken wir zurück auf die weniger glanzvollen Anfangszeiten. Durch die ganze griechische und römische Antike hindurch bis weit ins Mittelalter hinein galt Erwerbsarbeit als etwas, was dem guten, eigentlichen Leben im Wege steht, ein Übel, dem man sich allenfalls aus existenzieller Not oder purer Geldgier hingab. Aristoteles bemerkt kurz und bündig: »Arbeit und Tugend schließen einander aus.«[113]

Zum guten Leben gehörte für die klassischen Philosophen der Vorsatz, den notwendigen Verrichtungen des Alltags den kleinstmöglichen Platz einzuräumen. Nur wer das »Reich der Notwendigkeit« hinter sich gelassen hatte, konnte sich dem ersehnten »Reich der Freiheit« zuwenden, um sich dort in freier Selbstbestimmung als geistiges, religiöses und politisches Wesen zu entfalten – was allerdings durchaus mit harter Arbeit verbunden sein mochte: Zur Blütezeit der *polis* ist die Elite der freien Bürger, die *aristoi* (»Besten«), im unermüdlichen Einsatz für das Gemeinwesen, sei es als Politiker, Militärführer oder in der Rechtsprechung. Gut betucht, wie sie ist, kann sie dabei ganz ehrenhaft auf ein Honorar oder andere materielle Vorteile verzichten. Die niederen ökonomischen Sphären von Produktion, Handel und Haushalt werden Sklaven, Ausländern und Frauen überlassen. Dies gilt insbesondere für die manuellen Tätigkeiten, von denen es heißt, dass sie den Geist abstumpfen und den Charakter verderben.

In der klassischen Spätzeit und im Hellenismus wird das Reich der Freiheit zunehmend im persönlichen Bereich gesehen, jetzt geht es mehr um die Vollkommenheit der Seele als um den vollkommenen Staat. Ziel des Gebildeten ist es, zur Erkenntnis des Wahren und Schönen zu gelangen. Den hierfür benötigten Zustand der kontemplativen Muße bezeichnet Aristoteles als *scholé* (von dem unsere heutige »Schule« abstammt) als die wahrhaft freie Zeit jenseits aller Notwendigkeiten des Lebens. Muße ist jedoch nicht »Freizeit« in unserem heutigen Sinne, im Gegenteil: Entspannung und Unterhaltung grenzt Aristoteles ausdrücklich als *anápausis,* »Atempause«, ab, die nur der Regeneration der Arbeitskraft dient und damit dem Bereich der *ascholía,* der »Unmuße« zuzuordnen ist.

Für Aristoteles liegt in der Muße der eigentliche Sinn des Lebens. Dementsprechend hat das kontemplative Leben vor dem tätigen, unmüßigen absoluten Vorrang: Den Gegensatz zwischen Kontemplation und Tätigsein vergleicht Aristoteles mit dem Unterschied zwischen Frieden und Krieg. So wie der Krieg um des Friedens willen stattfinde, so müsse jede Art von Tätigkeit, selbst noch die Tätigkeit des Denkens, um einer absoluten Ruhe willen stattfinden und in ihr gipfeln.

Die Tonne des Diogenes

Ein probates Mittel, um den Niederungen der ökonomischen[114] Notwendigkeiten zu entkommen, war die Beschränkung der materiellen Bedürfnisse. Der berühmte Philosoph und Bürgerschreck Diogenes, der zeitweise fast nackt und ohne Nahrung in einer Tonne hauste, lebte seinen Zeitgenossen in sehr sinnfälliger Weise das freie Leben der Askese vor. Selbst der weltlichen Genüssen bekanntermaßen nicht abgeneigte Epikur schreibt: »Wir halten auch die Selbstgenügsamkeit für ein großes Gut, nicht, um uns in jedem Fall mit Wenigem zu begnügen, sondern damit wir, wenn wir das Viele nicht haben, mit dem Wenigen auskommen, in der echten Überzeugung, dass jene den Überfluss am süßesten genießen, die seiner am wenigsten bedürfen ...«[115]

Das Streben nach Unabhängigkeit sowohl von äußeren Umständen als auch von den Mitmenschen spiegelt sich auch in der Wertung der unterschiedlichen Tätigkeiten wider: So genoss der freie Landwirt, der nur auf die Gunst der Götter und des Wetters angewiesen war, eine gewisse gesellschaftliche Achtung. Dagegen blieb den Handwerkern, den sogenannten Banausen, Anerkennung meist verwehrt, da sie in Abhängigkeit von Auftraggebern lebten. Sich für Geld zu verdingen, wurde als freiwillige Sklaverei empfunden und entsprechend geächtet. Der Lohnarbeiter stand deshalb im gesellschaftlichen Ansehen noch unter dem Sklaven, der ja immerhin gezwungen war, sich zu erniedrigen.

Selbstverständlich konnte sich so eine despektierliche Haltung zur Arbeit nur leisten, wer in der Lage war, andere für sich einzuspannen. Das freie, müßige Leben war ein elitäres Privileg, das nur in einer feudalen

Gesellschaft existieren konnte. Aristoteles selbst ist sich dieser Tatsache wohl mit einem gewissen Unbehagen bewusst gewesen, als er schrieb: »Wenn die Weberschiffe selbst webten ... dann freilich bedürfte es für die Meister nicht der Gehilfen und für die Herren nicht der Sklaven.«[116] Er konnte freilich nicht ahnen, dass genau diese Zeit mit der Industrialisierung einmal kommen würde.

Die römische Antike will mit der spätgriechischen Muße erst einmal nicht so recht warm werden. Ihre Ideale von Fleiß, Disziplin, Tapferkeit und Geduld erinnern eher an puritanische Askese – machen dann aber doch nach und nach den griechischen Vorstellungen vom guten Leben Platz. Auch im Lateinischen wird Tätigkeit negativ als *neg-otium,* also »Un-Ruhe« bezeichnet und dem *otium,* der Muße, klar untergeordnet.[117] Arbeit gilt dem gebildeten Patrizier wie eh und je als schmutzig, wirtschaftliches Denken als »banausisch« und egoistisch. An 109 Feiertagen pro Jahr durfte nicht gearbeitet werden.[118] Genauso wie in der Spätzeit der griechischen Antike setzt mit der Konsolidierung und Ausbreitung des Römischen Reiches eine Hinwendung zur Innerlichkeit ein, weg von der geschäftigen Welt, die jetzt zunehmend von Sklaven oder auch Freigelassenen betrieben wird, den Neureichen. Der metaphysische Boden für die ganz auf das Jenseits ausgerichtete abendländisch christliche Welt ist bereitet.

Lernt von den Lilien ...

Der Niedergang des Imperium Romanum ist nicht nur ein wirtschaftliches Desaster, sondern bringt auch eine existenzielle Verunsicherung der Menschen mit sich. Gurus, Asketen und Wanderprediger haben Hochkonjunktur. Eine Sekte von Endzeit-Anhängern, die sich auf einen hingerichteten Juden aus dem Vorderen Orient beruft, bringt es über Nacht zur Staatsreligion und tritt ihren Siegeszug rund um den Globus an.

Vor dem Hintergrund des ganz aufs Jenseits gerichteten Blickes der ersten Christen ist es nicht verwunderlich, dass Arbeit, als diesseitiges Wirken, in der Bibel so gut wie keine Rolle spielt. Im Neuen Testament ist Arbeit nichts mehr als eine selbstverständliche Notwendigkeit, der man nicht zu viel Bedeutung beimessen soll. Sorgen soll sich der Mensch ausschließlich um sein Seelenheil. Auf sehr poetische Weise wird dies in der Bergpredigt ausgedrückt: »Lernt von den Lilien, die auf dem Feld wachsen: sie arbeiten nicht und spinnen nicht. Doch ich sage Euch: Selbst Salomo war in all seiner Pracht nicht gekleidet wie eine von ihnen.«[119]

Überhaupt fehlt in der Bibel jeder Hinweis darauf, dass Jesus je einer Arbeit – im Sinne unseres heutigen Verständnisses – nachgegangen wäre. Die Behauptung, er sei von Beruf Zimmermann gewesen, ist eine neuzeitliche Fabel. Beruf als Berufung war seiner Geisteswelt fremd – erst einehalb Jahrtausende später sollte Luther, wie wir sehen werden, den Begriff in diesem Sinne prägen. Seine Begegnung mit den Schwestern Maria und Marta macht deutlich, welche Prioritäten er setzte. Als Jesus und seine Jünger auf ihrem Weg in ein Dorf kamen, wurde er von einer Frau mit Namen Marta gastlich aufgenommen. »Maria setzte sich dem Herrn zu Füßen und hörte seinen Worten zu. Marta aber war ganz davon in Anspruch genommen, für ihn zu sorgen. Sie kam zu ihm und sagte: Herr, kümmert es dich nicht, dass meine Schwester die ganze Arbeit mir allein überlässt? Sag ihr doch, sie soll mir helfen!« Jesu Antwort fällt jedoch gerade nicht im Sinn der emsigen Schwester aus: »Marta, Marta, du machst dir viele Sorgen und Mühen. Aber nur eines ist notwendig. Maria hat das Bessere gewählt, das soll ihr nicht genommen werden.«[120]

Natürlich stößt sich so eine Haltung am realen, von Mühseligkeiten und materiellen Notwendigkeiten geprägten Leben – und das tut sie ganz offensichtlich auch in der urchristlichen Gemeinde. Paulus, der so etwas wie der Manager einer auf verschiedene Ashrams verstreuten Exzentrikergemeinschaft ist, gibt die berühmte Devise aus: »Wer nicht arbeiten will, soll auch nicht essen«[121]. Eine besondere Wertschätzung der Arbeit scheint sich hierin allerdings nicht auszudrücken, sondern vielmehr der Wunsch nach Gleichbehandlung aller Gemeindemitglieder.

Der naturgegebene Widerspruch zwischen den Notwendigkeiten der materiellen Existenzsicherung und dem Primat des Seelenheils ist nur eine der Ambivalenzen, mit denen das christliche Abendland in Bezug auf Arbeit zu kämpfen haben sollte. Schon in der biblischen Schöpfungsgeschichte ist Arbeit doppelgesichtig. Wie in vielen anderen

Schöpfungsmythen auch, kommt sie zunächst als Fluch zu den Menschen: Zur Strafe für den Sündenfall müssen diese von nun an ihr Brot »im Schweiße ihres Angesichts essen«, wie es in der *Genesis*[122] heißt – womit Arbeit gleichzeitig zu einer Sühne wird, also einem Mittel der Wiedergutmachung und Heilsgewinnung.

Diese Widersprüchlichkeiten prägen von Beginn an auch das mönchische Leben. Der Dominikaner und Kirchenlehrer Thomas von Aquin bezeichnet die *vita contemplativa* als »schlechthin besser«[123] als das tätige Leben, die *vita activa*. Übermäßiges Arbeiten hat für ihn nichts mit Fleiß zu tun, sondern mit »Trägheit des Herzens«. Die Bettel- und Predigerorden der Franziskaner und Dominikaner lassen sich durch keinerlei Arbeit von einem kontemplativen Leben abhalten – genauso wie die Mystiker, die allein in der Versenkung ihren Weg zu Gott sehen.

Für viele andere Orden wiederum stellt Arbeit die Bußübung par excellence dar und gehört als asketischer Selbstzweck zum entbehrungsreichen Weg zur Erlösung. Für den heiligen Benedikt von Nursia, den Vater des abendländischen Mönchstums, ist Arbeit genauso wie das Gebet Dienst an Gott, wie er dies Anfang des sechsten Jahrhunderts in seiner berühmten Regel zum Ausdruck bringt: *ora et labora* – »Bete und arbeite«. Allerdings ist die Menge an Arbeit, die Benedikt seinen Mönchen auferlegt, nach unseren heutigen Maßstäben eher bescheiden. Und es dürfte kein Zufall sein, dass er die *oratio*, das Gebet, noch vor der Arbeit an die erste Stelle setzte.

Alles an seinem Platz

Überhaupt kann das Arbeiten in der vorindustriellen Zeit kaum mit dem verglichen werden, was wir heute darunter verstehen – besonders in der Landwirtschaft, in der ja der weitaus größte Teil der Bevölkerung tätig war. Der Arbeitsrhythmus wurde ganz von der Natur vorgegeben. Sommers wurden intensiv die Felder bearbeitet, während man sich im dunklen Winter mehr oder weniger auf die faule Haut legen konnte.

Dazu kommt, dass der mittelalterliche Kalender, ganz wie der des alten Rom, voller Festtage jedweder Art war. Im mittelalterlichen England etwa war jeder dritte Tag ein Feiertag.[124] Noch das Ancien Régime in Frankreich garantierte neben den 52 Sonntagen 128 Feier- und Ruhetage – von denen 38 nach der Revolution von 1789 wieder abgeschafft wurden, obwohl durch die Einführung der Zehn-Tage-Woche ohnehin schon jeder dritte Sonntag weggefallen war. Der Großteil der Festtage ist dem jeweiligen Heiligen des Kirchenjahres oder diversen lokalen Schutzpatronen gewidmet. Es sind *holy days* – aus denen einmal die *holidays* einer säkularisierten Zeit werden sollten.[125] Aber auch weltliche Anlässe waren willkommener Anlass zum geselligen Feiern, Hochzeiten etwa oder Jahrmärkte und Messen (von deren romanischer Bezeichnung *feria* sich unsere heutigen Ferien herleiten).

Der mittelalterliche Mensch empfindet sich als Pilger auf dem Weg zu Gott, sein Denken ist ganz auf sein Seelenheil gerichtet, seine Fantasien sind vom Tag des Jüngsten Gerichts besessen. Die Ordnung der Welt und der Gesellschaft ist gottgewollt und unverrückbar wie die Sterne am Firmament. Habgier, Geiz und Gewinnstreben gehören zu den schlimmsten Lastern; materieller Wohlstand gilt als Ausdruck sündiger Diesseitigkeit. Der mittelalterliche Mensch hat »zur wirtschaftlichen Tätigkeit seelisch etwa dieselben Beziehungen wie das Kind zum Schulunterricht«.[126] Das Streben nach »Fortschritt« wäre einem Aufbegehren gegen die natürliche, gottgegebene Weltordnung gleichgekommen, in der jeder Mensch und jedes Ding seinen Platz hat, auch die Arbeit.[127]

Mit dem Anbruch des zweiten Jahrtausends ihres Bestehens wirkt diese Ordnung wie die Ruhe vor dem Sturm. Den Menschen des christlichen Abendlandes steht eine Zeitenwende bevor, die man sich radikaler kaum denken kann. Ein neues Lebewesen wird die Bühne betreten, das sein Heil nicht mehr im Leben nach dem Tod, sondern in seiner irdischen Lebensspanne sucht, nicht mehr im Geistigen, sondern im Materiellen, nicht mehr in der Gemeinschaft, sondern als Einzelkämpfer, und das Arbeit nicht mehr als Bürde begreift, die es von Gott entzweit, sondern als Mittel, seine Träume zu verwirklichen, ganz es *selbst* zu werden.

Eine Welt bricht zusammen

Ganz am Anfang steht die (Wieder-)Geburt der *Stadt*. In Oberitalien steigen Pisa, Lucca und Florenz im 13. Jahrhundert zu kulturellen Metropolen auf. Hier herrscht ein Klima der Freiheit und des Aufbruchs, das die erstarrten Dogmen der Kirche infrage stellt. »Ad fontes!« – Zu den Quellen! – wird zum Schlachtruf einer selbstbewussten geistigen Bewegung (die wir später als Renaissance-Humanismus bezeichnen werden), die das verloren geglaubte – oder auch totgeschwiegene – Denken der vorchristlichen Antike wiederbelebt und daraus ein unerhörtes neues Menschenbild entwickelt: Der Mensch ist nicht mehr die von der Erbsünde geknechtete Kreatur, die sich vor ihrem Herrn im Staub wälzt und um Erlösung fleht, nein, er hat eine eigene Würde – einfach dadurch, dass er ein *Mensch* ist. Er ist stolzer Besitzer dieser Erde, die kein Jammertal ist, sondern ein Festsaal. »Die Erde gehört ihm, die Erde gefällt ihm; zum ersten Mal seit den seligen Tagen der Griechen«[128] – so beschreibt Egon Friedell den neuen Menschen der Renaissance.

Vorbei sind die Zeiten der dumpfen Spekulation über jenseitige Welten. Der Mensch der Renaissance hat entdeckt, dass er einen Verstand hat, den er einsetzen kann, um die diesseitige Welt zu verstehen und sie in seinem Sinn zu gestalten. Er wird zum Bauherren, Erfinder, Künstler und Händler und macht die Welt zu einer großen Baustelle. Der neue Geist des Wirkens und Schaffens breitet sich bald über die blühenden Städte der Toskana hinaus über ganz Europa aus. Mit den Aktivitäten der Hanse im Ostseeraum und dem spanischen Weltreich, in dem die Sonne niemals untergeht, entsteht eine Vorabversion unserer heutigen Globalisierung.

Die Baustellen, Warenlager und Handelsflotten brauchen Kapital. Die neuen Bankhäuser tragen mehr Vermögen zusammen als Fürsten und Bischöfe. Da Geldgeschäfte jedoch weiterhin als anrüchig gelten, werden sie entweder den Juden überlassen oder – wohl oder übel – mit schlechtem Gewissen betrieben. Der Renaissance-Oligarch Cosimo de' Medici, der mit seinen Banken und Geschäften unsägliche Reichtümer anhäuft, unterhält ein »Conto per dio«, ein Herrgottskonto, mit dem er Gott wie einen Gesellschafter am Unternehmensgewinn beteiligt und durch Spenden für wohltätige Zwecke gnädig zu stimmen hofft. Die Kirche, selbst in ständiger Geldnot, lockert durch allerlei Tricks verschämt das Zinsverbot. Das Gewinnmachen wird jedoch noch lange das bleiben, was es durch das ganze Mittelalter hindurch war: ein Fall für den Beichtstuhl.

Die tonangebende Schicht der alten Zeit, der Erbadel, wird zunehmend von den neuen Unternehmern aus der städtischen Bürgerschicht abgehängt. Wie eh und je lebt der Edelmann von seinem Landbesitz, die neuen Praktiken der Geldvermehrung sind ihm suspekt, vielleicht auch zu anstrengend. Die Verachtung für alles Geschäftliche sollte ein Markenzeichen der Noblesse bleiben: Noch bis ins 19. Jahrhundert hinein darf den Titel »Gentleman« in England nur derjenige führen, der keiner merkantilen Tätigkeit nachgeht.[129]

Langsam, aber sicher verliert Arbeit im Kosmos der aufstrebenden Bürgerschicht ihren antiken Makel, des Menschen unwürdig zu sein. Für die Kaufleute lässt sich ihr Wert in Heller und Pfennig bemessen, und für die Handwerker, die nun fast überall in mächtigen, streng hierarchisch geführten Zünften organisiert sind, ist sie mit den Stadtbürgerrechten und damit mit ihrer Freiheit verknüpft. Gerade in dieser zünftigen Handwerkerschaft bildet sich eine gewisse Identifikation mit der Arbeit heraus, für die jetzt immer häufiger das Attribut »ehrbar« verwendet wird.

Die neue Wertschätzung der Arbeit ist jedoch auf den kleinen Kreis des städtischen Bürgertums begrenzt. Für das breite Volk bleibt Arbeit noch lange Zeit das, was sie schon immer war: eine lästige Pflicht, der man sich allenfalls aus Notwendigkeit hinzugeben gewillt war. Man arbeitete, wenn eine Aufgabe anstand und das Wetter es zuließ, ansonsten, zwischendurch oder nebenher, wurde gespielt, geredet und gesungen. Doch auch dieses südländisch anmutende Arbeitsethos des einfachen Volkes sollte bald unter Druck geraten.

Die Heiligsprechung der Arbeit

Ganz im Geist der anbrechenden modernen Zeit macht sich zu Beginn des 16. Jahrhunderts der ehemalige Augustinermönch Martin Luther daran, seinen kritischen Verstand auf den Glauben anwenden. Nach seiner Lesart der Bibel ist Glauben eine ganz persönliche Angelegenheit, die keiner Vermittlung durch Kirchenbeamte, keiner äußeren Formen und Formeln bedarf. Damit zieht er nicht nur einer der tragenden Säulen der mittelalterlichen Welt, dem Papsttum, den Boden unter den Füßen weg, sondern nimmt der Kirche auch das Monopol des »Gottesdienstes«. Gottesdienst ist für Luther nicht nur, wenn der Mensch in einer besonderen Zeremonie vor seinen Gott tritt, nein, das ganz alltägliche, profane Leben dient der Ehre Gottes. Und das schließt selbstverständlich auch die Arbeit ein, und zwar ganz egal, welcher Art sie ist, von welchem Stand sie verrichtet wird, ob sie angesehen ist oder verachtet, bezahlt oder nicht. Jeder Mensch steht an seinem Platz, jedem ist seine Aufgabe zugewiesen, ob in der Familie oder in der Gesellschaft. Indem er diese erfüllt, verrichtet er »Dienst am Nächsten«. Der Tatmensch Luther, als Vater von fünf Kindern auch mit den profanen Alltagsproblemen vertraut, denkt durch und durch praktisch: Hauptsache, der Laden läuft. »Wenn du eine geringe Hausmagd fragst, warum sie das Haus kehre, die Schüsseln wasche, die Kühe melke, so kann sie sagen: Ich weiß, dass meine Arbeit Gott gefällt.«[130]

Ganz im Sinne dieser Neubewertung von Arbeit setzt Luther bei seiner Bibelübersetzung eine der bis heute folgenschwersten Sprachschöpfungen der Geschichte in die Welt, indem er vollkommen wertneutral als »Arbeit« bezeichnete Tätigkeiten mit dem Wort »Beruf« übersetzt.[131] Max Weber hat in seinen Aufsätzen zur »protestantischen Ethik« beschrieben, wie einschneidend sich hierdurch das Verständnis von Arbeit verändert hat. Eine Tätigkeit, die bisher als »sittlich indifferent wie Essen und Trinken«[132] angesehen wurde, wird nun zur Erfüllung einer von Gott auferlegten heiligen Pflicht, zur *Berufung*. »Der Mensch ist zur Arbeit geboren wie der Vogel zum Fliegen.«[133]

Müßiggang ist für Luther des Teufels. Die ewigen Diskussionen der mittelalterlichen Philosophen, auf welchem Weg ein Christ zum Seelenheil finden könne, durch die *vita activa* oder die *vita contemplativa* – Schaffen oder Schauen[134] –, erledigt er mit einem Federstrich: »Müßiggang ist Sünde wider Gottes Gebot, der hier Arbeit befohlen hat. Zum anderen sündigst du gegen deinen Nächsten.«[135]

Aber obwohl Luther das Arbeitsethos grundlegend erneuert hat, war sein wirtschaftliches Denken noch ganz in der Welt des ausgehenden Mittelalters verhaftet. Die ständische Ordnung, die jedem Menschen seinen Platz in der Gesellschaft zuwies, stellte er keineswegs infrage, und im Einklang mit der zeitgenössischen kirchlichen Doktrin lehnte er das Streben nach persönlicher Bereicherung und die Verleihung von Geld gegen Zinsen – beides Voraussetzungen für das kapitalistische Wirtschaften – als unvereinbar mit dem Gnadenstand ab.

Ein Kamel geht durchs Nadelöhr

Einen entscheidenden Schritt weiter ging der Puritanismus,[136] der sich gewissermaßen als talibanisierte Version der Reformationsbewegung im 17. und 18. Jahrhundert über weite Teile des nördlichen und westlichen Europas ausbreitete. Für die Puritaner galt wirtschaftlicher Erfolg als Zeichen des Erwähltseins durch Gott. Gleichzeitig waren aber der Genuss und die Zurschaustellung von Reichtum verpönt.[137] Dieser Wertemix aus Arbeitskult und Selbstkasteiung begründete die nicht ganz widerspruchsfreie Handlungsmaxime, dass der Mensch zwar hart arbeiten sollte, den dadurch verdienten Reichtum aber keinesfalls genießen durfte.

Die urchristliche Vorstellung, dass eher ein Kamel durch ein Nadelöhr gehe, als dass ein Reicher in das Himmelreich gelange,[138] wird in ihr Gegenteil verkehrt. Von nun an ist es geradezu eine heilige Pflicht, wohlhabend zu sein: »Wenn Gott Euch einen Weg zeigt, auf dem Ihr ohne Schaden für Eure Seele oder für andere in gesetzmäßiger Weise mehr gewinnen könnt als auf einem anderen Wege, und Ihr dies zurückweist und den minder gewinnbringenden Weg verfolgt, dann kreuzt Ihr einen der Zwecke Eurer Berufung, Ihr weigert euch, Gottes Verwalter zu sein und seine Gaben anzunehmen.«[139] Das wirtschaftliche Streben erwächst zum Selbstzweck des irdischen Lebens überhaupt. Nikolaus Ludwig von

Zinzendorf, einer der Väter des Pietismus, der deutschen Variante des Puritanismus, drückt sich so aus: »Man arbeitet nicht allein, dass man lebt, sondern man lebt um der Arbeit willen, und wenn man nichts mehr zu arbeiten hat, so leidet man oder entschläft.«[140]

Mit der Ausbreitung der radikalprotestantischen Ideologie ist der Boden für den Kapitalismus unserer Tage bestellt. Mit der Etablierung von Fleiß und Ordnungssinn als Grundtugenden steuert der Puritanismus eine der entscheidenden Voraussetzungen für die industrielle Produktion bei: eine abstinente, saubere, arbeitsame Belegschaft. Vor allem aber ist eine geradezu mirakulöse Transformation gelungen: Aus dem verschämten Kapitalisten, der sein schmutziges Geschacher unter der Ladentheke betreibt und dafür mit Seelenqualen und Rosenkränzen bezahlen muss, ist der Kapitalist modernen Typs geworden, der mit Geld höchstens ein praktisches Problem hat, nämlich wie er noch mehr daraus machen kann. Der Kapitalist also, ganz wie wir ihn heute kennen: der sein Erspartes dort anlegt, wo es die höchsten Zinsen verspricht, seine Riester-Rente dort abschließt, wo man ihm am meisten Rendite verspricht, die Kurse seiner Aktien verfolgt und einen Luftsprung vollführt, wenn er richtig Gewinn gemacht hat. Der Kapitalist reinen Gewissens, du und ich.

Time is money

Mit dem kurzen Satz »Time is money« bringt der Politiker und Erfinder Benjamin Franklin das puritanische Credo der unbedingten Strebsamkeit auf den Punkt. Zeit wird, ganz so wie Geld, zum knappen Gut. Von nun an hat der moderne Mensch keine Zeit mehr zu verlieren.

Franklin liefert auch gleich die Begründung: »... wer täglich 10 Schillinge durch seine Arbeit erwerben könnte und den halben Tag spazieren geht, oder auf seinem Zimmer faulenzt, der darf, auch wenn er nur 6 Pence für sein Vergnügen ausgibt, nicht dies allein berechnen, er hat neben dem noch 5 Schillinge ausgegeben oder vielmehr weggeworfen. ... Wer nutzlos Zeit im Wert von 5 Schillingen vergeudet, verliert 5 Schillinge und könnte ebenso gut 5 Schillinge ins Meer werfen.«[141]

Bemerkenswert ist, wie rational sich Franklins Argumentation gibt, obwohl doch »vom persönlichen Glücksstandpunkt aus angesehen, [das] so Irrationale dieser Lebensführung«[142] offensichtlich ist und der präkapitalistische Mensch in ihr kaum etwas anderes gesehen hätte als das »Produkt perverser Triebe«[143]. Noch heute, 250 Jahre nach ihrer Niederschrift, hallen Franklins Worte im kollektiven Unbewussten unserer Kultur nach wie ein Fluch: »Bedenke, dass die Zeit Geld ist ...«

Revolutionäres Leistungsprinzip

Nachdem die Reformation der Arbeit einen spirituellen Mehrwert verliehen hat, kommt im ausgehenden 18. und im 19. Jahrhundert ein Bedeutungsschub aus einer ganz anderen Richtung hinzu. Für die Aufklärung ist Arbeit, so die *Encyclopédie* von Diderot und D'Alembert, »der Garant für Fortschritt, Vernunft und Aufklärung, für gesellschaftliches Glück und Glück des Einzelnen«.[144]

Fortschritt. Vernunft. Glück. Arbeit ist ganz oben angekommen. Sie hat offenbar alles, was das Herz der aufgeklärten Modernisierer höher schlagen lässt, die in dieser – nach dem Humanismus – zweiten, noch radikaleren Vernunftrevolution den Entdecker- und Erfindergeist der Menschheit entfesseln. Alles scheint nun möglich, mit der Freisetzung seiner Vernunft hat der Mensch den Schlüssel zur Zukunft in die Hand bekommen. Es ist das optimistische Zeitalter schlechthin, die Blütezeit der »Moderne«, getragen und beschwingt von der Grundüberzeugung, dass die Zukunft etwas Besseres bringt. Wenn wir nur daran *arbeiten*.

Arbeit ist der Kampfschrei der neuen Bürgerklasse, die mit ihrer Herrschaft über Technologie und Kapital längst die wirtschaftliche Macht hat und nun nach der politischen Herrschaft greift. 1799 gibt Friedrich Schiller im »Lied von der Glocke« den Ton vor:

»Arbeit ist des Bürgers Zierde,
Segen ist der Mühe Preis,
Ehrt den König seine Würde,
Ehret *uns* der Hände Fleiß.«

So wie Martin Luther gegen den Müßiggang der mittelalterlichen Mönche gewettert hatte, wird nun das geruhsame Leben des Adels Zielscheibe der Kritik. Marx und Engels schreiben 1848, dass die bürgerlichen Revolutionen den »Sieg der Industrie über die heroische Faulheit« markieren, wobei mit Industrie auch im etymologischen Sinne ganz wörtlich »Fleiß« gemeint war.[145]

Die bürgerlichen Revolutionen von 1848 fordern das »Recht auf Arbeit« in einem Atemzug mit den Menschenrechten; die sozialistische Revolution findet von vornherein im Namen der »arbeitenden Klasse« statt. Liberale wie Kommunisten entdecken das revolutionäre Potenzial der Arbeit. Zu Recht.

In einer Gesellschaft, in der die individuellen Chancen nach Kriterien wie der »hohen« oder »niederen« Geburt verteilt werden, trägt die Aufwertung von Arbeit und Leistung eine systemsprengende Wirkung in sich. Leistung ist das anti-aristokratische Prinzip par excellence – sie macht denjenigen »erfolgreich«, der sich anstrengt, unabhängig davon, ob seine Wiege im Palast steht oder in der Hütte. Erst die Durchsetzung der bürgerlichen Meritokratie ermöglichte es, dass die blaublütigen Doofen durch die Talentierten und Tüchtigen aus dem Volk ersetzt werden konnten. Die Aufwertung der Arbeit trägt somit den Keim der Demokratisierung in sich. Das Erfolgsrezept der bürgerlichen Revolutionäre war deshalb simpel, aber wirkungsvoll: Sie versetzen dem Adel den Todesstoß, indem sie Arbeit für adlig erklären.

(Dass das »demokratische« Leistungsprinzip deshalb noch lange nicht *gerecht* sein muss, ist eine Randbemerkung wert. Denn auch bei gleichen Möglichkeiten für alle macht bei näherer Betrachtung doch die *Wiege* den großen Unterschied. Ist die Ungerechtigkeit früherer Zeiten, nicht als Adliger, sondern als Abhängiger geboren zu sein, größer als die, heute in Berlin-Marzahn zur Welt zu kommen, und nicht in München-Bogenhausen?)

Die Zeit rast

In der Mitte des 18. Jahrhunderts erlebt ein fasziniert schauderndes Europa, wie die ersten Fabrikschlote in den Himmel wachsen und bald die Kirchtürme als Landmarken ersetzen. 1782 ist die von James Watts entwickelte Dampfmaschine serienreif und leitet eine Produktivitätsexplosion in den Fabrikhallen ein, die den Warenausstoß innerhalb kurzer Zeit verdoppelt und verdreifacht. 1818 stampft der erste Ozeandampfer in 26 Tagen von Liverpool nach New York – ein Geschwindigkeitsrekord, der aber schon bald vom nächsten unterboten werden sollte. 1825 tritt die erste Eisenbahn in der englischen Grafschaft Durham ihre Jungfernfahrt an. Ein Jahrzehnt später bricht das allgemeine Eisenbahnfieber auch in Deutschland aus – trotz des Widerstandes der Ärzteschaft, die überzeugt ist, die schnelle Fortbewegung müsse unfehlbar zu Gehirnerkrankungen führen.[146] Städte werden jetzt nicht nur durch Eisenbahnen, sondern auch durch Telegraphenleitungen verbunden, über die in Sekundenschnelle Nachrichten transportiert werden, die vorher Tage unterwegs waren.

In bisher nie gekanntem Ausmaß werden die Zeitgenossen mit dem Einsetzen der Industrialisierung von einem Gefühl der Beschleunigung ergriffen und irritiert. Goethe schreibt im Jahr 1825 in einem Brief an einen Freund: »Alles aber, mein Teuerster, ist jetzt ultra, alles transzendiert unaufhaltsam, im Denken wie im Tun. Niemand kennt sich mehr, niemand begreift das Element, worin er schwebt und wirkt, niemand den Stoff, den er bearbeitet. Junge Leute werden viel zu früh aufgeregt und dann im Zeitstrudel fortgerissen; Reichtum und Schnelligkeit ist, was die Welt bewundert und wonach jeder strebt; Eisenbahnen und Schnellposten, Dampfschiffe und alle möglichen Faszilitäten der Kommunikation sind es, worauf die gebildete Welt ausgeht, sich zu überbieten, zu überbilden und dadurch in der Mittelmäßigkeit zu verharren. ... Wir werden, mit vielleicht noch Wenigen, die Letzten sein einer Epoche, die so bald nicht wiederkehrt.«[147]

Ironischerweise ist es gerade die neue, vom Bürgertum erkämpfte Chancengleichheit, welche das Gefühl noch verstärkt, »im Zeitstrudel fortgerissen« zu werden. Wo jeder dabei sein kann, gilt es, keine Gelegenheit zu verpassen. Wo jeder seines Glückes Schmied ist, bedeutet Untätigkeit nichts anderes als verpasste Chancen. Äußeres Symbol der Beschleunigungsrevolution ist die »Schlüsselmaschine des Industriezeitalters« (Lewis Mumford) – die Uhr. In den Fabrikhallen dient sie als unerbittliche Instanz für die Kontrolle der Arbeiter. Für den strebsamen Bürger wird sie ab Mitte des 19. Jahrhunderts in Form der Taschenuhr zum unverzichtbaren Accessoire, mit dem er sich und die Nutzung seiner Zeit selbst überwachen kann.

Der Terror der Maschine

Mit der Industrialisierung bricht die Arbeit in einer bis dahin unbekannten Brutalität über die Menschen herein, die eben noch als Bauern ein, wenn auch karges, so doch einigermaßen geruhsames Leben in ihrer Dorfgemeinschaft geführt hatten. Aufgrund der Bevölkerungsexplosion und der raschen Produktivitätssteigerung in der Landwirtschaft ändert sich dies innerhalb weniger Jahre: Landlos und ohne eigene Existenzgrundlage, wie sie sind, haben die Landflüchtigen meist keine andere Wahl, als sich auf die Bedingungen der Fabrikbesitzer einzulassen, die in der ersten Hälfte des 19. Jahrhunderts tägliche Arbeitszeiten von bis zu 16 Stunden durchsetzen. Ein Zwangsregime der Maschine, das überhaupt erst durch die Erfindung des künstlichen Lichts möglich wurde.

In ihrer Mentalität allerdings bleiben die damaligen Industriearbeiter ihrer traditionellen Lebensweise noch lange verhaftet, in der das Bedürfnis nach Geselligkeit mehr Platz hat als Sorgen um Qualität oder Effizienz. Mit Zuckerbrot und Peitsche versuchen die Fabrikbesitzer, ihren Untergebenen den gemächlichen Arbeitstrott vergangener Jahrhunderte auszutreiben. So wird der seit dem Mittelalter verbreitete Brauch des blauen Montags vehement bekämpft. Dieses Gewohnheitsrecht erlaubte den Handwerksgesellen, an diesem Tag private Besorgungen oder Geschäfte zu erledigen oder aber Versammlungen abzuhalten. Allgemein wurde der blaue Montag aber vor allem genutzt, um sich von sonntäglichen Alkoholexzessen zu erholen oder diese fortzusetzen. In zeitgenössischen Traktaten wird immer wieder verdammt, »dass der blaue Montag heiliger gehalten wird als der Sonntag«.[148]

Die Schwierigkeiten, die vorindustriellen Menschen zu Maschinenarbeitern umzuerziehen, sind wahrscheinlich vergleichbar mit denen, einem Erstklässler beizubringen, eine Stunde still auf einem Stuhl zu sitzen. Disziplinprobleme[149] sind denn auch der Hauptgrund für die ersten Fabrikpleiten. Viele Fabrikanten beschäftigen deshalb mit Vorliebe protestantische Arbeiter, denen die Arbeit eine heilige Pflicht ist.

Genug ist nicht genug

Nicht selten finden sich die Fabrikanten nach der Auszahlung des ersten Wochenlohnes ohne Arbeitskräfte wieder, da die Arbeiter ihre Maschinen im Stich ließen, wenn sie genügend Geld verdient haben. Die Industriearbeiter der ersten Stunde sind noch ganz von ihrer traditionellen Kultur geprägt, in der man genug hat, wenn man so viel besitzt, wie man schon immer für sein Auskommen benötigt hat.

In dieser Situation beschreiten die Unternehmer zunächst den auf der Hand liegenden Weg und schaffen über Akkordlöhne einen Anreiz zur Mehrarbeit. Das führt jedoch zu dem paradoxen Ergebnis, dass noch weniger gearbeitet wird, da die Arbeiter nun noch schneller das Notwendige beisammen haben. Schließlich wird die Verringerung des Lohnes zum probaten Mittel erkoren, die Moral zu steigern. Die Löhne werden so niedrig gehalten, dass sie gerade für den unmittelbaren Lebensunterhalt ausreichen. In einem Bericht an die britische Krone aus dem Jahre 1747 wird dazu erklärt: »Es ist eine wohlbekannte Tatsache, dass ein Arbeiter, der seine Lebenserfordernisse mit drei von sieben Wochentagen Arbeit bestreiten kann, sich für den Rest der Woche dem Müßiggang und der Trunksucht hingeben wird. ... Wir können furchtlos sagen, dass eine Minderung der Löhne in der Manufaktur eine Segnung und eine Wohltat für die Nation sein und den Armen keinen wirklichen Schaden zufügen wird.«[150]

Überhaupt gewinnt Arbeit als Mittel zur moralischen Besserung der niedrigen Schichten hohes Ansehen. Für die Obrigkeit wird Arbeitsamkeit geradezu zum Garanten für Recht und Ordnung und deshalb heftig gefördert und gefordert. Napoleon, seit ein paar Jahren Kaiser der Franzosen, zeigt sich 1807 in einem Brief davon überzeugt: »Je mehr meine Völker arbeiten, um so weniger Laster wird es geben. Ich bin die Autorität ... und ich wäre geneigt zu verfügen, dass sonntags nach vollzogenem Gottesdienst die Geschäfte wieder geöffnet werden und die Arbeiter wieder ihrer Beschäftigung nachgehen sollen.«[151]

Nicht weniger deutlich drückt sich der deutsche Kaiser Wilhelm II. aus. Unter der Überschrift *Vorschläge zur Verbesserung der Arbeiter* sorgt er sich um die Gefahren, die ein Mehr an Freizeit nach sich zöge: »Würden ein Normalarbeitstag von acht Stunden, ein Ausschluss jeder Frauenarbeit, die weitgehende Beschränkung der Kinderarbeit ... herbeigeführt werden, so ist in sittlicher Beziehung zu befürchten, dass der erwachsene Arbeiter seine freie Zeit im Wirtshaus zubringt, dass er mehr als bisher an agitatorischen Versammlungen teilnimmt, mehr Geld ausgibt und, obwohl der Lohn derselbe bleiben wird wie für den bisherigen Arbeitstag, doch nicht zufrieden ist.«[152]

Das Wüten des freien Arbeitsmarktes

Wer sich in diesen Hochzeiten des Raubtierkapitalismus in den Fabriken, Manufakturen und Bergwerken umschaut, sieht Männer, Frauen und Kinder, die von blanker Not aus ihren Dörfern getrieben wurden und jetzt tagein, tagaus, auch am geheiligten Sonntag, für einen Hungerlohn schuften müssen, von unerbittlichen Aufsehern und Kapos wie technisches Gerät behandelt. Eine ganze Volksschicht – der größere Teil der Bevölkerung – wird de facto als Leibeigene gehalten, ganz so, als hätte sie nach dem Ende des mittelalterlichen Feudalsystems bloß den Besitzer gewechselt.

Ganz so auch, als hätte es den geistigen Aufbruch der Aufklärung nie gegeben – die immerhin dazu geführt hat, dass zumindest das Halten überseeischer Sklaven in den meisten Staaten Europas Mitte des 19. Jahrhunderts abgeschafft ist. Aber der Unternehmer-Bürger erweist sich als immun gegenüber dem Weckruf der Aufklärung. Aufgeputscht von seinen wirtschaftlichen Erfolgen, verachtet er die hungernden Minderleister und pocht auf das freie Spiel der Kräfte, das den Abgehängten von vornherein keine Chance lässt.

Als Nutznießer der neuen meritokratischen Ordnung hat er seine eigene Moral entwickelt, die in Wirklichkeit eine Hackordnung ist, mit *Geld* und dessen Besitz als einzigem Kriterium zur Bewertung eines Menschen: Der Reiche ist nicht nur reich, er ist auch der bessere Mensch, Teil einer von Gott auserwählten Elite. Der Arme dagegen ist – ausweislich seiner Armut – minderwertiger Abschaum. Gegen seine moralische Minderwertigkeit gibt es nur ein Mittel, und das heißt *Arbeit*. Landauf, landab werden »Arbeitsanstalten« eingerichtet, in denen diejenigen »gebessert« werden, die nicht das Glück hatten, einen Arbeitsplatz in den Fabriken zu ergattern, und auf öffentliche Hilfe angewiesen sind. Erklärter Zweck der Institutionen ist es, die Armen durch – meist stumpfsinnige – Arbeit »zur nützlichen Geschäftigkeit zurückzuführen«, wie es in einem Bericht über die Armenanstalt Mainz aus dem Jahr 1823 heißt. Denn der Weg ins Himmelreich führt nicht über die Gnade Gottes, sondern über Arbeit, unentwegte Arbeit.

Selbstverständlich geht der Moral-Bürger sonntags brav in die Kirche, huldigt dort seinem Erlöser, der menschgeworden in Armut gelebt hat. Inhaliert die Worte der Bibel, die vom Seligsein der Armen und der Verdammnis der Reichen spricht. Er nennt sich Christ, aber in Wahrheit hat er seine eigene Religion geschaffen.

Die Religion des 19. Jahrhunderts

Die Bekenntnisse zu dieser neuen Religion in Gedichten, Sprichwörtern oder moralisierenden Traktaten sind ebenso zahlreich wie eintönig. So schreibt der Entdecker der Bakterien, Louis Pasteur: »Ein Tag ohne Arbeit würde mir wie Diebstahl vorkommen.«[153] Ganz im Sinne des puritanischen Credos muss Zeit unentwegt durch Arbeit *genutzt* werden. Untätigkeit ist die Sünde schlechthin, die den Menschen unweigerlich auf die schiefe Bahn bringen muss.

Natürlich wird die von den Moralisten gepredigte Emsigkeit nicht von allen Bürgern umgesetzt – der bürgerlichen Arbeitsmoral sollte es nicht besser gehen als der bürgerlichen Sexualmoral. Zumindest ein Teil des Bürgertums versteht es, die für die Arbeiterschaft geltenden überlangen Arbeitszeiten für sich selbst zu vermeiden, und lernt, sich hinter der Fassade nimmermüden Fleißes Nischen des Müßiggangs zu erhalten. Das bürgerliche Ideal des humanistisch umfassend gebildeten Menschen wäre auch kaum vereinbar mit einem 16-stündigen, kräftezehrenden Arbeitstag, der deshalb dem ungebildeten Volk vorbehalten bleibt. Und körperliche Arbeit ist für die Bessergestellten ohnehin unter ihrer Würde. Bürgerliche Arbeit bedeutet Schreibtischarbeit, mit dem verschwitzten Proletarier will man sich keineswegs gemeinmachen. Noch heute schlägt sich diese Attitüde in der Unterscheidung zwischen »Arbeitern« und »Angestellten« nieder. Die Klassengesellschaft des 19. Jahrhunderts lässt grüßen.

Für die Frau von Stand ist jede Erwerbsarbeit ohnehin verpönt. Die vom sittlichen Verfall stets bedrohten Frauen der niederen Schichten dagegen soll sie bei der Aufrechterhaltung der Moral unterstützen.

Aber nicht nur dem Bürger ist Arbeit zum heiligen Gut geworden. Nach und nach konvertieren auch seine Arbeitssklaven zu der neuen Religion, nachdem diese das hässliche Angesicht aus ihrer Gründungsphase langsam abgestreift hat – gegen den erbitterten Widerstand ihrer Hohepriester aus der »freien Unternehmerschaft«. Ab den Vierzigerjahren gelingt es dem Staat, schrittweise Verbesserungen der Arbeitsbedingungen durchzusetzen, wie etwa das Anheben des Mindestalters der Fabrikkinder auf neun Jahre. 1847 wird der Zehn-Stunden-Tag für Frauen und Jugendliche eingeführt. Mit der Humanisierung der Arbeitsbedingungen bekommt Arbeit nun auch für den Proletarier einen neuen Klang. Sie wird zum Kern seiner Selbstdefinition, aus ihr bezieht er nun seine Würde.

Am Ende dieses fleißigen Jahrhunderts sind alle Menschen Arbeiter. Arbeit ist ihre Bestimmung, ohne sie sind sie schlicht verloren, denn erst durch Arbeit werden sie überhaupt zu Menschen. Muße dagegen, das Lebenselixier einer vergangenen Zeit, ist toxisch geworden.

Die letzten Griechen: Privatiers und Honoratioren

Nur eine kleine, überwiegend aus dem alten Adel stammende Minderheit lässt sich von der allgemeinen Betriebsamkeit nicht anstecken und lebt weiter so wie bisher. Die sogenannten Honoratioren aus der Schicht der höheren Beamten und Offiziere legen, wie der Name schon sagt, Wert darauf, nicht für Geld, sondern für die Ehre zu arbeiten und tun dies entsprechend gemächlicher. Ihrem Selbstverständnis nach arbeiten sie überhaupt nicht, sondern versehen einen Dienst und erhalten dafür vom Dienstherrn ein für den standesgemäßen Lebensunterhalt ausreichendes »Honorar«.

Und der Privatier bekundet allein durch seine »Berufsbezeichnung«, die sich noch bis ins 20. Jahrhundert auf Grabsteinen wiederfindet, dass er es nicht nötig hat, für Geld zu arbeiten. Er kann sich dem *dolce far niente* oder seinen privaten Interessen widmen, die häufig auf dem Gebiet der Gelehrsamkeit oder der Kunst liegen. Mit dem Umsichgreifen der Industrialisierung und dem Aufstieg des neureichen Erwerbsbürgertums gerät das Lebensmodell des Privatiers jedoch zunehmend unter Druck, und das Ende der Monarchie versetzt ihm schließlich vollends den Todesstoß. Einer der letzten Vertreter der antiken Arbeits- und Lebenseinstellung tritt von der historischen Bühne ab – von den jetzt tonangebenden, arbeitseifrigeren Schichten mit hämischen Nachrufen bedacht. Schon lange hatten die neuen »Leistungsträger« ja gegen die in diversen Behörden angestellten »Trottel aus dem Hochadel« gewettert, durch die der Staat zum »Findelhaus für diejenigen wurde, die nicht die Kraft besaßen, sich in den freien Berufen zu bewähren«.[154]

Die arbeitslosen Helden der Literatur

Dass die bürgerliche Fassade der tugendhaften Geschäftigkeit eine gewisse Ambivalenz verbirgt, erahnen wir, wenn wir einen Blick auf die damalige Literatur werfen. Sofern in Romanen das Thema Berufstätigkeit überhaupt auftaucht, trifft auf die überwiegende Mehrzahl der Helden zu, was Thomas Mann später im *Zauberberg* über seinen

Hans Castorp sagen sollte: »Eigentlich mochte er die Arbeit nicht.« Weder Goethes Helden – beispielsweise der gesellschaftliche Außenseiter Werther – noch die von Dostojewski, Proust, Fontane oder Musil sind, von wenigen Ausnahmen abgesehen, erwerbstätig. Vielmehr scheinen die Romane ihren poetischen Gehalt gerade aus dem Gegensatz zum prosaischen Arbeitsleben zu ziehen. Entgegen den offiziellen Bekundungen über den Wert des Fleißes und der Arbeit entsteht der Eindruck einer geheimen Übereinkunft zwischen dem Romanautor und seinem Publikum darüber, dass das eigentliche Leben außerhalb der Arbeit stattfinde.

Sobald der Held in die Arbeitswelt eintritt, scheint seine Biografie nichts mehr von dem Stoff herzugeben, aus dem Geschichten sind: die Vielfalt der Entwicklungsmöglichkeiten, die Intensität, die Tiefe – kurz: die poetische Dimension. Für die Romanfiguren gilt also, was Truman Capote seinem Helden in *Frühstück bei Tiffany* in den Mund legt, um so das nahende Ende der wunderbaren Liebesgeschichte seines Bohème-Paares anzudeuten: »The end of the month I found a job. What is there to add?«[155]

Das Recht auf Faulheit

Der vehementeste Kritiker des Arbeitskultes seiner Zeit war ausgerechnet der Schwiegersohn von Karl Marx, Paul Lafargue. Schon der Titel seines 1880 erschienenen Werks *Das Recht auf Faulheit*[156] stellte nicht nur eine Provokation für das Bürgertum dar, sondern war vor allem eine Kritik an der Arbeiterbewegung, die in der Revolution von 1848 gemeinsam mit dem liberalen Bürgertum das »Recht auf Arbeit« eingefordert hatte.

»Eine seltsame Sucht beherrscht die Arbeiterklasse aller Länder, in denen die kapitalistische Zivilisation herrscht. Diese Sucht, die Einzel- und Massenelend zur Folge hat, quält die traurige Menschheit seit zwei Jahrhunderten. Diese Sucht ist die Liebe zur Arbeit, die rasende, bis zur Erschöpfung der Individuen und ihrer Nachkommen gehende Arbeitssucht. Statt gegen die geistige Verirrung anzukämpfen, haben die

Priester, die Ökonomen und die Moralisten die Arbeit heiliggesprochen. Blinde und beschränkte Menschen, haben sie weiser sein wollen als ihr Gott; schwache und unwürdige Geschöpfe, haben sie das, was ihr Gott verflucht hat, wiederum zu Ehren zu bringen gesucht ... In der kapitalistischen Gesellschaft ist die Arbeit die Ursache des geistigen Verkommens und körperlicher Verunstaltung ... Will man in unserem zivilisierten Europa eine Spur der ursprünglichen Schönheit des Menschen finden, so muss man zu den Nationen gehen, bei denen das ökonomische Vorurteil den Hass wider die Arbeit noch nicht ausgerottet hat.«[157]

Lafargues Heilmittel ist einfach und nimmt, wenn man so sagen darf, das Arbeitsethos mancher Teilzeitjobber unserer Tage vorweg: »Aber, damit ihm seine Kraft bewusst wird, muss das Proletariat die Vorurteile der christlichen, ökonomischen und liberalistischen Moral überwinden; es muss zu seinen natürlichen Instinkten zurückkehren, muss die Faulheitsrechte ausrufen, die tausendfach edler und heiliger sind als die schwindsüchtigen Menschenrechte, die von den metaphysischen Advokaten der bürgerlichen Revolution wiedergekäut werden; es muss sich zwingen, nicht mehr als drei Stunden täglich zu arbeiten, um den Rest des Tages und der Nacht müßig zu gehen und flott zu leben.«[158]

Lafargue ist bis zum heutigen Tag eine historische Randfigur geblieben. Eine Ausgabe seines *Rechts auf Faulheit* wird im Buchhandel unter einer Etikettierung verkauft, der er mit Sicherheit widersprochen hätte: als Satire, eingebunden in eine Buchreihe, die vom Verlag beworben wird als »die Reihe der Schalke, Spötter, Narren und weniger ernsten Philosophen«.

Aus Revolutionären werden Arbeitshelden

Dass zumindest eine der Seelen in Karl Marx' Brust den Ansichten seines Schwiegersohns Lafargue gewogen war, bezeugt seine berühmte Aussage aus dem dritten Band des *Kapitals:* »Das Reich der Freiheit beginnt in der Tat erst da, wo das Arbeiten, das durch Not und äußere Zwänge bestimmt ist, aufhört.«[159] Noch deutlicher wird Marx in seinem Werk *Die deutsche Ideologie*, wo er schreibt, »dass es nicht darum gehe, die Arbeit zu befreien, sondern sie abzuschaffen«.[160] Aber seinen Jünger Lenin kümmerte die Meinung des großen Meisters wenig, als er die kultische Verehrung der Arbeit durch den Bolschewismus inszenierte. Er entwickelte einen geradezu fanatischen Eifer gegen den Müßiggang der zaristischen Elite. Auf sein Betreiben wurde das entstellend verkürzte Paulus-Zitat »Wer nicht arbeitet, soll auch nicht essen«[161] in die erste Verfassung der Sowjetunion aufgenommen. Als Symbolfigur für den adeligen Schlendrian diente Lenin immer wieder Oblomow, der Titelheld des 1859 erschienenen Romans von Iwan Gontscharow. Oblomow, ein Gutsbesitzer aus dem niederen Adel, ist ein gutmütiger Träumer, Müßiggänger und Genießer, der jede Art von Arbeit konsequent vermeidet; selbst das Verlieben ist ihm zu anstrengend. Dass Lenin über zwei Jahrzehnte lang, von 1899 bis 1922, regelmäßig und in zahlreichen Schriften die *oblomowschtschina* (»Oblomowerei«) geißelte und ihr das Bild des revolutionären Arbeitshelden entgegensetzte, zeigt, wie geradezu besessen er von dem Thema war.

Auf die Spitze getrieben wird der sowjetische Arbeitskult in der Stalin-Ära. Mit militaristischem Propagandagetöse wird das Volk brigadenweise in »Produktionsschlachten« geschickt und werden »Helden der sozialistischen Arbeit« geschaffen, wie Alexei Stachanow, der 1935 seine Produktionsnorm angeblich in einer einzigen Schicht um das 14fache überboten hat.

Bei der Verherrlichung der Arbeit sind Sozialismus und Kapitalismus jedoch durchaus Brüder im Geiste. Während die Kommunisten in der »Internationalen« mit Inbrunst die Zeilen sangen: »Den Müßiggänger schiebt beiseite, diese Welt muss unser sein!«, schrieb Henry Ford aus dem kapitalistischen Amerika in seinen Memoiren: »Die Zivilisation hat keinen Platz für den Müßiggänger.«[162]

Nationalsozialismus und Wiederaufbau: »Arbeit macht frei«

Fleiß und Strebsamkeit scheinen über alle politische Lager erhaben. Die Nazis bemühten sich in den Dreißigerjahren mit furchtbarem Erfolg, sie zu speziell deutschen und nationalsozialistischen Tugenden aufzubauen. Der Führer gibt den Ton vor: »Jede Tat ist sinnvoll, selbst das Verbrechen; jede Passivität ... ist dagegen sinnlos.«[163] Dass es einem Volk gelingt, innerhalb von wenigen Jahren einen Kriegsapparat aufzubauen, der über sechs Jahre die ganze Welt in Atem hält und 50 Millionen Menschen das Leben gekostet hat, ist unter anderem eine geradezu unglaubliche »Fleißleistung«. »Arbeit macht frei«, schrieben die Nazis über die Eingänge ihrer Konzentrationslager – es ist nur konsequent, dass die Vergötterung der Arbeit auch noch zur Kaschierung ihrer schlimmsten Verbrechen diente.

Die Stunde null nach dem Ende des Krieges ist alles andere als die Stunde des Innehaltens und des Nachdenkens – im Gegenteil, wieder sind es die alten Tugenden, Fleiß und Tüchtigkeit, die nun beim Wiederaufbau zum Einsatz kommen. Im Arbeiter- und Bauernstaat der DDR bekommt Arbeit 1949 mit der etwas ominösen Formulierung »Die Arbeitskraft wird vom Staat geschützt« offiziell Verfassungsrang. Um etwaigen Missverständnissen vorzubeugen, wird der Passus »Das Recht auf Arbeit wird verbürgt« später, in der Verfassung von 1968, um den Satz ergänzt: »Das Recht auf Arbeit und die Pflicht zur Arbeit bilden eine Einheit.«

Erstmalig in der deutschen Geschichte wird in der DDR die Frau voll und ganz in die Arbeitswelt integriert, die Bezeichnung »Hausfrau« verschwindet aus dem offiziellen sozialistischen Sprachgebrauch. Im Westen bleibt es jedoch zumindest in den gutbürgerlichen Schichten noch lange Zeit selbstverständlich, dass die Frau zu Hause bleibt und für ein blitzblankes Heim und frisch gebadete Kinder sorgt, wenn der Papa des Abends aus dem Büro kommt.

Mit der Studentenbewegung von 1968 bekommt das fleißige und wohlanständige Lebensmodell der Aufbauzeit ersten Gegenwind. Die Hippies der Siebziger entwerfen dann ein lebensfreudiges, müßiggängerisches Gegenbild zur Leistungs- und Konsumgesellschaft, welches in der Alternativbewegung der achtziger Jahre weiterlebt und bis in die Neunzigerjahre seine Kreise zieht. Fast sieht es so aus, als ob das letzte Stündchen der Arbeitsgesellschaft geschlagen hätte. Selbst der damalige Bundeskanzler Helmut Kohl sieht Deutschland schon zum »Freizeitpark« verkommen.

Die neue Lust an der Arbeit

Womit er sich jedoch unnötige Sorgen gemacht haben sollte. Denn kurz vor der Jahrtausendwende machen sich ausgerechnet die Kinder der Kommunarden daran, die Leistungsgesellschaft wieder so richtig in Fahrt zu bringen. Für die junge Spaßgeneration, die »Generation Golf«, stehen Selbstständigkeit und Unternehmergeist plötzlich hoch im Kurs, und mit der »New Economy« breitet sich eine neue Lust an der Arbeit aus. *Nine-to-five*-Jobs werden als Relikt aus den Ärmelschonerzeiten verspottet, in den mit Wagniskapital gedopten Start-ups gehen die Lichter auch nachts nicht aus. Die »jungen Wilden« sehen ihre Arbeit als persönliche »Herausforderung« und sich selbst als technologische Elite, als Künstler und Kreative, die sich mit ihrer ganzen Person und Leidenschaft in ihre Projekte stürzen. Nicht die Gesellschaft wollen sie verändern, sondern sich selbst verwirklichen. Der Job soll nicht weniger sein als das pralle Leben. Wenn dabei die eine oder andere Million abfällt, umso besser.

Auf den ersten Blick wirken die jungen Neokapitalisten wie das Gegenbild ihrer Väter, die nach »Alternativen« suchten, die Gesellschaft besser machen wollten und deshalb ganz neue, kreative und soziale Berufsfelder für sich entdeckten, als engagierte Pädagogen, Sozialarbeiter, Straßenkünstler – selbstverständlich außerhalb der »Wirtschaft«, die als seelenloser Ort des Geldverdienens und Hort autoritärer Unfreiheit allenfalls reaktionäre Karrieristen anziehen konnte.

Und doch waren es – welche Ironie der Geschichte! – gerade die 68er, die mit ihren Parolen von Selbstverwirklichung, Glück und Freiheit erst den Individualisierungsschub auslösten, der sich letztlich als Voraussetzung für eine neue Entwicklungsstufe des Kapitalismus herausstellen sollte, dessen Geschäftsmodell der braven, standardisierten Massenware langsam an die Grenzen des Wachstums zu stoßen drohte. Erst jetzt, mit der von den Hippies ausgelösten Individualisierungsrevolution, sind die Zutaten in der Welt, die – langsam, aber sicher – aus einem sparsamen, von puritanischer Nüchternheit geprägten Kunden den Kunden moderner Machart machen, der Konsum nicht mehr als Verschwendung, sondern als Möglichkeit sieht, seine Individualität und Unverwechselbarkeit in Szene zu setzen. Marken werden jetzt zu Vehikeln, die auf die Gefühle der Käufer zielen, ihnen zu dem intensiven und aufregenden Lebensgefühl zu verhelfen versprechen, das die hedonistische Kulturrevolution zum Ideal erhoben hat.

Und mit dem Vordringen der ehemals revolutionären Subkultur in den gesellschaftlichen Mainstream der achtziger Jahre tauchen jetzt auch die Menschen in den Unternehmen auf, die die Hippie-Imperative von Selbstverwirklichung und Spaß mit den Notwendigkeiten des Geldverdienens verbinden. Arbeit verliert auf breiter Front seinen Charakter als Pflichtübung, Firmen werden zu Biotopen, in denen sich auch die neuen Individualisten wohlfühlen und mit Freude ihre Kreativität, Flexibilität und Leistungsmotivation einbringen können, die der härter gewordene globalisierte Konkurrenzkampf erfordert.

Arbeit emanzipiert sich

Stärkung für die Arbeitsgesellschaft kommt auch von einem anderen Ableger der kulturellen Wende der Sechzigerjahre. Mit der Emanzipation von ihren klassischen Rollen, den drei Ks (Kinder, Küche, Kirche), zieht es nun auch die Frau dorthin, wo ihre Männer schon sind: an den Arbeitsplatz. Mit etwas Zeitverzögerung reift so auch im Westen das Bild der berufstätigen Frau zum gesellschaftlichen Ideal, diesmal jedoch nicht aufgrund einer offiziellen Parteilinie, sondern auf Betreiben der Frauen selbst. Spätestens um 1970 gilt die weibliche Erwerbstätigkeit, die in bürgerlichen Kreisen kurz zuvor noch als Ausdruck wirtschaftlicher Not angesehen wurde, zum Symbol der Emanzipation gerade der privilegierten Frau.

Zwar sind aus der Frauenbewegung durchaus auch kritische Töne gegen Arbeitsexzesse – vor allem männliche – zu hören. So findet eine Diskutantin auf einem Frauentreffen begeisterten Beifall mit der Bemerkung: »Wenn ein Mann vier Kinder in die Welt setzt und dann abhaut, um 70 Stunden in der Woche zu arbeiten – das ist asozial.« Die Ernennung einer 44-jährigen Mutter von sieben Kindern in den 70-Stunden-Job einer Ministerin wird ein paar Jahre später jedoch allgemein als ein Fortschritt auf dem Weg zur Gleichberechtigung gefeiert. Und spätestens mit der Jahrtausendwende ist es auch im Westen (zumindest außerhalb der Hinterwälder Bayerns) zu einer Selbstverständlichkeit geworden, dass Kinder und Karriere sich keinesfalls ausschließen dürfen. In Spanien schreitet 2008 eine hochschwangere Verteidigungsministerin die Ehrenformation ihrer Streitkräfte ab, in Frankreich wechselt die Justizministerin innerhalb weniger Tage von der Entbindungsklinik an den Kabinettstisch, bald taucht auch in Deutschland eine Ministerkollegin mit Babybauch auf.

Während in Westdeutschland noch in den Neunzigerjahren für die meisten Frauen eine Babypause bis zum Kindergartenalter ihres Nachwuchses üblich ist, nehmen jetzt immer mehr Mütter von Kleinkindern ihre Arbeit wieder auf.

Mit dem ab August 2013 bundesweit eingeführten Rechtsanspruch auf einen Krippenplatz setzt sich deutschlandweit vollends ein Modell durch, das ehedem als – selbstverständlich abzulehnendes – Attribut des Arbeiter- und Bauernstaates gegolten hatte: die Erwerbstätigkeit von Müttern.

Begleitet wurde die Einführung des Modells von einem fundamentalen Wandel im gesellschaftlichen Klima – einer Art zweiter Wende nach der »Wende«: Aus der (bösen) »kollektivistischen Kinderbetreuung« wird (gute) »frühe Bildung«. Interessanterweise wurde diese Volte hin zur gemeinschaftlichen Kinderbetreuung nicht etwa von Erziehungswissenschaftlern betrieben, sondern von den Lobbyisten der deutschen Industrie, die sich um die Besetzung der Arbeitsplätze in den Fabriken und Büros sorgten.

Den Paradigmenwechsel bringt die britische Wirtschaftszeitschrift *The Economist* auf den Punkt: »Früher mussten sich berufstätige Mütter vorhalten lassen, dass sie ihre Kinder vernachlässigen; jetzt sind es diejenigen Mütter, die zu Hause bleiben, die sich rechtfertigen müssen.«[164] Und das gleich doppelt: dass sie nämlich ihre wertvollen Talente unproduktiv vergammeln lassen, die in der Wirtschaft so dringend benötigt würden, und dass sie dabei auch noch ihren Nachwuchs um die Förderung bringen, die ihm zu besseren Startchancen verhelfen könnte.

Schreckgespenst Arbeitslosigkeit

Nachdem weder Hippies noch Emanzen die Arbeitsgesellschaft aus der Bahn werfen sollten, kommt im ausgehenden Jahrhundert eine Bedrohung aus ganz anderer Richtung: der Massenarbeitslosigkeit. Ein erstes Vorbeben liefert die Ölkrise des Jahres 1973, in deren Folge die Arbeitslosenquote innerhalb eines Jahres von 1,6 auf 2,7 Prozent steigt – was den damaligen Bundeskanzler Willy Brandt zu der Feststellung veranlasst, es habe nicht mehr jeder Deutsche Anspruch auf »seinen« Arbeitsplatz, sondern nur noch auf »einen«.[165] Bereits ein Jahr später suchen mehr als eine Million Menschen Arbeit. In der letzten Dekade des 20. Jahrhunderts überschreitet die Zahl der Arbeitslosen die Schwelle von vier Millionen und hält sich dort hartnäckig.

Die Gewerkschaften versuchen, der Entwicklung durch Umverteilung der Arbeit entgegenzuwirken. Gegen den erbitterten Widerstand der Arbeitgeber setzen sie im Frühjahr 1984 zunächst die 38,5-Stunden-Woche in der Metallindustrie durch, 1995 dann die 35-Stunden-Woche für die Druck-, Metall- und Elektroindustrie. Damit sind die durchschnittlichen Jahresarbeitszeiten in der Industrie an ihrem historischen Tiefpunkt angekommen. Während um 1850 ein Industriearbeiter in der Regel noch jede Woche rund achtzig Stunden in der Fabrik verbrachte, ist die jährliche Arbeitszeit nun fast auf ein Drittel gesunken.

Die Einführung der 35-Stunden-Woche sollte der letzte große Erfolg der deutschen Gewerkschaften werden. Mit dem Abbau der Stammbelegschaften im produzierenden Gewerbe kommt ihnen langsam, aber sicher die Anhängerschaft abhanden, sodass sie die seit den Neunzigerjahren zu verzeichnende Kaufkrafterosion der Arbeitnehmerschaft genauso tatenlos hinnehmen müssen wie die Entstehung eines boomenden Beschäftigungssektors prekärer Arbeitsverhältnisse seit der Jahrtausendwende.

Arbeit um jeden Preis

Aber auch die von den Gewerkschaften erkämpfte Umverteilung der Arbeit wirkt nur wie ein Tropfen auf den heißen Stein. Für drei Dekaden wird der Kampf gegen die Arbeitslosigkeit zum obersten Ziel der (west-)deutschen Politik – und zum vornehmsten Grund, Geld auszugeben.

Über Frühverrentungsprogramme wird eine Stilllegungsprämie für ältere Arbeitnehmer ausgeschüttet, die ihren Platz zugunsten der auf den Arbeitsmarkt drängenden Babyboomer räumen sollen. Arbeitsbeschaffungsmaßnahmen, Umschulungs- und Qualifizierungsprogrammen lassen einen enormen, staatlich subventionierten »zweiten Arbeitsmarkt« entstehen. Mit Zuckerbrot und Peitsche werden auf diese Weise Millionen Menschen »von der Straße geholt«. Für den gesamten Bereich dieser sogenannten »aktiven Arbeitsmarktpolitik« werden allein in den zehn Jahren nach der Wende insgesamt circa 400 Milliarden D-Mark eingesetzt – wobei der Effekt meist nur der ist, dass Arbeitslose nicht mehr in der Statistik auftauchen.

Nur ein Trinkgeld sind diese Summen allerdings verglichen mit den Subventionen und Steuererleichterungen, die überwiegend im Namen der »Beschäftigungssicherung« verteilt werden. Die größten Exzesse verzeichnet der Steinkohlenbergbau. Um die mit der Förderung (unverkäuflicher, weil auf dem Weltmarkt zu teurer) Kohle verbundenen Arbeitsplätze zu erhalten, werden im Lauf der Jahre – in heutigem Geldwert – rund 200 Milliarden Euro an Steuergeldern herausgehauen, zeitweise bis zu 60 000 Euro pro Beschäftigtem.[166]

In ähnlichen Dimensionen bewegen sich die Post-Wende-Rettungsaktionen der Kohl-Regierung für die ostdeutschen Arbeitsplätze in der chemischen Industrie: Für die Garantie von 2300 Arbeitsplätzen in den Petrochemiewerken von Schkopau und Leuna, die heute von dem

US-Konzern Dow Chemical betrieben werden, zahlt die Treuhandanstalt fast 8 Milliarden D-Mark, das heißt 3,5 Millionen für jeden Arbeitsplatz.[167]

Der Fall der Mauer bringt mit der Öffnung der früheren Vasallenstaaten der Sowjetunion billige Produktionsstandorte – und die Regierungen in die Zwickmühle. Immer unverhohlener fordern die Unternehmen für die Erhaltung von Arbeitsplätzen im Hochlohnland Deutschland entsprechende Gegenleistungen: Infrastrukturmaßnahmen, Steuerbefreiungen aller Art oder gleich Bares. Das Geschäftsfeld »Erpressung von Regierungen« (bzw. deren Steuerzahler) ist in vielen Firmen auf Wachstumskurs. Volkswagen etwa, eines der profitabelsten Unternehmen der Bundesrepublik, lässt sich seine Investitionen in die »gläserne Autofabrik« in Dresden vergolden. Unter der Bedrohung, Arbeitsplätze ins osteuropäische oder asiatische Ausland abwandern zu sehen, meint die Regierung keine andere Wahl zu haben, als bei der stillen Umverteilung von Steuergeldern auf die Aktionäre mitzuspielen.

Doch wenn das Hamsterrad der Subventionen einmal in Schwung ist, lässt es sich schwer wieder stoppen. Erst die Schuldenkrisen nach der Jahrtausendwende sollten den Regierungen und Bürgern die Augen für die Tatsache öffnen, dass ihr Land mit jedem »geretteten« Arbeitsplatz ärmer gemacht wurde. Und dass der Schuldenberg, der dadurch angehäuft wurde, letztlich genau das kosten wird, was er retten sollte: Arbeitsplätze.

Mit den immer neuen Rekordmeldungen der Arbeitslosenstatistik bekommt in den Neunzigerjahren die These vom »Ende der Arbeit« Auftrieb. In seinem Bestseller von 1995 mit genau diesem Titel argumentiert der Soziologe Jeremy Rifkin, dass die Arbeitsgesellschaft ihren Mitgliedern quasi naturgesetzlich keine Arbeit mehr bieten könne. Im Wenigerwerden der Arbeit drücke sich nichts anderes als der Erfolg unseres Wirtschaftssystems aus, dessen innere Logik es nun einmal ist, technischen Fortschritt hervorzubringen und zu nutzen, um mit möglichst wenig Arbeit möglichst viel zu produzieren.

Am Ende des Jahrtausends scheint das Schicksal der Arbeitsgesellschaft besiegelt – und damit der alte Menschheitstraum in Erfüllung zu gehen, vom biblischen Arbeitsfluch erlöst zu werden. Nur fühlt sich der Traum vom goldenen Zeitalter der Muße für die Menschen merkwürdigerweise wie ein Alptraum an, ganz wie dies die Philosophin Hannah Arendt schon 1958 vorausgesehen hatte: »Wir wissen bereits, ohne es uns doch recht vorstellen zu können, dass die Fabriken sich in wenigen Jahren von Menschen geleert haben werden ... Was uns bevorsteht, ist die Aussicht auf eine Arbeitsgesellschaft, der die Arbeit ausgegangen ist, also die einzige Tätigkeit, auf die sie sich noch versteht. Was könnte verhängnisvoller sein?«[168]

Doch Hannah Arendt hat sich umsonst Sorgen gemacht. Seit dem Jahr 2005, in dem in Deutschland fast fünf Millionen Menschen – 13 Prozent der Erwerbsbevölkerung – keine Arbeit hatten, befindet sich die Arbeitslosenkurve im Sinkflug. Heute stehen hierzulande so viele Menschen in Lohn und Brot wie noch nie zuvor, Resultat einer von der Schröder-Regierung losgetretenen Liberalisierungslawine, die den anderen Staaten Europas, die unter der Krise ächzen, noch bevorsteht.

Arbeit ist wieder in Hülle und Fülle da. Keine gute Arbeit allerdings für die unteren Schichten, die sich jetzt abzappeln müssen, um mit Servicejobs, Leih- und Zeitarbeit über die Runden zu kommen. Mit dem neuen Billigsektor ist auch ein neuer Typus des Arbeitnehmers entstanden, und wenn er wie ein Import aus den Dienstbotenzeiten des 19. Jahrhunderts wirkt, dann deshalb, weil er im Grunde nichts anderes ist als ein Tagelöhner und, eben, ein Dienstbote.

Aber auch in den oberen Etagen hat ein neues Wesen Einzug gehalten. Es verfügt über die marktgängigen Qualitäten, Wissen und Bildung, genauso wie über die Sekundärtugenden des modernisierten Business: Flexibilität, Belastbarkeit, Motivation. Dank Smartphone und Internet hat die Arbeit für diesen neuen Typus ihre zeitlichen und räumlichen Grenzen verloren.

Genau wie sein Pendant in den unteren Etagen arbeitet er viel, aber – das ist der Unterschied – er arbeitet *gern*. Arbeit ist ihm nicht nur ein Mittel zur Sicherung der Existenz, sondern deren Inhalt. Sie ist sein Ansporn, sein Antrieb, der Motor, der ihn durchs Leben treibt, Teil seiner Selbstdefinition, ein Stück von ihm. Sich mit seiner Arbeit zu identifizieren, gilt ihm als Gipfel des Glücks. Als Unglück, wenn ihm dies nicht gelingt. Selbstverständlich will er seine Arbeit gut machen, selbstverständlich ist er stolz, wenn er die Erwartungen seines Arbeitgebers erfüllt oder sie sogar übertrifft.

Selbstverständlich?

Lassen Sie mich an dieser Stelle noch einmal weit zurück in unserer Geschichte gehen, bis zu den Philosophen der griechischen Antike. Für sie war es alles andere als selbstverständlich, dass ein Mensch seine Schaffenskraft und Zeit gegen Geld hergibt. Aristoteles hielt einen solchen Tauschhandel schlicht für eines freien Mannes unwürdig, eine Form der Prostitution.

Genau die ist dann aber – wir haben die Entwicklung in diesem Kapitel verfolgt – zum inneren Prinzip unserer heutigen Arbeitsgesellschaft geworden und über jeden moralischen Zweifel erhaben. Mit dem Aufkommen des emotionalen Kapitalismus, der Arbeit und Konsum mit Gefühlen aufgeladen hat, ist der kühle Tausch von Arbeitskraft gegen Geld nun sogar eine Gefühlsangelegenheit.

Für Aristoteles – lassen wir uns zum Schluss dieses Kapitels noch einmal versuchsweise auf dessen Perspektive ein – wäre damit der Gipfel der Perversion erreicht: Nicht nur, dass sich der moderne Arbeitsmensch wie eine Prostituierte kaufen lässt, nein, er soll – und will! – in diese Transaktion auch noch *Gefühle* investieren, er soll – und will! – nicht nur seine Zeit und seinen Körper geben, sondern auch das Herz, er soll – und will! – seine Leistung aus Leidenschaft erbringen.

8. Aktive Menschen auf der Suche nach Selbstverwirklichung

Der Mensch – zur Arbeit geboren wie der Vogel zum Fliegen? Nach unserem Ausflug in die Vergangenheit wissen wir, dass dies eine höchst neumodische Vorstellung ist, die die meisten Menschen, die je diesen Globus bewohnt haben, wahrscheinlich sehr erheitert hätte. Für sie war Arbeit schlicht eine Notwendigkeit, aber *ihr Ding*? Alles andere als das.

Und so, wie sie keinen imperativen Drang zur Arbeit verspürten, war ihnen, nach allem, was wir wissen, auch der Drang fremd, einfach mal so auf einen Fünftausender zu kraxeln (und sich dabei auch noch ausgerechnet den schwierigsten und gefährlichsten Aufstieg auszusuchen). Sie wären vermutlich auch nicht mitten an einem heißen Tag zu einem 100-Kilometer-Lauf durch die Wüste gestartet, zumindest, wenn nicht ein Löwe hinter ihnen her gewesen wäre. Sich aus freien Stücken halb tot zu hetzen, um als Erster irgendwo anzukommen, wo man von niemandem erwartet wird – auch dieser Gedanke hätte sie sehr erheitert.

Die große Verwandlung

Unsere Zeit hat einen neuen Helden geboren. Bei der Arbeit schreit er »Hier!«, wenn die Leitungsstelle frei wird; er setzt die Ellenbogen ein, um an noch mehr Arbeit zu kommen, wenn sie nur mit Prestige verbunden ist. Und nach der Arbeit trainiert er für den Triathlon.

Im Urlaub wählt er jetzt nicht mehr das Pauschalangebot mit Vollpension und Getränke-Flatrate, bewahre, das ist was für die Hirnlosen. Er wandert lieber mit Kind und Kegel über Stock und Stein, dorthin, wo die Aussicht gut und die Einsamkeit groß ist. Oder er strampelt schwitzend mit dem Fahrrad durch die kalabrischen Berge, von Pass zu Pass, vorbei an Einheimischen, die sehr erheitert den Kopf schütteln.

Der moderne Mensch steckt voller Energie und Tatendrang. Ob bei der Arbeit oder in seiner freien Zeit, stets ist er zu Höchstleistungen aufgelegt. Die Anstrengungen, die die Menschheit bisher lieber gemieden hat – genau darin sucht er jetzt seinen Kick, ja, sein Seelenheil.

Dass der neue Held nicht vom Himmel gefallen ist, hat uns das letzte Kapitel gezeigt. Er ist das Produkt des großen gesellschaftlichen Transformationsprozesses, der mit der Moderne über die Menschen gekommen und auch heute noch nicht abgeschlossen ist – man kann ihn als eine Art von Entbindung auffassen: die Freisetzung des *Individuums* aus seinen traditionellen Bindungen.

Dieser Prozess verläuft alles andere als geradlinig, sondern in Wellen und Schüben, mit Triumphen und Rückschlägen. Im Nachhinein lassen sich drei Meilensteine ausmachen: zunächst der Renaissance-Humanismus, der im 15. und 16. Jahrhundert zur Bühne des ersten glanzvollen Auftritts des Individuums wird; dann die Aufklärung des 18. Jahrhunderts, mit der die mentalen Voraussetzungen für das alsbald beginnende Industriezeitalter geschaffen sind. Der dritte Individualisierungsschub kommt mit den Studentenprotesten der sechziger Jahre und der darauf folgenden Kulturrevolution – die dann auch schon das Ende des Industriezeitalters einläuten sollte.

Zeitalter der Autonomie

Die neue postindustrielle Epoche bezeichnet der französische Philosoph Alain Ehrenberg als »Zeitalter der Autonomie« – in Abgrenzung zum vorhergegangenen, von der Industrialisierung geprägten »Zeitalter der Disziplin«.[169]

In dieser Ära der Disziplin war die Gesellschaft von Hierarchien geprägt, und für den Menschen bestand die Aufgabe darin, sich in diesen Hierarchien gekonnt zu positionieren und unterzuordnen. Auch die Familie stellte ein streng hierarchisches Unternehmen dar, mit einem Vorstand, der über Frau und Kinder bestimmen durfte. Noch bis 1962 war es einer Ehefrau ohne Zustimmung ihres Mannes nicht möglich, ein eigenes Konto zu eröffnen, geschweige denn, einen Arbeitsvertrag zu unterschreiben. Auch im Bett hatte der Mann Verfügungsgewalt über seine Frau, er konnte von ihr dort sogar »eheliche Zuneigung und

Opferbereitschaft« erwarten, wie ein Urteil des Bundesgerichtshofes aus dem Jahr 1966 festhält. (Begründung: »Die Frau genügt ihren ehelichen Pflichten nicht schon damit, dass sie die Beiwohnung teilnahmslos geschehen lässt.«[170]) Dafür stand der Frau wiederum gemeinsam mit dem Mann das Recht zu, die Kinder nach Gusto zu »züchtigen«.

Auch die industrielle Arbeitswelt wurde von straffen Hierarchien bestimmt. Die Produktionsprozesse waren bis ins kleinste Detail normiert, die Befehle erfolgten in einer langen Kette von oben nach unten, gefragt war nicht der eigene Kopf, sondern Charaktereigenschaften, die das reibungslose Funktionieren im Räderwerk des »Betriebs« gewährleisten: Gewissenhaftigkeit, Pflichtbewusstsein, Pünktlichkeit, Sauberkeit, Ordnung.

Der neue Imperativ: Selbstverwirklichung

Und jetzt also das autonome Wesen. In die Freiheit entlassen, muss es seinen Weg selbstbestimmt finden. Keine Autoritäten, keine Befehlshaber, keine Traditionen, keine Verbote, keine Sünde, kein Gott, nichts und niemand, der ihm sagt, wo es langgeht. In der Familie sind die Rollen flexibel geworden – Mann, Frau, Kind, die Beziehungen sind immer mehr Verhandlungssache. Und bei der Arbeit ist der feste Rahmen verschwunden, der Beschäftigte soll jetzt selber denken, kreativ sein, eigene Lösungen finden. Er hat keine Aufgabenlisten zum Abarbeiten mehr vor sich, sondern arbeitet an Projekten, die permanent im Fluss sind und eigene Initiative und Entscheidungen erfordern. Keiner mehr, der ihn antreibt und steuert; jetzt muss er sich selber steuern.

Ob bei der Arbeit oder im Privatleben, das Leben des modernen Menschen wird immer weniger von anderen bestimmt, seine Identität ist immer weniger von vorgefundenen Rollen oder Erwartungen definiert. Das Zeitalter der Autonomie ist das Zeitalter des *Selbst*. Und dieses Selbst hat jetzt nach seinem eigenen Kompass durchs Leben zu gehen, seine eigenen Ziele festzulegen und seinen eigenen Antrieb zu finden.

Auch die Selbstwahrnehmung hat sich verändert. Das moderne

Individuum definiert sich über seine ganz eigene Persönlichkeit, seine Talente, seine Anlagen und Möglichkeiten. Es will *sich verwirklichen*. Nur wenn ihm dies gelingt, kann es sich als wertvoll erleben.

Vom *Haben* zum *Tun*

Und damit sind wir wieder beim *Status*. Oder, um noch einmal den schönen Begriff von Alain de Botton zu verwenden, der »Liebe der Welt«, für die wir uns permanent abzappeln.

In der vordemokratischen Ständeordnung war »Status« und »Stand« identisch. Der hohe Stand verband sich mit Besitztümern, der niedrige Stand war Sammelbecken der Habenichtse. Status hing auf diese Weise letztlich ganz vom *Haben* ab. Die Rangordnung unter den Adeligen war über die jeweiligen Titel festgelegt, die wiederum mit einer bestimmten Größe bzw. Ertragskraft der damit verbundenen Ländereien einherging. *Tun* musste der Edelmann für seinen Status nichts, er konnte seine Zeit bei der Jagd oder mit Gockeleien bei Hofe vertreiben. Ein bisschen Nervenkitzel und eine gewisse Aufbesserung des Ansehens ließ sich dadurch verschaffen, dass man sich mit Seinesgleichen zum Duell verabredete (bei dem es öfter um eine Frau ging, aber auch um eine Angorakatze wurde schon gekämpft und gestorben, wie der Fall zweier französischer Wachoffiziere zeigt, die zu Beginn des 19. Jahrhunderts am Quai des Tuileries die Klingen kreuzten)[171].

Für den Bürger war *Haben* dann erst recht die erste Bürgerpflicht, doch für ihn war das Haben von Anfang an mit *Tun* verbunden, mit harter Arbeit. Wenn er der Arbeit einen Heiligenschein aufsetzte, dann deshalb, weil er durch sie zu dem kommen wollte, was der von ihm beneidete Adelige ohne Arbeit besaß: Reichtum.

Heute, im Zeitalter des autonomen Subjekts, müssen die meisten von uns die Welt – und sich selber – ganz über ihr Tun beeindrucken. Wobei es aber nicht um *irgendein* Tun geht, sondern um *erfolgreiches* Tun – gerne mit schönen Einkünften verbunden, Geld ist schließlich immer noch *die* Währung für Erfolg. Aber bei der Zuweisung von Ansehen spielt heute durchaus auch eine Rolle, woher das Geld stammt – idealerweise nämlich aus einer »interessanten«, »spannenden«, jedenfalls außergewöhnlichen Tätigkeit. Am besten natürlich, wenn beides zusammenkommt: ein toller Beruf, mit dem man auch noch wahnsinnig viel Geld verdient, Marke Filmstar oder Rockmusiker, oder das Start-up-Unternehmen mit der verrückten Idee, die jetzt so richtig Kohle einbringt ...

Aber die Liebe der Welt muss nicht einmal über den Beruf kommen. Ansehen kannst du auch dafür bekommen, dass du deine Arbeit an den Nagel hängst und was ganz anderes machst – es muss nur etwas *Besonderes* sein, etwas Originelles oder Verrücktes, was dich von der Menge absetzt.

Hauptsache, du *machst* was aus dir.

Fit & aktiv

Der moderne Individualist darf bloß keine Chance verpassen. Das Zeitalter der Autonomie ist das Zeitalter der Aktivität. Passivität ist uns ein Greuel. Selbst die Bakterienkulturen im Joghurt sind aktiv. Ein aktives Leben ist ein gutes Leben, hält uns außerdem auch noch schlank, fit und gesund. Ein passives Leben ist bäh, weil schwabbel und krank. »Passiv konsumieren«, so etwas tut nur die Unterschicht. Wir Gebildeten sind aktiv von morgens bis nachts. Wer nichts tut, lässt sich hängen. Und muss mit der Frage rechnen, ob es ihm noch gut geht.

Dabei war noch in der Nachkriegszeit die Lieblingsbeschäftigung der Deutschen: zum Fenster rausschauen. Mit dem Auftauchen des Fernsehers ist es damit allerdings schlagartig vorbei, jetzt schaut man nicht mehr raus, sondern rein, nämlich in die Kiste. Aber schön gemütlich soll es dabei sein, schließlich hat man sich den Feierabend durch harte Arbeit am Wirtschaftswunder verdient, die Frau kocht gut, es kommt jetzt auch öfter Fleisch auf den Tisch, man darf in Ruhe fett werden. Am Wochenende sitzt man im Auto und fährt irgendwohin ins Grüne, noch lieber dahin, wo es Torte gibt. Mit Twiggy gibt es in den Sechzigern einen ersten Schuss vor den Bug des Nachkriegsbiedermeier, und in den Siebzigern fängt die Trimm-dich-Bewegung, die Olympiade in München und die Fitnesswelle an, den Deutschen Beine zu machen.

Die endgültige Wende zur Aktivität vollzieht sich in den Achtzigern, die ehemalige Jugendbewegung der 68er kommt langsam im kulturellen Mainstream an, die Wirtschaft globalisiert sich und wird bald hyperaktiv, die Firmen schlank und wendig wie die Aerobic-Königin Jane Fonda, das Internet bringt die ganze Welt auf Speed, und Leistung lohnt sich wieder – das rothaarige Bobbele aus Leimen macht es uns vor.

Der Spitzensportler steigt zum Idol der neuen, aktiven Zeit auf. Während ihm früher der Ruch des unzivilisierten Unterschichtlers anhing – »was man nicht im Kopf hat, hat man in den Beinen« –, hat er jetzt als »Profi« einen eigenen Beruf und verdient damit oft mehr als die besten Anwälte oder Ärzte. Er wird auf Galas eingeladen (kaum zu glauben: er kann sogar reden!) und taucht in den Klatschspalten der bunten Blätter auf. Im Spitzensportler vereinigen sich alle Glücksprojektionen des Selbstverwirklichungszeitalters: Er geht an seine Grenzen, schöpft sein Talent bis zur Neige aus und wird dafür belohnt: mit *Erfolg*, und das gleich doppelt: Seine Leistung lässt ihn herausragen, und dann ist die Spitzenleistung auch noch mit einem Spitzenverdienst verbunden. Mehr geht nicht. Doch: Er könnte auch noch attraktiv sein. Ist das gegeben, kann er sich vor Werbeaufträgen nicht mehr retten und zu jedem Thema dieser Welt eine gerne gehörte und viel beachtete Meinung haben.[172]

Aber auch wenn er einen ganz normalen Beruf ausübt, aktiviert sich der neue Mensch jetzt. Er ist kein passiver Befehlsempfänger mehr, sondern laut Stellenbeschreibung: dynamisch, flexibel, mobil. Er zeigt Eigeninitiative und begeistert sich für Herausforderungen. Auch der Chef ist jetzt nicht mehr der fette Boss mit der Zigarre, nein, er rennt seinen Mitarbeitern in der Betriebs-Marathongruppe vorne weg, und statt zum Cognac greift er zu einem Fitnessgetränk.

Freizeit-Profis

Auch in seiner Freizeit ist der neue Mensch vor allem eines: aktiv. Beim Sport schlägt er gleich drei Fliegen mit einer Klappe: Er sorgt für eine attraktive Silhouette, bleibt gesund und hat dabei noch Spaß – wobei der Spaß meistens nicht wirklich lustig ist, sondern im sekundären Lustgewinn der *Leistung* liegt, das heißt darin, dass er an die eigenen Grenzen geht, dass er mit sich selber kämpft. Marathonlauf und Triathlon haben deshalb eine geradezu magische Anziehungskraft bekommen. Großveranstaltungen wie der New York Marathon oder der Marathon in Berlin sind heute schon auf Monate ausgebucht.

Bei Training und Wettkampf ist der neue Aktivsportler von seinem Idol, dem Profi, nicht mehr zu unterscheiden, zumindest was die Ausrüstung angeht. Nehmen wir einmal den Läufer (einer davon ist der Autor): Sein Körper ist umhüllt von Hightech-Membranen, die den Schweiß optimal ableiten und so für die richtige Balance zwischen Kühlung und Aufwärmung sorgen; mancher trägt darunter noch eine Kompressionsschicht, die den Kreislauf zentralisieren soll, am Handgelenk hat er eine Uhr, die mit den GPS-Satelliten verbunden ist und ihm laufend die aktuelle Geschwindigkeit anzeigt, selbstverständlich auch die Herz- und Trittfrequenz und den aktuellen kalorischen Umsatz. Um die Hüfte hat er sich einen Einsatzgürtel geschnallt, der ihn wie einen US-Soldaten im Irak aussehen lässt, er enthält aber keine Handgranaten, sondern die Flüssigkeiten, die für die richtige Elektrolytbalance essenziell sind; an den Füßen trägt er die neuesten Hightech-Schuhe, die mit dem optimalen Dämpfungsverhalten (angeblich in der Weltraumforschung erprobt), die es je nach Untergrund zu wechseln gilt und die selbstverständlich alle paar hundert Kilometer durch neue zu ersetzen sind.

Profi ist man aber nicht nur beim Laufen, sondern auch in der Zeit dazwischen, der sogenannten Regenerationsphase, in der man mit der richtigen Auswahl an Energy Drinks und Energy Bars dafür sorgt, dass die jetzt nacharbeitenden Mitochondrien mit dem bestmöglichen Angebot an Vitaminen und Spurenelementen versorgt sind. Die ganz Gewieften setzen dabei auf die mit Selen angereicherten Produkte – Geheimtipp aus der *Runner's World,* die jetzt Abendlektüre ist.

Auch wenn er gerade nicht beim Training ist, sondern vielleicht mit den Kindern auf dem Weg zum Zoo in der U-Bahn sitzt, trägt er »Outdoor-Kleidung«, die eigentlich für den Profi-Kletterer am Mount Everest konzipiert wurde (und entsprechend teuer ist). Zwischen Affenberg und Tigerkäfig könnte es ja zu einer Monsunattacke kommen.

Zur Vorbereitung süffelt er schon mal an einer Dose Red Bull oder einem sonstigen Aufputschgetränk, dessen Koffeingehalt von Saison zu Saison steigt.

Der Schlaf als Feind

Nur eines tut er nicht: Schlafen. Für den aktiven Menschen ist der Schlaf zum Feind geworden – ist er doch der Gipfel der Passivität. Müde werden heißt: Gelegenheiten verpassen.

Ende des 19. Jahrhunderts schliefen die Deutschen etwa neuneinhalb Stunden täglich, heute sind es gerade noch sieben.[173] Die Leistungsträger unter uns schlafen noch weniger. Laut einer Umfrage des Wirtschaftsmagazins *Capital* kommen die Top-Entscheider in Wirtschaft und Politik im Schnitt auf sechs Stunden und zehn Minuten Schlaf pro Nacht.[174] Der Unternehmer Lars Windhorst – einst Helmut Kohls Vorzeigejungmann unter den Nachwuchskapitalisten, heute im Landgrabbing in Afrika tätig – ist stolz darauf, mit vier Stunden Schlaf auszukommen, und rechnet vor, dass er dadurch 50 zusätzliche Arbeitstage im Jahr gewinnt.[175] Als nach dem Anschlag auf das World Trade Center am 11. September 2001 im Fernsehen ein Firmenchef interviewt wird, der seine ganze Belegschaft verloren hat, macht er den Verstorbenen unter Tränen das höchste Kompliment, das er ihnen meint machen zu können: »They never slept.«

Nur die Abgehängten schlafen. Ausreichend Schlaf zu bekommen, ist heute fast zum Stigma geworden – zeigt das doch, dass man seine Zeit nicht für etwas Besseres einsetzen kann.

Nur konsequent, dass man den Schlaf, der jetzt zu einer lästigen Notwendigkeit geworden ist, zu beschleunigen versucht. »Powernapping« ist angeblich dreimal so effektiv wie normaler Schlaf und steigert auch noch die Leistungsfähigkeit! Inzwischen gibt es Powernapping-Ratgeber und sogar -Trainer, und natürlich auch die passende Einrichtung. Erst als Konsumprodukt wird der böse Schlaf zum guten Schlaf.

In den alten, stromlosen Zeiten war Arbeiten mehr oder weniger ans Tageslicht gebunden – und die Nacht ein Hort des Nichtstuns. Das änderte sich im Lauf des 19. Jahrhunderts mit der Erfindung des künstlichen Lichts, und zwar radikal. Jetzt mussten die Maschinen auch nachts nicht mehr stillstehen, wodurch der Konflikt zwischen der Taktung der Maschinen und dem menschlichen Biorhythmus vorprogrammiert war. Das menschliche Schlafbedürfnis kam damit vollends in Verruf. »Der Schlaf bedeutet eine enorme Zeitverschwendung, er ist das größte Hindernis für das Vollbringen von Werken, in einem Leben, das ohnehin schon zu kurz ist«, schrieb der Pariser Professor Pierre Foissac im Jahr 1863.[176]

Zum ersten Mal tauchen Gaslaternen zu Beginn des 19. Jahrhunderts in London auf, dem damaligen Zentrum der kapitalistischen Welt. 1840 sind alle großen Städte Europas von Gaslicht beleuchtet. 1880 reicht Thomas Edison sein Patent auf die Glühbirne ein, von nun an sorgt elektrischer Strom dafür, dass das große Arbeitslager, zu dem Europa mit der Industrialisierung geworden ist, nun auch nachts beleuchtet ist.

So wie die Arbeit zur menschlichen Tugend aufsteigt, so wird der Schlaf zu etwas Sündigem. Und das nicht nur, weil er als Zeitverschwendung gilt. Für die puritanischen Moralapostel der kapitalistischen Frühzeit ist der Schlaf durch den mit ihm verbundenen Kontrollverlust über Fantasien und Träume auch ein moralisches Problem. Deshalb gehören die Hände auf die Bettdecke, sobald das Licht aus ist.

Einen letzten Rückzugsort findet der Schlaf im katholischen Süden – aber auch hier sollte der Geist der unbedingten Leistungsbereitschaft eines schönen Tages Einzug halten.

Aufmerksamkeit!

Mit dem Internet ist die Heimat des aktiven und schlaflosen Menschen angeblich zu einem Dorf zusammengeschrumpft.

Nichts könnte falscher sein. Während die Bewohner eines Dorfes sich untereinander persönlich kennen, können wir heute dank Internet mit Menschen zusammenarbeiten, spielen oder Sex haben, denen wir noch nie begegnet sind. Der »Nachbar« ist der Mensch am anderen Ende der Leitung. In Wirklichkeit ist das »globale Dorf« eine Ansammlung von anonymisierten Einzelwesen, die sporadisch und zweckgebunden miteinander in Kontakt treten.

Die heute gerne zum globalen Dorf verniedlichte globale Megacity hat Überfluss an allem zu bieten, Waren, Dienstleistungen, Informationen, Gerüchte. Nur eines ist Mangelware auf diesem Marktplatz der Möglichkeiten: Aufmerksamkeit. Zu laut ist das Gewühle, zu atemlos das Treiben, zu bunt die Reklame. Die Aufmerksamkeit der Mitmenschen ist, in den Worten des Sozialphilosophen Georg Franck, zur »unwiderstehlichsten Droge« geworden.[177] Und um diese knappe Ressource tobt – wenn auch unterschwellig und unbewusst, deshalb aber nicht weniger erbittert – ein Verteilungskampf, der die Menschen zur permanenten Aufrüstung zwingt: Um Aufmerksamkeit auf sich zu ziehen, müssen sie *sichtbar* werden, ein eigenes, unverwechselbares Profil bekommen, das die Mitmenschen anspringt wie eine Leuchtreklame. Das moderne Individuum muss Eindruck hinterlassen, Speicherplatz in den überreizten Hirnen der Mitmenschen belegen, ein Bild abgeben, ein *Image*, das überzeugt und das bleibt. Es muss eine *Marke* werden.

Der nach Selbstverwirklichung strebende Mensch ist zur Selbstvermarktung verdammt. Wo er sich im Zeitalter der Disziplin zum Konformisten dressieren lassen musste, um sich nur möglichst reibungslos einzuordnen, muss er jetzt zum Nonkonformisten werden, der herausragt. Früher konnte er, wenn er sich nur brav an die Regeln hielt, hoffen, eines Tages befördert zu werden. Jetzt kann und muss er sich selbst befördern.

Und das gilt nicht nur für die Arbeit, sondern auch für seine Beziehungen. Die Liebe ist seit jeher ein Markt gewesen, jetzt ist sie zum Supermarkt geworden. Eine ganze Dienstleistungsbranche bietet sich an, um mit den richtigen Präsentations- und Werbestrategien dem Suchenden zur Seite zu stehen. Der Umsatz der Partnervermittlungen in Deutschland hat sich in den letzten zehn Jahren mehr als verachtfacht und wird heute auf 200 Millionen Euro geschätzt. Aktuell leben rund 5,4 Millionen Deutsche mit einem Partner aus dem Internet zusammen.[178]

Ebenso im Aufwind ist auch eine weitere Dienstleistungsbranche, die nämlich, die ein besseres »Ankommen« im Beruf verspricht. In

Deutschland offerieren 5 000 bis 10 000 Coaches entsprechende Angebote zur Hilfestellung, vom Bewerbungstraining über die Karriereberatung bis zur »Strategischen Berufsentwicklung«.[179] Der durchschnittliche Stundensatz beträgt 155 Euro, das »Coaching-Paket Studium und Berufsstart« gibt es als Einstiegsangebot schon ab 750 Euro.

Erst recht ist Selbstvermarktung in der endlosen Weite der Online-Welt zum Imperativ geworden. Es gilt – am besten natürlich mit professioneller Hilfe – den eigenen Auftritt so zu gestalten, dass er mindestens genauso viele Klicks und Likes auf sich zieht wie der der Konkurrenten. Dafür gilt es, seinen Lebenslauf in die verschiedenen »Karrierenetzwerke« einzuspeisen, sich mit einem optimalen Profil zu präsentieren und dieses laufend zu aktualisieren. Die Netzwerk-Kontakte müssen gepflegt und »immer wieder mit positiven Informationen gefüttert werden, die aber nicht zu penetrant sein sollten«.[180] Websites müssen verlinkt werden, um *traffic* zu erzeugen, ein Blog ist zu unterhalten, Foren sind mit Beiträgen zu bestücken – alles mit dem Ziel, den wichtigsten Erfolgsfaktor einer Online-Existenz zu optimieren: die Googleability. Und die muss man sich etwas kosten lassen: Geld oder Zeit. Einfach so vor sich hin zu existieren geht nicht mehr.[181]

Die Stunde der Netzwerker

Auch im realen Leben ist der neue Mensch in Netzwerken zu Hause. Die Ära der Autonomie hat die alten Hierarchien abgeschafft oder zumindest abgeflacht; stattdessen kooperieren Menschen immer mehr in Netzen, und die werden immer komplexer. Evolutions- und Neuropsychologen gehen davon aus, dass der Mensch bei einer zu großen Anzahl an Kontakten schnell an die Grenzen seiner Aufnahmefähigkeit stößt, und erklären dies mit seiner evolutionären Vergangenheit, in der die durchschnittliche Netzwerkgröße bei etwa 150 Leuten gelegen haben dürfte.[182] Heute haben wir so viele Menschen schon in den ersten drei Tagen um uns geschart, nachdem wir uns bei Facebook angemeldet haben. Sich in solchen Netzwerken geschmeidig bewegen zu können und dabei das richtige Maß an Nähe und Distanz zu finden, ist in der

Megacity zur Primärqualifikation geworden, ob im Arbeits- oder im Privatleben.

Wie die Netzwerkforschung zeigt, funktionieren Netzwerke nach dem Win-win-Prinzip: Wer darin einen zentralen Knotenpunkt besetzt, ist wieder mit anderen assoziiert, die ebenfalls zentral in ihrem jeweiligen Netzwerk sind.[183] Der Unterschied zwischen einem guten und einem schlechten Netzwerker ist dadurch potenziert.

Wer über die richtigen kommunikativen Fähigkeiten verfügt, also Vertrauen schaffen und andere überzeugen kann, hat den Schlüssel zu den reichhaltigen Ressourcen an reziproken Hilfeleistungen in der Hand, die als Lohn eines dichten Beziehungsgeflechts winken. Damit steigt *Extraversion* zur gefragtesten Persönlichkeitseigenschaft des postindustriellen Persönlichkeitstyps auf. Extraversion gehört zu den sogenannten »Big Five«, den fünf fundamentalen (und zu einem guten Teil angeborenen) Persönlichkeitseigenschaften, die das »Temperament« einer Person bestimmen. Extrovertierte Menschen sind die geborenen Netzwerker: Sie fühlen sich wohl auf dem sozialen Parkett, gehen angstfrei auf andere zu und können ihre Mitmenschen für sich einnehmen. Wie verschiedene Untersuchungen zeigen, gelingt extrovertierten Menschen der Aufstieg in eine Führungsposition mit deutlich größerer Wahrscheinlichkeit.[184]

Casting-Faktor Selbstsicherheit

Kungelei, Protektion und Nepotismus sind natürlich noch nicht aus der Welt verschwunden. Aber wer sich in der neuen, vernetzten Welt durchsetzt, darüber entscheidet immer mehr das Auftreten. Wenn du nicht auftreten kannst, kannst du gleich abtreten.

Wer andere überzeugen will, muss jedoch erst einmal von sich selbst überzeugt sein. Nur ein von seinem Produkt überzeugter Verkäufer ist ein guter Verkäufer. Selbstsicherheit ist damit zum Erfolgsfaktor geworden. Der amerikanische Psychologe Timothy Judge hat in einer aufwändigen Längsschnitt-Studie die Lebensläufe von Harvard-Absolventen untersucht und konnte zeigen, dass die Frage, wer von ihnen es im

Lauf seines Lebens zu Wohlstand brachte, zu einem guten Teil von seinem Selbstbewusstsein abhing.[185] Während es früher eher als unhöflich galt, allzu viel Selbstsicherheit zur Schau zu stellen (»Eigenlob stinkt«), erwarten und erhoffen wir heute schon im Kindergartenalter von unserem Nachwuchs, dass er Durchsetzungsfähigkeit und Selbstvertrauen entwickelt.

Der zunehmende Stellenwert »selbstüberhöhender Strategien« spiegelt die individualistische Transformation unserer Gesellschaft wider. In kollektivistischen Gesellschaften wie den asiatischen stellen sich die Menschen in einer zurückhaltenden und bescheidenen Art dar. Misserfolge werden auf die eigene Kappe genommen, man entschuldigt sich dafür. Erfolge dagegen sind nicht der Rede wert, Folge glücklicher Umstände. Der Einzelne will nicht aus der Gruppe herausragen, um deren Zusammenhalt nicht zu gefährden.

Das andere Extrem findet sich in den westlichen Gesellschaften, allen voran in den USA. Hier reklamiert man Erfolge prinzipiell für sich und schreibt sie den eigenen überlegenen Fähigkeiten zu (die Misserfolge dagegen durchaus den äußeren Umständen).[186] Bescheidenheit gilt eher als eine Spielart von masochistischer Selbstschädigung. Das große Ego und die große Klappe werden als Eigenschaften des guten Verkäufers beklatscht.

Unsere Kultur geht auch in dieser Hinsicht den »amerikanischen Weg«. Mit der Entfesselung des Aufmerksamkeitswettbewerbs im Hyperindividualismus kommen zunehmend Taktiken der Selbstüberhöhung zum Einsatz. Und zwar mit Erfolg. Wie eine im Wissenschaftsmagazin *Nature* publizierte Studie zeigt, setzen sich Menschen, die ihre Fähigkeiten systematisch überschätzen, gegenüber den Realisten häufiger durch.[187] Selbstüberschätzung ebnet den Weg in die Chefetage. Dies ist möglicherweise auch ein Grund, warum sich dort oben überdurchschnittlich viele Psychopathen tummeln, die sich ja gerade durch ihre grandiose Selbstüberschätzung auszeichnen – wir kommen auf dieses Thema noch zu sprechen.

Immer gut drauf

Mit dem Imperativ der Selbstvermarktung wird die Fassade immer wichtiger, die wir unseren Mitmenschen zeigen. Kein Wunder, dass sie immer *positiver* wird. Wenn sich Menschen heute außerhalb ihrer vier Wände begegnen, sind sie in aller Regel wahnsinnig gut drauf.

Wie sie im Privaten sind, entzieht sich unserer Kenntnis, aber so viel anders als ihre Eltern und Großeltern dürften sie da auch nicht sein: mal mürrisch, mal nett, mal verschlossen, mal eine Plaudertasche – wie das eben so ist, wenn Menschen ganz für sich sind. Aber was für ein Unterschied zwischen den Generationen, wenn wir die öffentlichen Gesichter betrachten, etwa auf Fotografien. Unsere Ahnen: ernst und zurückhaltend. Wir dagegen: Stimmungsbomben, wohin man schaut.

Der Umschwung zum Positiven hat mit der Welle des »positiven Denkens« zu tun, die uns ja schon in Kapitel 4 begegnet ist und die seit zwei Dekaden aus ihrem Ursprungsland USA zu uns herübergeschwappt. Yes, we can! Krebs weglächeln, kein Problem! Millionär werden, alles eine Frage der richtigen Einstellung ... Die positive Masche ist letzten Endes eine Ausgeburt des postindustriellen Individualisierungsschubs, der uns alle zu *Verkäufern* gemacht hat. Wenn wir unser öffentliches Glücksgesicht aufsetzen, dann deshalb, weil wir uns gerade im Marketingmodus befinden. Dass ein Lächeln beim Verkaufen hilft, zeigen auch Studien: Wer gut drauf ist, wird als dynamischer und leistungsfähiger wahrgenommen. Er hat mehr Freunde und ein reichhaltigeres soziales Netzwerk – mit allen Vorteilen, die damit verbunden sind. Dass die Alchimie des Positiven an ihre Grenzen stößt, zeigt die Tatsache, dass zwei Drittel der weltweit verkauften Antidepressiva ausgerechnet von den Bewohnern des Landes der unbegrenzten Positivität konsumiert werden.

Dieselbe Diskrepanz zwischen Sein und Schein gilt übrigens für die heute zwanghaft zur Schau gestellte Selbstsicherheit: Nach einer Studie der University of Illinois verbirgt sich hinter den aufgeblasenen Egos der Selbstvermarktergeneration ein umso bescheidenerer Selbstwert.[188]

Eine Frage des Antriebs

Woher stammt eigentlich die Motivation, sich immer wieder anzupreisen? Sich voller Begeisterung in Castings mit ungewissen Erfolgsaussichten zu stürzen?

Im Zeitalter der Disziplin war es einfach: Man musste gar nicht viel nachdenken, der Druck kam von außen, genauer von oben. Heute, wo der Geführte zum Selbstführer geworden ist, muss er selbst für Lob und Tadel sorgen. Die neue Achse der Leistung heißt Selbstmotivation: Es liegt an *dir*, ob du es schaffst, dich immer wieder aufzuraffen, ob du die Frustrationen und Zurückweisungen wegsteckst, die ein Leben im permanenten Bewerbungsmodus manchmal mit sich bringt. Und wenn du scheiterst, dann liegt es genauso: an *dir*. Du bist dein eigener Herr – aber damit auch dein eigener Knecht. Und niemand anderes als du selber bist es, der die Höhe der Messlatte festlegt, die über deinen Erfolg oder dein Scheitern entscheidet.

Selbstausbeutung hat sich als effizienter als Fremdausbeutung erwiesen. Mit dieser Entdeckung hat der Kapitalismus das Kunststück geschafft, auch noch die letzten Produktivitätsreserven zu mobilisieren, die ihm zur Verfügung stehen, nachdem die Reserven der Umwelt langsam zur Neige gehen. Das modernisierte Arbeitsethos beruht deshalb nicht auf Zwang, sondern auf Freiheit. Frei wie wir sind, stürzen wir uns mit fliegenden Fahnen in den Kampf.

Nur dürfen wir ja nicht unsere Motivation, unseren Antrieb verlieren. Darum müssen wir unsere Arbeit *lieben* – und lassen uns dabei nur zu gern von Motivationsgurus, Visionären und Credo-Verkündern helfen.

Motivation ist das neue Dope der Leistungsgesellschaft. So wie Öl der Rohstoff des 20. Jahrhunderts war, heißt der Treibstoff des 21. Jahrhunderts Motivation. Der Zwang zu Eigeninitiative und Selbstmotivation ist letztlich der Preis, den der autonome Mensch für seine neu gewonnene Freiheit zu zahlen hat. Die äußeren Zwänge hat er abgeschüttelt, die ihm vormals einen sicheren und warmen Platz im Kollektiv garantiert hatten. Um seine Zufriedenheit und seinen Lebenssinn zu finden, muss er ganz auf sein eigenes Potenzial an Gestaltungs- und Glücksmöglichkeiten setzen.

Das Leben als letzte Gelegenheit[189]

»Es kommt darauf an, wie du dein Leben mit Leben füllst«, sagt der Extrembergsteiger Alexander Huber,[190] und bringt damit den Imperativ zur Selbstverwirklichung auf den Punkt.

Das Leben mit Leben füllen – aber was, wenn es nicht gelingt? Wenn man all die Chancen, die die neuen Zeiten bieten, nicht nutzen kann? Das moderne Individuum steht unter einem ganz neuen Druck. Es ist frei von Verboten, aber auch frei von Leitplanken, die durchs Leben führen. Noch keine Generation war so frei wie die der Hyperindividualisten der »Generation Y«, die sich gerade auf den Start ins (Berufs-)Leben machen. Wo sie auch hinkommen – überall werden sie mit offenen Armen empfangen. Vorgaben oder gar Verbote von den Eltern? Im Gegenteil, die sind von allen Entscheidungen ihrer wohlgeratenen Sprösslinge nur begeistert.

Das Lebensgefühl der »Ypsiloner« beschreibt Nina Pauer in ihrem Buch *Wir haben (keine) Angst. Gruppentherapie einer Generation:* »Wir sind lässig. Wir sind ironisch. Und wir sind nett. Wir haben schöne Bildungsabschlüsse. Wir sehen gut aus. Und wir sind trotzdem bescheiden. Wir haben tolle Freunde. Wir verstehen uns gut mit unseren Eltern. Wir können fließend Englisch sprechen und mit Computern umgehen. Und wir sind lieb zu Tieren. Eigentlich ist bei uns alles in bester Ordnung. Eigentlich.«[191]

Wenn da nicht diese Angst wäre. Nein, nicht die vor dem atomaren Super-GAU, den Wirtschaftskrisen oder Terroranschlägen – eine ganz andere, viel intimere Angst: die Angst, sich selbst zu verpassen, sein einziges Leben auf dieser Erde zu verschwenden, indem man sich selbst nicht richtig verwirklicht.

Die jungen Menschen erleben das Dilemma des modernen Subjekts am eigenen Leib: Mit dem Verlust der Jenseitsgewissheit ist es zunehmend darauf angewiesen, ein erfülltes Leben in seiner begrenzten Zeit im Diesseits zu realisieren – was es dadurch zu schaffen glaubt, dass es in der immer kürzeren Zeit immer mehr zu leisten und zu erleben versucht. Durch diese Steigerung des Lebenstempos schafft es sich, so die Analyse des Soziologen Hartmut Rosa, eine Art von »säkularem

Ewigkeitsersatz«.[192] Um ein erfülltes Leben zu erlangen, müssen wir es umso intensiver leben und es mit möglichst tiefgreifenden, sinnhaltigen und authentischen Gefühlen anfüllen.

Emotionaler Kapitalismus

Der Kapitalismus wäre nicht Kapitalismus, wenn er nicht genau aus diesem Emotionshunger Kapital schlagen würde. Ihn zu befriedigen, ist nach Ansicht der Soziologin Eva Illouz sogar zu seinem wichtigsten Geschäftsfeld geworden. Vordergründig werden zwar weiterhin Waren und Dienstleistungen verkauft – das gesättigte Publikum ist aber nur noch über den Verkauf von Emotionen zu erreichen.

Kaufen ist deshalb zum *Erlebnis* geworden. Marken haben sich zu Vehikeln der Selbstdefinition gewandelt, und der mit der Marke dazugekaufte ideelle Mehrwert übersteigt den materiellen Wert der Ware oft um ein Vielfaches. Und genau wie als Konsument wird das moderne Subjekt auch als Produzent mit Emotionen umgarnt, die seine Motivation mobil machen: Zugehörigkeit, Abenteuer, Sinn. Mit dieser Emotionalisierung hat der Kapitalismus letzten Endes seine eigene Rettung herbeigeführt. Was hätte er noch zu verkaufen, wenn er die Leute nur mit »Brot allein« versorgen könnte?

Das in die Waren eingewobene Heilsversprechen ist wie das Yin und Yang mit einem spiegelbildlichen Prozess verbunden: der schon in Kapitel 3 angesprochenen Verdienstleistung des Privatlebens. So wie der ökonomische Bereich immer emotionaler wird, so gerät nun umgekehrt der ganz private emotionale Bereich immer mehr unter das Diktat der Ökonomie. Die Anbahnung von Liebesbeziehungen, die Pflege der Alten und Kranken, die Aufzucht der Kinder, die Bewältigung von Krisen, ja selbst das Spenden von Trost sind immer mehr zu professionellen, am Markt gehandelten Dienstleistungen geworden.

Ökonomie und Emotion vermischen sich, Konsum ist mit Emotionen angereichert, Emotionen mit Konsum, und diese Vermischung bildet den Treibsatz, der den Kapitalismus zu ganz neuen Horizonten getragen hat: Obwohl alle satt sind, kann er den Leuten seine Waren verkaufen. Nicht als Ware, sondern als Glücksversprechen: dass sie ihre menschliche Zeit mit dem denkbar intensivsten Lebensgefühl randvoll füllen können.

One life, live it![193]

»Es reicht nicht mehr aus, ein Kind zu zeugen, ein Haus zu bauen, einen Baum zu pflanzen – der moderne Mensch hält sich offensichtlich erst dann für wertvoll, wenn er allein die Welt umsegelt oder den Mount Everest bezwungen hat«[194], sagt der Darmstädter Sportsoziologe Karl-Heinz Bette und bringt damit das Versprechen auf den Punkt, das hinter der aktuellen Welle von Extremsport steckt: durch die Inszenierung der eigenen Individualität einzigartig zu werden, anders als die anderen. Die allerdings genauso einzigartig sein wollen: Inzwischen stecken sie am Mount Everest an Wochenenden im Stau. Am 18. Mai 2012 blockieren sich 176 Bergsteiger beim Auf- und Abstieg gegenseitig, vier von ihnen finden den Tod.[195]

Um sich von den anderen abzusetzen, müssen die Herausforderungen immer extremer und exklusiver werden. Marathon und Triathlon sind längst Breitensportarten, jetzt ist die Stunde von Ultramarathon oder Ultratriathlon durch die Wüste Marokkos oder quer über die Anden gekommen. Oder gleich der Basejump vom Wolkenkratzer.

Die modernen Heldentaten werden mit digitalen Minikameras aufgezeichnet, die sich beispielsweise am Sturzhelm fixieren lassen. Der Marktführer Go Pros macht 300 Millionen Dollar Jahresumsatz, sein Slogan: »Be a hero.« Die Filme werden im Internet in Blogs und Foren eingestellt – »die Expeditionstagebücher von heute« (Bette).

Der Mensch des individualisierten Westens, der die längste Friedensperiode seiner Geschichte durchlebt, füllt seine freie Zeit mit Krieg: dem um die letzten, in ihm selbst liegenden Grenzen.

»Als ihr Sohn heil auf der Erde angekommen war, konnte seine Mutter ihre Freudentränen nicht mehr zurückhalten.« Dieser Kommentar aus einem Nachrichtenmagazin datiert vom 14. Oktober 2012, als sich der 43-jährige Österreicher Felix Baumgartner aus freiem Willen aus 39 Kilometer in die Tiefe gestürzt hatte, um der erste und einzige Mensch zu sein, der die Erde durch einen Sprung aus der Stratosphäre erreicht.[196]

Tod oder Selbstverwirklichung.

9. Ein Held in unserer Zeit: Der Homo guttenbergensis

Selbstverwirklichung ist harte Arbeit. Denn der Weg zum Heil führt über vorzeigbare Leistungen: den *Erfolg*. Ein steiniger Weg, auf dem nur diejenigen richtig vorankommen, die über die Qualitäten verfügen, die im Zeitalter des Selbst gefragt sind. Diejenigen also, die dynamisch sind, kommunikativ, extrovertiert, die andere überzeugen können und von sich überzeugt sind. Und zudem noch gut rüberkommen.

Mit diesem neuen Anforderungsprofil ist der moderne Idealtypus der postindustriellen Zeit entstanden – ich nenne ihn mal, aus der Hüfte geschossen, *Homo guttenbergensis*. Er hat mit dem bayerischen Adeligen, den die Deutschen zu ihrem Bundeskanzler gemacht hätten, wenn er sich nicht vorher selbst ein Bein gestellt hätte, nichts zu tun, die beiden haben aber zufällig ein paar Eigenschaften gemein.

Smart ist er zum Beispiel. Kein arroganter Schnösel, wie wir uns die Leute an der Spitze gerne vorstellen. Nein, ein netter, lockerer Typ, der mit den Leuten *kann*. Dazu ist er charmant, unterhält uns, beherrscht aber durchaus auch das seriöse Fach. Er ist frei von Selbstzweifeln, hat klare Ziele im Kopf und weiß, wie er sie erreicht. Probleme kennt er keine, nur Herausforderungen. Er zögert nicht lange, wenn es etwas zu entscheiden gilt, und was er entschieden hat, zieht er dann auch durch.

Er ist bestens vernetzt, hat sein iPhone am Ohr, das iPad stets griffbereit, und wenn es mal kurz ruhiger wird, twittert er.

Als Manager ist er die Idealbesetzung, er hat Energie ohne Ende, ist belastbar und kommt mit wenig Schlaf aus. Er ist flexibel und mobil, jederzeit bereit zum Wechsel, wenn der Anruf des Headhunters kommt, auch den Kontinent kann er auf Zuruf wechseln. Er kann Autos verkaufen oder Kosmetika, Ökobranche oder Rüstungsindustrie, egal, er kann Politik, Hochschule, Wirtschaft, alles. Er ist der geborene Leader.

Und, fast hätte ich es vergessen: Er ist attraktiv. Wenn ich an diesem Punkt etwas tiefer schürfen werde, dann deshalb, weil die Frage nach der Rolle, die das Aussehen im gesellschaftlichen Theater spielt, so auffällig selten gestellt wird. Und wenn, dann erstaunlich oberflächlich beantwortet wird. Und das, obwohl es an wissenschaftlichen Befunden zu diesem Thema wahrlich nicht mangelt (die wichtigsten davon habe ich in meinem Buch *Schönheit – eine Wissenschaft für sich*[197] vorgestellt).

Schönheit wirkt

Dass Schönheit Wirkung hat, weiß jeder Kinofan. Aber im echten Leben? Gar im Beruf? *Da* soll das Aussehen eine Rolle spielen?[198]

Ja, tut es. Ein paar Beispiele:[199] Attraktive Menschen bekommen im statistischen Durchschnitt leichter einen Job und machen schneller Karriere als weniger attraktive. Der Einkommensunterschied zwischen dem attraktivsten und dem unattraktivsten Drittel der Berufstätigen liegt bei etwas mehr als zehn Prozent. Auf Deutschland übertragen, heißt das, dass jedes Jahr ca. 20 Milliarden Euro »schönheitsbedingt« umverteilt werden. Besser aussehende Anwälte – auch das weiß man aus verschiedenen Erhebungen – verdienen deutlich mehr als ihre weniger gut aussehenden Kollegen. Der männliche Attraktivitätsfaktor Nummer eins mischt hier selbstverständlich mit: Die Auswertung von Volkszählungsdaten zeigt bei westdeutschen Männern einen weitgehend linearen Zusammenhang zwischen Körpergröße und Verdienst: Zehn Zentimeter mehr machen vier Prozent mehr Gehalt.

Darüber hinaus demonstrieren sozialpsychologische Experimente, dass schöne Menschen sich in Diskussionen eher durchsetzen, länger reden, seltener unterbrochen werden und mehr Zustimmung erfahren, und zwar unabhängig von der inhaltlichen Qualität ihrer Beiträge. Hübsche Schüler bekommen in der Schule bessere Noten. Attraktivere Angeklagte können vor Gericht mit milderen Strafen rechnen. Patienten vertrauen sich einem attraktiven Arzt leichter an als einem weniger attraktiven. Der besser aussehende Vertreter macht mehr Umsatz als sein weniger ansprechender Kollege. Bei einer wissenschaftlich begleiteten Spendensammlung bekam die attraktivere Hälfte der Sammler genau doppelt so viel zusammen wie der weniger attraktive Rest. Schönheit wirkt also nicht nur auf der Kinoleinwand – auch gesellschaftliche Chancen hängen offenbar davon ab, in welche Schönheitsklasse ein Mensch geboren wurde.

Schön und gut?

Woher kommt sie, diese Wirkung der Schönheit?

»Was schön ist, ist auch gut.« Dieser der griechischen Dichterin Sappho aus dem 6. Jahrhundert v. Chr. zugeschriebene Aphorismus bringt genau das auf den Punkt, was in den Sozialwissenschaften heute unter dem Begriff des »Attraktivitätsstereotyps« firmiert:[200] Den Schöneren werden demnach durchgängig auch die *besseren* Eigenschaften zugeschrieben; wir halten sie für netter, kompetenter, intelligenter und vertrauenswürdiger. Dieser Effekt ist mittlerweile auch durch die neurowissenschaftliche Spitzenforschung bestätigt: Unser Hirn hat den notorischen Hang, das Schöne mit dem Guten zu verbinden, und zwar automatisch und vollkommen unbewusst. Schönheit – so hat schon Aristoteles diesen Mechanismus beschrieben – wirkt auf die Mitmenschen wie ein »Empfehlungsschreiben der Natur«.[201]

Aber Schönheit wird unbewusst nicht nur mit dem Guten, sondern auch mit Status und Macht assoziiert, wie eine meiner Lieblingsstudien illustriert: Wenn sich zwei Menschen auf dem Gehweg entgegenkommen, wer macht dem anderen Platz? Richtig! In aller Regel weicht der weniger Schöne dem Attraktiveren aus. Warum? Weil attraktiven Menschen automatisch ein höherer Rang zugemessen wird.

Dasselbe passiert offenbar auch den Großgewachsenen – und diese Verbindung von Statur und Status dürfte auch der Grund sein, warum in den Chefetagen die Großen unter sich sind. Nicht einmal jeder zehnte Manager in großen deutschen Firmen ist unter 1,80 Meter groß,[202] fast die Hälfte misst über 1,90 Meter (der deutsche Durchschnittsmann kommt auf 1,78 Meter). Der Zusammenhang ist offenbar nicht auf Männer beschränkt: Auch für die weibliche Karriere bedeutet Körpergröße Rückenwind für die Karriere.[203] Dass es sich bei dem Körpergrößeneffekt wahrscheinlich um ein universales Phänomen handelt, zeigt eine kürzlich in der Wissenschaftszeitschrift *Nature* veröffentlichte Untersuchung zu einem der letzten unter natürlichen Bedingungen lebenden Stämme, den Hadza in Tansania. Eine Analyse ihrer sozialen Netzwerke zeigt, dass die Großen hier zentrale Knotenpunkte einnehmen. Acht Zentimeter mehr an Körpergröße verdoppeln die soziale Attraktivität eines Mitgliedes.[204]

Aus *political correctness*-Perspektive ist die Frage natürlich halsbrecherisch, aber sei's drum: Vielleicht liegt die Bevorzugung der Schönen ja daran, dass sie *wirklich* besser sind? Intelligenter, leistungsfähiger, vertrauenswürdiger?

Wer jetzt die Luft angehalten hat, kann aufatmen. Nein, die Schönen unterscheiden sich in diesen Dimensionen von den Durchschnittlichen nicht die Bohne. Stereotypen sind – in aller Regel falsche – *Zuschreibungen*.

Und doch gibt es einen Unterschied zwischen den Schönheitskasten: Bei den »sozialen Fähigkeiten« haben die Attraktiven tatsächlich die Nase vorn, also beim angstfreien Umgang mit anderen, beim Kommunizieren und Palavern. Der Unterschied ist nicht dramatisch, aber durchaus messbar.

Dass die Attraktiven im Arbeitsleben bevorzugt werden, liegt also möglicherweise *auch* an ihnen selbst – sie »kommen besser rüber«. Offenbar haben sie im Laufe ihres Lebens, und vor allem in der prägenden Phase ihrer Adoleszenz, andere – bessere – Erfahrungen auf dem sozialen Parkett gemacht, die ihnen zu einem positiveren Selbstbild verholfen haben.

Dasselbe scheint auch für den Körpergrößeneffekt zu gelten. So konnte eine Gruppe amerikanischer Wirtschaftswissenschaftler zeigen, dass unter den großgewachsenen Männern, die es zu einer besonders steilen Karriere gebracht hatten, vor allem solche waren, die ihren pubertären Wachstumsschub bereits relativ früh erlebt hatten. Diejenigen also – so die Erklärung der Wissenschaftler –, die in ihrer Jugend durch ihre körperliche Überlegenheit gegenüber den Gleichaltrigen prägende Dominanzerfahrungen gemacht hatten, und damit über ein höheres Selbstvertrauen verfügten.

Aber so einflussreich der Selbstvertrauenseffekt auch ist, er erklärt die Bevorzugung der Attraktiven und Hochgewachsenen allenfalls zur Hälfte. Der Rest beruht auf der tumben Zuschreibung überlegener Eigenschaften.

Wir Aussehens-Kapitalisten

Das Äußere eines Menschen – dieses Fazit können wir an dieser Stelle ziehen – mischt sich überall ein, wo es um die Verteilung von gesellschaftlichen Chancen geht, also auch in der wirtschaftlichen Sphäre. Manche Soziologen, wie etwa Catherine Hakim von der *London School of Economics,* sprechen in diesem Zusammenhang von »erotischem Kapital«, das für den Erwerb von Status genauso entscheidend sei wie echtes Kapital (Vermögen und Einkommen), »Humankapital« (Bildung, Wissen etc.) und »soziales Kapital« (wie gut jemand verdrahtet ist).[205]

Allerdings ist der Begriff nicht sehr glücklich gewählt, denn der Punkt an der beschriebenen Macht der Schönheit ist nicht so sehr, dass wir auf der erotischen Ebene verführt werden, sondern dass sie uns zu einer verschobenen Wahrnehmung der Fähigkeiten und persönlichen Qualitäten unseres Gegenübers verleitet.

Welchen Begriff auch immer wir verwenden: Jeder von uns ist mit einem bestimmten Grundstock an diesem Aussehens-Kapital geboren. Seine Wirkung lässt sich schon ab der frühesten Kindheit nachweisen, wird uns aber meist erst in der frühen Adoleszenz richtig bewusst. Und auch wenn wir als Erwachsene (wenn wir Glück haben) vielleicht nicht mehr ganz so genau hinschauen müssen – den meisten von uns ist der Stand ihres Verführungskontos nicht egal.

Wenn wir Kleidung oder Schuhe kaufen, dann nicht nur, um uns zu wärmen und zu kleiden, sondern eben auch, um unseren Typ zur Geltung zu bringen und uns in den Augen der anderen ins rechte Licht zu rücken. Dasselbe, wenn wir zum Friseur gehen. Und wenn wir Geld für Zahnersatz ausgeben, dann meist nicht nur deshalb, weil wir besser beißen wollen, sondern weil eine Zahnlücke heutzutage ein soziales Stigma darstellt, das mit einem deftigen Abzug auf unserem Verführungskonto bestraft wird. Vermeintliche Defekte lassen wir immer selbstverständlicher korrigieren. Der Umsatz der »Ästhetischen Medizin« wird für das Jahr 2012 deutschlandweit auf 5 Milliarden Euro geschätzt.[206] Eine Summe, die zwar in stetigem Steigen begriffen ist, aber gegenüber den sonstigen Ausgaben, die wir zur Erhaltung oder zum Ausbau unseres Schönheitskapitals tätigen, nur eine untergeordnete Rolle spielt. Für

Kosmetika und Schönheitspflegemittel geben wir in Deutschland derzeit fast 13 Milliarden Euro im Jahr aus,[207] für Bekleidung und Textilien fast 60 Milliarden.[208]

Summen, die jedenfalls erst einmal erarbeitet werden wollen. Ganz zu schweigen von der Arbeit, die es tagein, tagaus bei der Körperpflege zu leisten gilt, oder auch dafür, all die zur optischen Selbstoptimierung benötigten Produkte zu kaufen, vom Eyeliner bis zum Nadelstreifenanzug. Es ist vielleicht müßig, all diese Aufwendungen an Zeit und Geld zusammenzutragen, aber ein kleines Lichtchen auf unsere Homo-sapiens-Psyche wirft das durchaus: Ob bewusst oder unbewusst, wir arbeiten unentwegt und hart daran, die Signale zu optimieren, mit denen unsere Artgenossen manipuliert werden sollen, uns mit offeneren Herzen und offeneren Armen zu empfangen.

Und die Aufwendungen werden weiter steigen. Nicht nur, weil die Schönheitsindustrie es geschafft hat, uns zu willigen Konsumidioten zu erziehen. Sondern auch deshalb, weil die Techniken der Schönheitsverbesserung immer effizienter werden. In den Forschungslaboren der Branche bahnt sich eine Art industrielle Revolution der Schönheitstechniken an, insbesondere bei den Technologien, die der Jungerhaltung bzw. optischen Verjüngung der Haut dienen. Botox, mit jährlichen Wachstumsraten von derzeit 15 Prozent, war erst der Anfang. Man muss kein Prophet sein: Die Menschen werden immer schöner. Und werden sich immer mehr in einer »Rüstungsspirale« mit ihren ebenso schönheitsbewussten Mitmenschen befinden.

Der Kampf um die knapper werdende Ressource Aufmerksamkeit wird härter, und mit zunehmender Komplexität, Vernetzung und Medialisierung der sozialen Welt wächst auch die Macht der »Erste-Eindruck-Situationen«, in denen das Attraktivitätsstereotyp seine ungehemmte Wirkung entfaltet. (Aber so, wie es schon immer Subkulturen gegeben hat, die sich von den Gesetzen des Mainstream abschotten konnten, können wir sicher sein, dass es auch in Zukunft Menschen geben wird, denen es gegeben ist, sich über den allgemeinen Schönheitsstress hinwegzusetzen. Die andere Ziele für ihr Leben haben und vielleicht etwas Besseres mit ihrer Zeit anzufangen wissen, als für den nächsten Botox-Schuss zu arbeiten.)

Die Macht des ersten Eindrucks

Wir Menschen, als die Gruppenwesen, die wir sind, richten unsere Antennen beständig auf die anderen aus. Schon nach den ersten Millisekunden einer Begegnung haben wir die wichtigsten Informationen über unser Gegenüber gesammelt: Ist es uns vielleicht schon bekannt, oder handelt es sich um einen Fremden? Ist es männlich oder weiblich? Jung oder alt? Bei dieser Kategorisierung halten wir uns zuallererst an das Gesicht. Hier, auf der Fläche eines Taschenbuchs, sind mehr Informationen gebündelt als im ganzen Rest des Körpers zusammen.

Die Hauptfrage beim ersten Abtasten eines Fremden ist jedoch die nach seinen Absichten. Kommt er als Freund oder als Feind? Die Antwort versuchen wir aus dem Gefühlszustand abzulesen, der sich in seiner Mimik spiegelt. Unser allererster Blick gilt deshalb der Augenpartie, denn hier hat die potenziell gefährlichste Emotion ihren Sitz: der Ärger. Tatsächlich können wir die emotionale Gestimmtheit eines Menschen mit unglaublicher Präzision erfassen, und das selbst auf große Entfernungen. Im Lesen von Emotionen sind wir Experten.

Aber natürlich wollen wir noch mehr über unsere Mitmenschen wissen: Ist er smart oder eher einfach gestrickt? Kann man sich auf ihn verlassen? Ist er eher kompliziert oder unkompliziert?

Und da fängt das Schlamassel an. Denn woran sollen wir den Charakter und die Persönlichkeit unseres Gegenübers festmachen, wir können ihm ja nicht ins Gehirn blicken! Mangels besserer Möglichkeiten orientieren wir uns auch hier am Gesicht. Und sind uns dann mit unseren Verdachtsdiagnosen erstaunlich einig: Fragt man hundert zufällig ausgewählte Menschen, so beurteilen sie dieselben Gesichter als eher dumm, vertrauenswürdig oder extrovertiert.

Können wir also doch den Charakter in Gesichtern lesen?

Leider nein. Bei den meisten Eigenschaften irren wir uns genauso häufig, wie wir richtig liegen. Dass wir uns dabei offenbar *systematisch* irren, also einer gemeinsamen Illusion aufsitzen, macht die Sache nur noch mysteriöser. Warum sind wir uns denn so einig in unserem Fehlurteil?

Weil wir uns auf offenbar unqualifizierte Einflüsterer verlassen, die uns an der Nase herumführen, Attraktivität etwa, mit ihrem unausrottbaren Hyperlink zum Guten. Aber die Wissenschaft hat noch weitere Einflüsterer identifiziert, die auf dem sozialen Parkett nicht minder einflussreich sind. Das »Babyface« etwa.

Kindsgesicht und Erfolgsgesicht

Die Evolution hat uns Menschen mit einem untilgbaren Reflex ausgestattet: Wo immer wir auf Babys treffen, wir *müssen* sie einfach süß finden, müssen sie anlächeln, müssen sie beschützen. Der auslösende Mechanismus ist das sogenannte Kindchenschema, also das typische Babygesicht: große Kulleraugen, kleines Näschen, hohe Stirn.

So weit, so süß. Das Problem fängt aber an, wenn die entsprechenden Reize als zufällige Beimischung in einem Erwachsenengesicht auftauchen. Dann werden wir nämlich, wenn auch in abgeschwächter Form, von den Assoziationen heimgesucht, die mit dem Kindchenschema einhergehen, und halten die entsprechende Person für zuwendungsbedürftig, naiv, wenig durchsetzungsfähig und nicht besonders kompetent – dafür aber auch für besonders vertrauenswürdig.[209] Das mag im privaten Bereich Kontakte erleichtern, für einen Bewerber um eine Führungsposition könnte man ein Babyface aber auch als »rote Karte« bezeichnen.

Umgekehrt gibt es aber auch das, was die Kognitionspsychologin Nalini Ambady von der Stanford University als *Face of Success* bezeichnet:[210] den Gesichtstyp, der seinem Träger die Zuschreibung von Kompetenz und Durchsetzungsfähigkeit einbringt.

Wie es aussieht, das Erfolgsgesicht? Dass es attraktiv ist, wird niemanden verwundern. Dazu kommen ausgesprochen »erwachsene« Proportionen, das Gesicht befindet sich sozusagen an dem vom Babyface aus gesehen gegenüberliegenden Pol. Darüber hinaus strahlt das Erfolgsgesicht »positiven Affekt« aus, also eine grundsätzlich freundliche Stimmung, die ihm die Anmutung von Selbstsicherheit und Gelassenheit gibt. (Das bedeutet aber, wohlgemerkt, nicht etwa, dass der Betreffende *tatsächlich* positiv gestimmt wäre; nein, sein Gesicht weist auch in absolut neutralem Gemütszustand eine – zufällige – Ähnlichkeit mit positiven Gefühlen auf, unmerklich höhere Mundwinkel etwa.)

Und noch eine Zutat gehört zum Erfolgsgesicht: männliche Proportionen, ein etwas kantigeres Kinn etwa oder akzentuiertere Augenbrauen. (Wenn hier von »männlichen« Gesichtsproportionen die Rede ist, heißt das nicht, dass diese ausschließlich Männergesichtern vorbehalten wären, nein, sie kommen durchaus auch in weiblichen Gesichtern vor – wenn auch mit geringerer Wahrscheinlichkeit. Genauso verhält es sich umgekehrt mit den femininen Beimischungen in Männergesichtern.) Offenbar gibt es in unseren Köpfen bei der Zuschreibung von Kompetenz also eine diskrete Verbindung zu Männlichkeit. Wieder so ein Einflüsterer, der uns an der Nase herumführt.

Und der bleibt nicht ohne Folgen. Der Kognitionsforscher Alexander Todorov von der Princeton University konnte beispielsweise den Ausgang amerikanischer Kongresswahlen anhand eines einzigen Kriteriums voraussagen: ob (bzw. in welchem Maß) die jeweiligen Kandidaten über das Erfolgsgesicht verfügten.[211] Noch absurder: Amerikanische Versuchspersonen konnten das Ergebnis der bulgarischen Präsidentschaftswahlen am Gesicht der Kandidaten ablesen – von denen sie weder die Namen noch das politische Programm kannten. Ihre Voraussagen stützten sich einzig darauf, ob ihnen die jeweiligen Gesichter kompetent erschienen oder nicht.[212]

Auch wenn es in diesem Kapitel um das Aussehen geht, sei an dieser Stelle erwähnt, dass wir in der Einschätzung unserer Mitmenschen genauso von akustischen Einflüsterern beeinflusst werden. Auch aus ihren Stimmen meinen wir bestimmte Eigenschaften herauszuhören, und zwar umso positivere, je attraktiver die Stimme auf uns wirkt. Es gibt also auch ein stimmliches Attraktivitätsstereotyp. Und ganz analog zum »Face of success« auch eine »Voice of success« – die sich vor allem durch besondere Subwoofer-Qualitäten auszeichnet.[213]

Kollateralschaden der Evolution?

Alle diese Einflüsterer wirken vollkommen automatisch und unbewusst. Wie man aus Magnetresonanzuntersuchungen weiß, spielt dabei offenbar eine Hirnregion eine zentrale Rolle, die zu den stammesgeschichtlich ältesten Bereichen unseres Hirns gehört: die Amygdala oder der Mandelkern. Der Mandelkern ist dafür zuständig, Gesichter blitzschnell zu »interpretieren« und die Weichen zu stellen, wem wir uns nähern und um wen wir einen Bogen machen.

Nach den Ergebnissen der Neuroforschung sind die Einflüsterungen im Grunde das Ergebnis einer Verwechslung. Wir nehmen Signale nämlich für bare Münze, auch wenn sie nur *zufällig* gerade den Schlüsselreizen ähneln, die für unseren Mandelkern grünes Licht oder rotes Tuch sind.

Die Hinweise verdichten sich, dass es sich bei dem Verwechslungseffekt um eine Art Kollateralschaden der Evolution handelt –, den unvermeidbaren Preis letztlich dafür, dass der Mandelkern seinen Job in Millisekunden machen muss, nämlich die überlebenswichtige Frage »Flüchten oder standhalten?« beantworten, bevor es zu spät ist. Das kann er aber nur, wenn er einem simplen Schema folgt. Der Preis für die schnelle Diagnose ist ihre Ungenauigkeit.

Klassische Beispiele von sogenannten »Erste-Eindruck-Situationen« sind Bewerbungsverfahren. Entscheidungen müssen mangels objektiver Kriterien in relativer Unsicherheit gefällt werden, und gerade bei solchen Erstbegegnungen sind die Einflüsterungen unseres Mandelkerns am lautesten – und damit die Gefahr am größten, dass wir uns von Äußerlichkeiten verleiten lassen. Selbst wenn der aus der Optik abgeleitete Vorteil in jedem Einzelfall nur klein ist – nach einer Studie kann von einer Größenordnung von 5 bis 10 Prozent ausgegangen werden[214] –, so wird er sich mit der Anzahl der Castings im Lauf einer Karriere kumulieren. Er dürfte deshalb in großen Firmen mit ihren vielen Hierarchieebenen eher größer sein als in kleinen. Diese Vermutung wird tatsächlich von Zahlen belegt: Je größer die untersuchte Firma, umso häufiger trifft man nach der oben genannten Studie von Nalini Ambady in den Führungsetagen nicht nur auf große und attraktive Menschen, sondern auch auf das Erfolgsgesicht.[215]

Im Umkehrschluss heißt das: Wer es ohne den Rückenwind der optischen Einflüsterer bis in die Führungsetagen schafft, muss über Qualitäten verfügen, die so echt und überlegen sind, dass sie ihn trotz des allgemeinen Vorurteils so weit gebracht haben. In großen Firmen dürfte das so gut wie unmöglich sein. In der Politik zunehmend genauso.

In der suggestiven Macht des »Erfolgsgesichts« könnte auch *ein* Grund für die Unterrepräsentierung von Frauen in den Führungsebenen liegen. Denn die zu ihm gehörenden männlichen Proportionen sind nun einmal in Männergesichtern häufiger anzutreffen als in denen von Frauen. In letzteren wiederum findet sich entsprechend häufiger ein Anklang an das Kindchenschema mit seiner Zuschreibung von Naivität und mangelnder Durchsetzungskraft. Es ist zwar eine Spekulation, aber möglicherweise sind es genau diese optischen Faktoren, die im Zweifelsfall das Züngleich an der Waage bilden, das über die Steilheit einer weiblichen Karriere entscheidet. Eher als eine Verschwörung der Männer läge dem allerdings eine Verschwörung der Mandelkerne zugrunde – und die ticken bei Männern und Frauen in dieser Hinsicht exakt gleich.

Wie das »Erfolgsgesicht« nun im Einzelfall aussieht, scheint ganz vom Kontext abzuhängen. So weiß man beispielsweise aus der Analyse von Politikergesichtern, dass sich der von Wählern als kompetent eingestufte Gesichtstyp in Friedens- und Kriegszeiten unterscheidet. Ebenso scheint sich der Gesichtstyp, der den Treibsatz für Offizierskarrieren bildet, vom typischen Erfolgsgesicht der »freien Wirtschaft« zu unterscheiden, wie man anhand der Analyse von Laufbahnen an der amerikanischen Militärakademie West Point feststellen konnte: Um es zum General zu bringen, sollte man weniger positive Emotionalität, dafür aber mehr Männlichkeit im Gesicht tragen.[216]

Skandal?

Auf dem Arbeitsmarkt werden tagtäglich Entscheidungen aufgrund des Aussehens von Menschen getroffen. Und zwar Entscheidungen, die – das ist der Punkt – zu einem guten Teil nicht auf wirtschaftlicher Rationalität, sondern auf unbewussten, biologisch gesehen primitiven Reflexen beruhen. Ich schreibe es hier nicht zum ersten Mal: Schönheit ist ein Skandal (auch wenn wir selber kräftig dabei mitmischen, wie die zig Milliarden beweisen, die uns das Aufmöbeln unserer Fassade wert ist).

Ob ihm beizukommen ist, steht auf einem anderen Blatt.

Natürlich gibt es weder eine ethische noch eine logische Begründung, weshalb im »Allgemeinen Gleichstellungsgesetz« ausgerechnet das Aussehen auf der ansonsten sehr kompletten Liste der Diskriminierungstatbestände fehlt, die immerhin »Benachteiligungen aus Gründen der Rasse oder wegen der ethnischen Herkunft, des Geschlechts, der Religion oder Weltanschauung, einer Behinderung, des Alters oder der sexuellen Identität« umfasst.[217] Dafür gibt es umso mehr praktische Gründe, dass der Gesetzgeber diese Lücke gelassen hat. Sollte etwa im Fall einer Klage eine Aussehensjury einberufen werden?

Aber könnten nicht zumindest die Personalabteilungen der Unternehmen dafür sorgen, dass die Macht des Aussehens bei der Entscheidung über eine Stellenbesetzung zumindest eingehegt wird, so wie in vielen Fällen schon rassistische oder Gender-Vorurteile erfolgreich zurückgedrängt wurden, etwa durch anonyme Bewerbungsverfahren?

Aber lassen Sie mich einmal den Advocatus Diaboli spielen.

Nehmen wir an, es gelänge uns, einen Kandidaten nach allen Regeln der Antidiskriminierung garantiert stereotypfrei auszuwählen. Unser politisch korrekter Musterkandidat wäre also mittelmäßig attraktiv, mittelgroß und würde über eine mittlere Ausprägung des Erfolgsgesichts verfügen.

Nur: So sehr unser Kandidat das Produkt unserer plötzlichen und mirakulösen Vorurteilsfreiheit wäre – die Bewertung durch seine Mitmenschen, Kunden und Verhandlungspartner basierte weiterhin munter auf den Vorurteilen ihrer Mandelkerne. Gegenüber einem optischen Erfolgsprototypen einer weniger fortschrittlichen Konkurrenzfirma, die sich weiterhin dem *old school*-Bewerbungsverfahren hingibt, hätte er damit definitiv Gegenwind, wenn es ums Verkaufen, Verhandeln und Vertrauenschaffen geht. Und unsere Firma würde damit am Ende – zwar politisch korrekt, aber unausweichlich – untergehen.

Womit letztlich die Frage angesprochen ist: Wie rational kann sich ein Marktteilnehmer auf einem Markt verhalten, der von irrationalen

Kriterien geleitet wird? Natürlich ist es Wertvernichtung, wenn bei der Vergabe eines Postens im Controlling der Bessere zugunsten des Schöneren abgelehnt wird. Aber gilt das auch im Außendienst? Nach allem, was wir wissen, sind Zweifel angebracht. Und für Führungskräfte? Führen heißt zum Großteil überzeugen. Und die Forschung zeigt uns klipp und klar, dass dabei Attraktivität und Kompetenzanmutung in einem Maß hilfreich sind, das in vielen Fällen den Unterschied zwischen einem guten und einem geplatzten Deal ausmachen dürfte.

Auch wenn wir die Macht des ersten Eindrucks im Bewerbungsverfahren noch so effektiv bekämpfen, so besteht die Welt außerhalb der Assessment-Center aus einer Aneinanderreihung von Erste-Eindruck-Situationen, in denen unsere Stereotype fröhliche Urstände feiern. Um es noch weiter zuzuspitzen: Was nützt es, sich bei Personalentscheidungen auf das evolutionär brandneue Superhirn zu stützen, wenn die Entscheidungen der anderen Marktteilnehmer im Steinzeit-Mandelkern fallen?

Gibt es eine Lösung? Ich weiß keine. Nur eine, die noch schlechter wäre: die Bedeutung des Aussehens unter den Teppich zu kehren. Zumindest aber sollten wir zweimal nachdenken, bevor wir das Wort »Leistungsgesellschaft« in den Mund nehmen.

Leistungsgesellschaft?

Was hat es mit *Leistung* zu tun, wenn der attraktivere Kandidat die bessere Stelle kriegt? Der mit dem Guttenbergensis-Gen geborene Selbstdarsteller den Applaus, auf den der Zurückhaltendere verzichten muss, auch wenn der vielleicht die bessere Lösung zu bieten hat? Der Größere den Leitungsposten, den der Kleinere nie erreichen wird?

Das hübschere Kind die bessere Aufsatznote?[218] In einer aktuellen Studie der Universität Wuppertal an drei Klassen eines großstädtischen Gymnasiums zeigte sich zwischen den unattraktivsten und den attraktivsten Schülern ein »Schönheitseffekt« von fast einer Note. Der Einfluss des Aussehens war damit stärker als die Einflussfaktoren Bildung der Eltern, Migrationshintergrund und Geschlecht.[219] Schon der Eintritt in die Leistungsgesellschaft scheint für manche eine Abkürzung bereitzuhalten.

Nicht etwa, dass unsere heutigen Helden und Leistungsträger nicht über echte und harte Leistungsfaktoren verfügen würden – ohne Intelligenz und Leistungsbereitschaft etwa hätten sie es nie so weit gebracht.[220] Und selbstverständlich bringen sie auch den nötigen Willen zur Macht mit, den es schon immer gebraucht hat, um ganz nach oben zu kommen. Und auch die richtige Abstammung dürfte ihr Portfolio aufweisen, denn auch heute noch entscheidet die soziale Herkunft in haarsträubender Weise über die gesellschaftliche Platzierung.

Aber das, was den Homo guttenbergensis zum Erfolgsmodell der Stunde macht, geht über die klassischen Erfolgsfaktoren hinaus: Es ist ihm gegeben, die begrenzte Aufmerksamkeit seiner Mitmenschen auf sich zu ziehen und ihre Herzen für sich zu öffnen.

G-Faktoren

»Die Welt belohnt den Anschein des Verdienstes eher als das Verdienst selbst«, schrieb im 17. Jahrhundert der französische Politiker François de La Rochefoucauld und hatte dabei wohl das große Bluffen und Intrigieren am Hof Ludwigs XIV. im Auge,[221] bei dem es letztlich um genau dasselbe ging wie heute: um die begrenzte Ressource Aufmerksamkeit – in diesem Fall die des Sonnenkönigs.

Wenn es heute auch nicht um die Aufmerksamkeit eines Monarchen geht, sondern um die der Chefs, Kunden und sonstigen Marktteilnehmer, das Ergebnis bleibt sich gleich: Nicht diejenigen stehen in unserer Gunst, die am meisten leisten, sondern diejenigen, die den Schein von Leistung am effektivsten vermitteln.

Dass in Unternehmen anstatt von der »Leistung« jetzt immer öfter von »Performance« gesprochen wird, ist nur konsequent – und symptomatisch, bedeutet »Performance« (neben »Leistung«) doch genauso »Darbietung« oder »Auftritt«. Damit schwingt in dieser Erfolgsvokabel immer auch das Quäntchen an Genialität mit, das darin liegt, zu »performen«, *ohne* sich zu verausgaben. Nur der Loser zappelt sich ab, um gute Resultate zu bringen, der Winner macht es kurz mal auf seine Art: per gelungenem Auftreten.

Wobei es meist nicht einmal bewusste Schauspielerei ist, die den »Schein von Leistung« vermittelt. Nein, die »Performance« nach Art des Homo guttenbergensis beruht auf Aussehens- und Wesensmerkmalen, die dieser eben *hat* und noch nicht einmal groß selbst beeinflussen kann. Nennen wir sie hier einmal die G-Faktoren – G wie Guttenberg. Viele sind sich ihrer G-Faktoren gar nicht bewusst. Wer weiß schon, ob er mit dem Erfolgsgesicht herumläuft? Manche wissen nicht einmal, wie attraktiv sie sind.[222]

Die meisten ihrer G-Faktoren sind den Menschen schlicht in die Wiege gelegt (oder der Klapperstorch hat sie zu einer anderen Wiege getragen). Wie gut jemand aussieht, hängt vor allem vom Aussehen seiner Eltern ab, denn Schönheit ist in hohem Maß erblich.[223] Genauso die Persönlichkeitsfaktoren, wie etwa Extraversion (hier wird die Erblichkeit auf etwas über 50 Prozent geschätzt[224]); auch Selbstvertrauen hat eine hohe erbliche Komponente.[225]

Aber die G-Faktoren werden auch gepäppelt und trainiert. Seminare und Workshops etwa versprechen »Optimale Wirkung und Präsenz in erfolgskritischen Situationen«, »Im Erstkontakt beeindrucken« oder »Sicheres Auftreten und Selbstmarketing«. Ein Übriges tun die alltäglichen Anforderungen im Haifischbecken Unternehmen: Menschen verändern sich, »vergessen« ihre weiche oder nachdenkliche Seite, werden zu »Entscheidern«. Jeder kennt sie, die »eigentlich« netten Typen, die mit der Zeit zu Experten im Eindrucksmanagement werden.

Aussortierung der Stillen

Ob angeboren oder angezüchtet, der Effekt ist derselbe: G-Faktoren ebnen den Weg nach oben. Das geht schon in der Schule los, die heute zum Trainingslager für das große Assessment-Center geworden ist, als das die Welt jetzt gesehen wird. Mündliche Noten und aktive Beteiligung werden immer wichtiger, und die Powerpoint-Präsentationen sind auf Vorstandsniveau angekommen. Die Inhalte kommen sowieso von Google, was zählt ist jetzt, wie sie verkauft werden.

Im späteren Leben mischen die G-Faktoren bei jeder Bewerbung munter mit, bei jedem Auswahlgespräch, jedem Karriereschritt. Wer gut rüberkommt, kommt weiter. Und das gilt für viele auch in ihrem stinknormalen Berufsalltag. Ein Arzt beispielsweise muss sich – zumindest wenn er sich auf dem freien Markt der Niedergelassenen bewegt – tagtäglich bei seinen Patienten bewerben, genau wie das auch jeder Dienstleister bei seinen Kunden tut. Wird er abgelehnt, bleiben diese aus und gehen zu einem anderen.

Bei dieser Bewerbung spielen das fachliche Können, das Wissen und die Sorgfalt keinerlei Rolle. Denn für den Patienten ist nun einmal ein Arzt, der sich fleißig fortbildet, abends noch ein Lehrbuch wälzt oder mit einem Kollegen telefoniert, um einem kniffligen Befund wirklich auf den Grund zu gehen, nicht von dessen Kollegen zu unterscheiden, der Fortbildung für Zeitverschwendung hält oder zu den 60 Prozent der niedergelassenen Allgemeinärzte gehört, die nicht einmal bei den häufigsten Herz-Kreislauf-Erkrankungen die Leitlinien ihrer Berufsverbände kennen.[226] Guter Arzt, schlechter Arzt – beim Verdienst spielt das keine Rolle. Was hier aber durchaus einen Unterschied macht, sind die Selbstvermarktungsfaktoren. Die Klassiker sind Körpergröße und Attraktivität, aber auch die Stimme gehört dazu: Verfügt der Doktor zufällig über einen tiefen Bass, wird er als vertrauenswürdiger und kompetenter eingestuft. Was ebenso hilft: das selbstsichere Auftreten (»Mädchen, das kriegen wir in den Griff!«). Und selbstverständlich auch die Begabung, dem Patienten geschickt eine kostenpflichtige, aber im Nutzen umstrittene »Zusatzleistung« zu verkaufen.

Die Ärztebranche ist nur ein Beispiel für ein Phänomen, das letztlich alle Bereiche und Institutionen der Gesellschaft betrifft: Diejenigen Mitglieder kommen nach oben, die mit den einschlägigen Selbstvermarktungsfaktoren gesegnet sind, vom richtigen Aussehen bis zu den richtigen Persönlichkeitseigenschaften. In den alltäglichen Castings wie in den »echten« Bewerbungsverfahren – in jedem von ihnen bekommen sie einen kleinen Schubs, der sie von Runde zu Runde weiter und höher bringt.

Auf der Strecke bleiben all diejenigen, die im Kampf um Aufmerksamkeit weniger aufzubieten haben: die Stillen, die Schüchternen, die Introvertierten[227], die Unscheinbaren, die weniger Robusten, die weniger Vorschnellen, die Komplizierteren, die Sensiblen, die Melancholischen, die Selbstzweifler, die nicht so Vorzeigbaren; diejenigen, denen ein Lächeln nicht so leicht über die Lippen geht, die erst einmal nachdenken, bevor sie mit der Lösung rausplatzen – sie alle sammeln sich mit derselben Zwangsläufigkeit auf den unteren Rängen, mit der die anderen nach oben steigen.

Diese Stratifikation der Gesellschaft nach Guttenberg-Faktoren wird in den Bereichen, in denen Medien eine Rolle spielen, noch potenziert. Im Showgeschäft sowieso, aber auch in der Politik. Abraham Lincoln jedenfalls – klein, leise, zurückhaltend und oft melancholisch – hätte in den heutigen, von ihm vereinten Staaten von Amerika nicht mehr den Hauch einer Chance. Seit es das Fernsehen gibt, haben die strahlenden Siegertypen übernommen – Kennedy, Reagan, Obama. Alle mit genau den richtigen Eigenschaften gesegnet, mit denen sich der G-Punkt des Publikums stimulieren lässt.[228]

Wer hat Schuld?

Wir sind mit Schuldzuweisungen schnell bei der Hand. Wenn die Leisen und Zurückhaltenden heute unter die Räder kommen, wer sonst sollte daran schuld sein als der hyperaktive Lautsprecher vom Guttenbergensis-Typ? Aber ist es denn wirklich die Schuld des Kandidaten, wenn er von der Jury bevorzugt wird? Ist es die Schuld des Kindes, wenn es die Gymnasialempfehlung aufgrund seines einnehmenden Wesens bekommt?

Wenn jemand Schuld hat, dann genauso *wir* – wir stehen nämlich auf die smarten Typen mit der großen Klappe. *Wir* sind es, die sich eher einem schlechten Arzt anvertrauen als einem, dem es an G-Faktoren gebricht. *Wir* sind es, die so scharf sind auf die Sendungen mit den attraktiven Schauspielern. *Wir* lassen in der Buchhandlung die Zeitschriften links liegen, wenn das Gesicht darauf nicht elektronisch optimiert ist.

Wir werden von den Strahlenden angezogen. *Wir* sind es, die sich bei der Bewertung ihrer Mitmenschen von ihrem primitiven Hirn leiten lassen. Und *selbstverständlich* hätten *wir* Guttenberg zu unserem nächsten Kanzler gemacht.

Wir sind alle Teil eines *Systems,* wir sind Kandidaten, Jury und Publikum, Verführer und Verführte gleichzeitig. Und unser Held ist letztlich nur das Abbild, ja, die logische Konsequenz dieses Verführungssystems, in dem Marketing alles ist und Substanz nichts. In einer übersättigten Überflusswelt lassen sich Waren nur noch über den schönen Schein verkaufen. Nur wer an unsere Gefühle herankommt, kann Bedürfnisse wecken, von denen wir vorher noch gar nichts gewusst haben.

Abschied von der Aufklärung

Und so, wie der schöne Schein die Führung übernommen hat, wenn es um den Verkauf von Waren geht, so tut er dies auch immer mehr beim Verkauf von Meinungen. Auch Argumente haben nicht mehr *wahr* zu sein, viel wichtiger ist die Verpackung. Die Gefühle müssen stimmen, die Fakten sind zweitrangig. Sie sind nur *Waren* – Hauptsache, sie verkaufen sich.

Was passiert, wenn die Wahrheit in die Hände der Marketingmaschine fällt, zeigt in erschreckender Weise die Entwicklung der US-amerikanischen Gesellschaft der letzten Jahre.

Fakten und Argumente? Bitte schön: 20 Prozent der Amerikaner sind überzeugt, dass Obama Muslim ist, 25 Prozent, dass er nicht in den USA geboren wurde.[229] Über 100 Millionen Amerikaner glauben, dass Gott den Menschen irgendwann während der letzten 10 000 Jahre in seiner heutigen Form erschaffen hat[230] und dass die Evolutionstheorie eine Lüge ist, zu der sich antichristliche Kräfte verschworen haben. Mit der Tea Party hat sich ein großer Teil der Gesellschaft vom Austausch rationaler Argumente vollkommen abgekoppelt und radikalisiert sich auf Kosten der Wahrheit immer weiter.

Aus einer Kultur des Verstandes ist eine Kultur der Sprechblasen geworden. Meinung, Gefühl und Vorurteil setzen sich an die Stelle von objektivierbaren Fakten, Wissenschaft und Vernunft, und das in einem Land, das einmal die Speerspitze der Aufklärung war. Das entwickeltste Land der Erde, die unumstrittene Führungsmacht der westlichen Welt, wird wieder von einem dumpfen Glaubensfieber erfasst, einer intoleranten, antiintellektuellen Infektion, die den Verstand und die Vernunft abstößt und die Menschen in die Arme bigotter Moralapostel, fundamentalistischer Erweckungsprediger und talibanesker Glaubenskrieger treibt.

Europa ist nicht Amerika, Deutschland ist nicht Amerika. Aber das Rollback der Aufklärung, das wir dort erleben, kann uns nur Angst und Bange machen, zeigt es doch, dass der Prozess der Zivilisation nicht unumkehrbar ist. Demokratie braucht Vernunft – also genau das, was im Wege steht, wenn es ums Verkaufen geht. Amerika könnte uns zeigen, dass man sich im Zweifelsfall für das Verkaufen und gegen die Vernunft entscheiden kann.[231]

10. Kindheit als Casting

Attraktiv, dynamisch, kommunikativ, extrovertiert, selbstsicher, erfolgreich – so sieht der Steckbrief des modernen Helden aus. In diesem Kapitel schauen wir uns einmal seine Kindheit an. Denn so sehr manche zum Helden geboren sind – andere werden erst dazu gemacht.

Genau genommen findet das erste Casting schon statt, bevor der Kandidat überhaupt das Licht der Welt erblickt hat. Die »Pränataldiagnostik« macht es möglich, dass wir die in den Genen schlummernden Krankheiten eines Menschen schon vor seiner Geburt erkennen und entsprechend handeln können. Das Screening wird immer treffsicherer und bequemer. Die im Rahmen der In-vitro-Fertilisationen vorgenommene Präimplantationsdiagnostik wird heute bereits zum Nachweis von etwa 200 Erbkrankheiten genutzt.

Seit August 2012 ist ein Bluttest zugelassen, der schwangeren Frauen die Gewissheit gibt, dass ihr Kind nicht mit einem Down-Syndrom auf die Welt kommen wird. Mehr als eine simple Blutabnahme ist dazu nicht nötig. Der Test wird derzeit weiterentwickelt, sodass bald alle erdenklichen Veränderungen der Chromosomen erkannt werden können.

Es ist nur eine Frage der Zeit, bis sich nicht nur ein Gutteil der heute bekannten Erbkrankheiten, sondern auch genetische Risikokonstellationen vorgeburtlich diagnostizieren lassen – etwa für bestimmte Krebsarten oder Typ-1-Diabetes. So zwiespältig die Entwicklung uns erscheinen mag und so sehr sie in jedem Einzelfall Segen und Fluch gleichzeitig ist: Es wird in Zukunft kein Schicksal mehr sein, sondern eine willentliche (und von der Gesellschaft hoffentlich auch in Zukunft tolerierte) Entscheidung der Eltern, dass ein Kind mit einem Defizit auf die Welt kommt.

Kind nach Maß

Der Schritt vom defizitfreien Kind zum Designerkind ist klein, aber längst gemacht. In den Achtzigerjahren machte sich der US-Millionär Robert Graham daran, den menschlichen Genpool zu bereichern. Er baute seine »Samenbank der Nobelpreisträger« auf, zu der allerdings neben Nobelpreisträgern auch noch andere Geistesgrößen beitrugen und der 215 Babys ihr Leben verdanken. Robert Graham ist längst tot, die Kinder der Genies erwachsen (und, wie zu erwarten war, sind nicht nur Genies darunter).

Aber die Idee, Kinder nach Maß zu züchten, lebt weiter. Der Handel mit Spendersamen und -eizellen als Katalogware ist heute weltweit ein Milliarden-Dollar-Wirtschaftszweig. In den Vereinigten Staaten leben bereits über eine Million Menschen, deren Eltern wochenlang über Fotos, Personenbeschreibungen und Tonbändern gebrütet und dazu noch ein kleines Vermögen aufgewendet haben, um schöne, große, intelligente, athletische und natürlich gesunde Nachkommen zu bekommen. Nachkommen also, die ihr Geld und die Liebesmüh auch wirklich wert sind. »Our egg donor clinic has the most beautiful and accomplished donors in the country«,[232] wirbt eine Fruchtbarkeitsklinik in Los Angeles, andere brüsten sich mit »Superspendern«.

In Deutschland sind künstliche Befruchtungen nach Katalog nur unter der Hand möglich, offiziell dürfen nur Eigenschaften wie Haut-, Haar- und Augenfarbe sowie Körpergröße als Spenderkriterien genutzt werden. Doch mit der immer erschwinglicher gewordenen kommerziellen Sequenzierung des Genoms tun sich den Eltern in spe ganz neue Möglichkeiten auf, um an das richtige Genmaterial zu kommen. Bereits heute bieten Partnervermittlungsagenturen den Service an, per Gentest den Partner zu finden, dessen genetisches Material nicht nur eine glückliche Liebe, sondern auch besonders fitten Nachwuchs garantiert. Wer kann sich schon den Luxus leisten, in eine Partnerschaft zu investieren, die das Risiko einer suboptimalen Nachkommenschaft mit sich bringt? Alles, was es braucht, ist schließlich eine Speichelprobe.

Förderwahn

Nur nichts dem Zufall überlassen – das gilt erst recht für den nächsten Schritt, wenn unser Held in spe, auf welchem Weg auch immer, gezeugt ist. Denn schon im Mutterleib lässt sich so vieles falsch machen. Nicht nur durch schädliches Tun wie Rauchen und Trinken, sondern auch durch Unterlassen. Wer es beispielsweise versäumt, sein Kind mit der richtigen Musik zu beschallen, hat schon die erste Chance verpasst. Angeblich macht es Babys schlauer, wenn sie im Bauch der Mutter Mozart hören. Einen wissenschaftlichen Nachweis für den »Mozart-Effekt« gibt es zwar nicht, aber Glauben und Wissen müssen ja auch nicht deckungsgleich sein. Neben Mozart steht auch Vivaldi bei der gezielten Beschallung von Babys hoch im Kurs. Seine Musik lässt »Embryonen sichere Geborgenheit erspüren. Weiß doch die Biologie zu berichten, dass der Hörsinn als einer der ersten Sinne im Mutterleib ausgebildet wird!«, belehrt uns das Cover von *Music for my baby*. 1998 erhielt im US-Bundesstaat Georgia jede Mutter bei der Geburt eine Klassik-CD, und im selben Jahr wurde in Florida ein Gesetz erlassen, nach dem jeder Kindergarten jeden Tag klassische Musik spielen musste. Wie viele Mozart-Phobien auf diese Weise entstanden sind, wurde bisher nicht ermittelt.

Während man früher Babys und Kleinkinder für zwar süß, aber doch eher tumb hielt, sehen heutige Eltern gerne die Wunderdinge, zu denen sie befähigt sind: Baby kann unter Wasser schwimmen! Kleinkind kann sich mühelos Fremdsprachen aneignen! Und Hirnforscher bestätigen, dass sich die Kleinen gerade in einem neuronalen Wachstumsboom befinden. In der gebildeten Mittelschicht wird die frühe Kindheit deshalb als Fenster der unbegrenzten Möglichkeiten gesehen. *Jetzt* ist der richtige Zeitpunkt, das Bildungsprojekt zu starten, mit dem das Sprießen der Synapsen in die richtigen Bahnen gelenkt wird, *jetzt* müssen Fähigkeiten stimuliert werden, die sonst für immer brachliegen werden. Also geht man zum Babyschwimmen oder besucht Kurse in Babyzeichensprache, in der man mit dem Nachwuchs schon kommunizieren kann, noch bevor er zum ersten Mal Mama sagt. Das stärkt angeblich das kognitive Potenzial.

Aber auch die motorische Entwicklung darf in dieser neuronalen Sturm-und-Drang-Phase nicht vernachlässigt werden, dafür ist das Kinderturnen da. Ebenso gilt es bei den sozialen und emotionalen Fähigkeiten dranzubleiben ...

Gut, dass sich die gestressten Eltern durch die neuen Medien entlasten lassen können. Lern-DVDs à la *Baby Einstein* und *Brainy Baby* machen einen Milliardenumsatz mit dem frei flottierenden Versprechen, die Kleinen in ihrer sprachlichen und kognitiven Entwicklung zu fördern. (Dass die Medienforschung inzwischen eindeutig weiß, dass sie das nicht leisten, tut dem Hype keinen Abbruch.)

Kleine Forscher

Immer mehr Krippen und Kitas präsentieren sich jetzt mit »digitalen Lerncentern«. Was sich auf das Tablet, den Lesestift oder das Smartphone nicht alles an Synapsenfutter für die Kleinen einprogrammieren lässt! War das Vor-dem-Bildschirm-Hocken früher ein Phänomen der »prekären« Milieus, so ist es inzwischen in der Mitte der Gesellschaft angekommen. Da der Betreuungsschlüssel in vielen Kitas ohnehin nicht mehr ausreicht, die Kleinen nach draußen zu bugsieren, hat man gleich zwei Fliegen mit einer Klappe geschlagen: Die Kinder sind personalschonend beschäftigt, und das auch noch mit dem Erwerb von *Bildung*!

Die ehemaligen Spiel- und Bastelstuben wurden mittlerweile mit Bildungsplänen ausgestattet, in denen das Wort *Spiel* oft gar nicht mehr vorkommt. 20 000 von ihnen sind mittlerweile auf Initiative einer Stiftung der Unternehmensberatung McKinsey bundesweit als »Haus der kleinen Forscher« zertifiziert und bieten den Kleinen »mathematische, naturwissenschaftliche oder technische Projekte« an, die ihre »Begeisterung für naturwissenschaftliche Phänomene und technische Fragestellungen wecken und langfristig zur Nachwuchssicherung der entsprechenden Berufsfelder beitragen«. [233]

Inzwischen erwarten viele Eltern aus der gut betuchten Bildungsschicht von Kitas zumindest zweisprachiges Personal, und nach ihren Vorstellungen (und auch der vieler Politiker) ist ein Uniabschluss für

Kindergärtnerinnen bald obligat. Ersteres haben glücklicherweise etwa die »Little Giants« zu bieten, ein bundesweites Franchise-Unternehmen, das für knapp 1000 Euro im Monat verspricht, »die wertvolle Zeit der Kindheit mit möglichst sinnvollen Lernerfahrungen zu erfüllen«. Laut Selbstdarstellung sind »Raumkonzept und Lehrinhalte so ausgelegt, dass Kinder sowohl selbst entdecken als auch spielerisch in der Gruppe oder ganz individuell von der Betreuerin lernen können«.[234]

So, wie es inzwischen als Vergeudung von Humankapital angeprangert wird, wenn eine »gut ausgebildete« Mutter sich zu Hause um ihre Kinder kümmert, statt in einem Büro zu sitzen und »Wachstum zu schaffen«, so gilt es auch immer mehr als Verschwendung wertvoller Ressourcen, Kinder »einfach so« drauflosspielen zu lassen. Ist das denn ihrer Entwicklung überhaupt förderlich? Wo wir doch wissen, dass die sich gerade in dieser Goldgräberphase befindet? Draußen im Matsch zu quasen, hat noch kein Kind einer Gymnasialempfehlung näher gebracht. Aber wenn sie schon spielen, dann bitte mit »pädagogisch wertvollem« Spielzeug, auf dem Hinweise wie »Fördert die Feinmotorik« oder »Fördert die Hand-Auge-Koordination« stehen.

Der geheime Lehrplan

Natürlich war die »wilde Kindheit« vergangener Generationen auch kein Bullerbü-Idyll. Ja, die Kindheit war computerfrei, bis Ende der Sechziger sogar fernsehfrei, Spielkameraden gab es en masse, der Bolzplatz war gleich um die Ecke, der Himmel hoch und die Erwachsenen weit: Papa bei der Arbeit am Wirtschaftswunder, Mama froh, wenn sie die Blagen los war. Was aber noch lange nicht heißt, dass sie nicht ihre pädagogischen Absichten verfolgt hätten. Zu allen Zeiten hegten Eltern ihre klaren Vorstellungen, wie ein »gutes Kind« zu sein hatte, was sie an ihren Kleinen beklatschen und was sie ihnen lieber abgewöhnen wollten.

So wie heutige Eltern Angst haben, dass das Hirn ihrer Kinder mangels Förderung zu einem ungeordneten Neuronenhaufen verkommen könnte, so waren unsere Eltern und Großeltern darauf fixiert, dass sich ihr Kind »gut benimmt«, keine Widerworte gibt und keinesfalls onaniert.

Disziplin, Ordnung und Selbstbeherrschung standen ganz oben auf der Wunschliste. Schon beim Säugling ging der Drill los: Er wurde durch Schreienlassen »abgehärtet«, gestillt wurde er nach der Uhr, und wenn der kleine Hans nach stundenlangen Auf-dem-Töpfchen-Sitzen-Marathons schon mit 18 Monaten »sauber« war, war Mama so stolz wie es heutige Eltern sind, wenn die kleine Laura den Zahlenraum bis hundert schon im ersten Kindergartenjahr erobert hat. So unterschiedlich wie die Ziele der Eltern sind auch die Methoden, mit denen sie diese erreichen wollen. In einem der Elterntagebücher aus der ersten Hälfte des 20. Jahrhunderts, die die Kulturhistorikerin Miriam Gebhardt zusammengetragen hat, berichtet eine Mutter stolz, dass »klein Anna« jetzt schon selbst den Patscher für die fälligen Schläge hole, wenn sie morgens nicht trocken aufwacht.[235]

Erziehung zur Kompetenz

Heute gilt die pädagogische Großoffensive ganz anderen Zielen. Kinder sollen schon früh *selbstständig* werden und deshalb möglichst bald »durchschlafen«, und sie sollen vor allem *alleine* in den Schlaf finden, und das in ihrem *eigenen* Bettchen. Noch mehr als um die Selbstständigkeit der Kleinen sorgen wir uns aber um ihre Intelligenz, ihr sprachliches und kognitives Entwicklungstempo. Natürlich auch um ihre sozialen und emotionalen Kompetenzen – die wir jetzt auch zu »Intelligenzen« aufgewertet haben. Und seit die Alternativ- und Friedensbewegung der achtziger Jahre in der bürgerlichen Mitte angekommen ist, erweist sich das »gute Kind« als auch moralisch auf Zack, es ist kooperativ, empathisch, in der Gruppe aktiv und beliebt. Es streitet sich nicht (und wenn doch einmal, dann gewaltfrei), teilt im Sandkasten sein Schäufelchen und tröstet die Spielkameraden.

Aber Friedensbewegung hin oder her, neben dem *Wir* wird auch das *Ich* ganz groß geschrieben – man lebt nun mal in einer Leistungsgesellschaft. Das Kind des Leistungsträgers soll durchsetzungsfähig sein, sich selbst behaupten, aus der Gruppe herausragen. Womit es mit zunehmend paradoxen Forderungen konfrontiert wird: Es soll schon früh Empathie für andere zeigen, sich aber durchaus auch behaupten können – »ein durchsetzungsfähiger Altruist in Windeln«, wie es mein Bruderherz Herbert Renz-Polster in seinem Buch *Kinder verstehen* ausdrückt.[236]

In dem neuen Bild vom Kind spiegelt sich letztlich die Verschiebung der psychischen Quellen, aus denen sich unsere Identität und Selbstdefinition speisen; wir haben sie in Kapitel 8 bereits kennengelernt. Während der Mensch über Jahrhunderte und Jahrtausende – notgedrungen – ganz auf das *Wir*, das heißt, die Gemeinschaft, ausgerichtet und deren Normen und Ansichten auf Gedeih und Verderb ausgeliefert war, muss das »entbundene« Individuum ganz auf seine Autonomie und seine eigenen Fähigkeiten setzen, und damit auf sein *Ich*.[237]

Der geheime Lehrplan, den Eltern seit jeher in ihren Köpfen haben und hatten, ist also wandelbar. Er hängt von der sozialen Bühne ab, auf der das Leben der Eltern spielt. Von dieser Bühne nehmen die Eltern – manchmal zu Recht und manchmal zu Unrecht[238] – an, dass sie einmal der Ort sein wird, an dem auch ihre Kinder sich bewähren oder scheitern werden.

»Sozialisierung zur Kompetenz« nennt die kulturvergleichende Verhaltensforscherin Heidi Keller das Prinzip – die Erziehungsziele und -methoden von Eltern spiegeln demnach nicht die Vergangenheit einer Generation, sondern ihre Vorstellungen, was ein Kind eines Tages brauchen wird, um ein erfolgreiches Leben zu führen. Und das erklärt auch, warum »Erziehung« in Hütten und Palästen nicht gleich sein kann, sondern sich von Milieu zu Milieu, Kultur zu Kultur, Epoche zu Epoche unterscheiden muss – denn jedes soziale Beziehungsgeflecht stellt andere Anforderungen an die Kompetenzen der Akteure.[239]

Von der Disziplin zum Hyperindividualismus

Einen ganz zentralen Platz in den Zukunftserwartungen einer Generation nehmen die sich ändernden Anforderungen auf dem Arbeitsmarkt ein. In den Zeiten der tayloristischen Massenfertigung des Industriezeitalters musste sich der Arbeitnehmer vor allem reibungslos in Hierarchien eingliedern, Vorgesetzte waren zu respektieren, Anweisungen nicht zu hinterfragen, sondern auszuführen. Nicht im Selbstdenken lag der Weg zum Erfolg, sondern in der Unterordnung. Und das galt noch mehr für den »Beruf«, der für ganze Generationen zum Schicksal wurde: den des Soldaten.

Entsprechend sehen auch die Erziehungsziele der industriellen Epoche aus: Ordnung, Disziplin, Fleiß. Um sie zu erreichen, sind Strafen und Schläge ganz unumgänglich. Das Kind wird als grundsätzlich unzivilisiert, triebhaft und von Natur aus faul angesehen – genau so, wie in den Firmen und Büros der Zeit der Angestellte als potenzieller Drückeberger betrachtet wird, den es zu überwachen und zu kontrollieren gilt. Und ganz wie in der Firma, in der Behörde oder im Militär geht es auch in der Familie permanent um die Macht: Eltern sind überzeugt, dass ihre Kinder zu »Tyrannen« werden, wenn sie einmal ihren Willen bekommen. Deshalb lassen sie ihre Säuglinge schreien, bis die Uhr richtig steht – passend zu den Stechuhrzeiten bei der Arbeit.

Der Umschwung kommt mit der Individualisierungsrevolution der 68er. Das Bild vom Kind wird jetzt positiver. Eltern und Kinder kommen sich näher – auch körperlich. Kinder werden geknuddelt und geherzt. Stillen, das in der Wirtschaftswunderzeit als rückständig und im Grunde moralisch anrüchig betrachtet wurde, erfahrt eine Rehabilitierung. Die Auffassung vom Machtkampf mit dem Nachwuchs weicht zunehmend der von einer gegenseitigen Bindung. Mit dem Zusammenschrumpfen der Familie auf ihren Kern werden die familiären Beziehungen intensiver und gefühlsbeladener – das gilt für die Beziehungen der Eltern untereinander genauso wie für ihre Beziehung zum Kind. Kinder werden zunehmend in ihrer Individualität gesehen, entsprechend bekommen sie beispielsweise immer ausgesuchtere Vornamen.[240] Ganz vorne in der neuen Welle sind die Promis, wie etwa Uma Thurman, die ihr Baby mit gleich fünf Vornamen buchstäblich unverwechselbar macht: Rosalind Arusha Arkadina Altalune Florence. Freunde dürfen auch »Luna« zu ihr sagen.

Kinder sind in gewisser Weise »einzigartiger« geworden, und das wird ihnen auch vermittelt. Heutige Erziehung ist geradezu besessen vom Selbstwert. In Kitas und Schulen werden Interventionsprogramme aufgelegt, die den Kindern Selbstvertrauen einflößen sollen: Du schaffst das! Trau dich! (Dass solchen Programmen von Persönlichkeitsforschern komplette Wirkungslosigkeit attestiert wird, überrascht nicht. Der Selbstwert ist zu sehr ein Spiegel des Beziehungsgeflechts, in dem der Einzelne hängt, als dass er sich einfach trainieren lassen würde.)[241]

Der neue Bedarf der Wirtschaft

Das neue, individualistische Bild vom Kind und die damit verbundenen Erziehungsziele kommen nicht von ungefähr. Der Kapitalismus hat eine neue Stufe erklommen – und meldet jetzt den entsprechenden Bedarf an.

In der heutigen postindustriellen Wissens- und Dienstleistungsökonomie sind Mitarbeiter gefragt, die selber denken und kreative, individuelle Lösungen suchen. Mitarbeiter, die so flexibel, stressresistent und multitaskingfähig sind, dass sie dem gestiegenen Konkurrenzdruck standhalten können. Sie sollen motiviert sein, sich mit anderen zu messen und im freien Spiel der Kräfte das Beste aus sich herauszuholen. Zum Wohl der Firma. Gefragt sind exzellente Einzelleister, die trotzdem gute Teamplayer abgeben. Keine Rambos, aber Menschen, die sich so durchsetzen können, wie das in der vernetzten, globalen Welt erfolgversprechend ist: durch Teamwork, Überzeugungskraft und Charme.

Entsprechend sind sich Eltern, Erzieher, Bildungspolitiker und Pädagogen jetzt wie durch Zauberhand einig: Kinder gehören schon von klein auf in die fördernden Hände von möglichst hochgebildeten Erwachsenen, deren Aufgabe es ist, die Wettbewerbsfähigkeit ihrer Anbefohlenen zu stimulieren und entsprechende Defizite zu korrigieren. Nach einer Studie der Universität Innsbruck sind »Mädchen schon als Dreijährige deutlich seltener zum Leistungswettbewerb mit Gleichaltrigen bereit als Jungen«. Woraus folgerichtig abgeleitet wird, »das Wettbewerbsverhalten von Frauen schon in jungen Jahren gezielter zu fördern, um einen Beitrag zu mehr Chancengleichheit auf dem Arbeitsmarkt zu leisten«.[242]

15 Prozent Effizienzsteigerung

Auch wenn sich manchmal der Eindruck aufdrängt, dass sich an Schulen nie etwas ändert: Die neuen Erziehungsziele von Wirksamkeit, Kompetenz und Autonomie haben auch hier langsam, aber sicher Einzug gehalten. Vorbei die Zeiten, als Kinder in Reih und Glied sitzen mussten und von der Autorität vorne an der Tafel mit Wissen abgefüllt wurden. Wir – Eltern wie Pädagogen – wollen jetzt aktive Kinder, die sich beteiligen, die selbstbewusst ihren Standpunkt vertreten, Netzwerker, die sich in die Gruppe einbringen und mit einer Powerpoint-Präsentation ein Auditorium fesseln können. Nur folgerichtig, dass ein wachsender Teil der Notenbildung heute über die mündliche Beteiligung, Gruppen- und Projektarbeiten und die »Präsentationskompetenz« erfolgt – womit die Schule zum Paradies für die extrovertierten Kommunikationstalente des »postindustriellen Persönlichkeitstyps« geworden ist, der auch in der Wirtschaft Erfolge feiert und den wir in Kapitel 8 kennengelernt haben.

Ganz im Gleichklang mit der Arbeitsverdichtung in der Berufswelt hat auch in der Schule der Druck auf die einzelne »Arbeitskraft« zugenommen: G8 – die Verkürzung der gymnasialen Oberstufe um ein Jahr – wurde nicht etwa als Chance aufgefasst, den unsinnigen Lernkatalog zu entrümpeln, nein, dieselbe Stoffmenge wird jetzt in die kürzere Zeiteinheit gepackt. Eine Effizienzsteigerung um 15 Prozent. Überall ist die Zahl der unterrichteten Stunden in den letzten zehn Jahren kontinuierlich gestiegen: in den Realschulen um ca. 3 Prozent, in allen anderen Schulformen um fast 10 Prozent.[243]

Die in der modernisierten Wirtschaft gewachsenen Qualifizierungsansprüche verschärfen den Druck weiter. Um jeden Preis muss der höchstmögliche Schulabschluss geschafft werden, dafür werden mittlerweile 1,1 Millionen Kinder in einem kommerziellen Nebenschulsystem unterrichtet, das seine Nutzer jeden Monat im Durchschnitt 108 Euro kostet.[244] Der Umsatz der Nachhilfebranche liegt nach Schätzungen deutschlandweit zwischen 950 Millionen und 1,5 Milliarden Euro.[245]

Kindheit, eine endlose Schulstunde

Der »neue Klang der Arbeit« – dieses Fazit können wir zum Schluss dieses Ausflugs in die Kindheit unseres Casting-Siegers ziehen – tönt bis in unsere allerprivatesten Beziehungen hinein. Mit der Modernisierung der Wirtschaft hat sich auch das Bild modernisiert, das sich Eltern von ihren Kindern machen. Und das sie sich von sich selbst als Eltern machen.

Genauso wie der Geist des Coachings in die Firmen Einzug gehalten hat und mit ihm die Idee der permanenten Verbesserung, der Exzellenz, der immer neuen Höchstleistungen, so sind auch die Eltern letztlich zu Coaches geworden: Sie entwickeln systematisch die Fähigkeiten ihres Kindes, vermitteln ihm die richtige Einstellung, richten es nach Misserfolgen auf, pusten seinen Selbstwert auf, setzen Ziele, motivieren und fördern.

Dass Eltern für ihre Kinder ein Programm haben, mit dem sie diese in eine ihrer Meinung nach verheißungsvolle Zukunft steuern, ist nichts Neues. Trotzdem besaßen Kinder seit jeher Freiräume, um dem ureigenen Förderprogramm zu folgen, das für eine gesunde seelische Entwicklung schlichtweg nicht verhandelbar ist: das selbstbestimmte Spiel unter ihresgleichen. Diese Freiräume werden heute kleiner und kleiner, weil Eltern überzeugt sind, dass ihr Nachwuchs *üben* müsse, um den Herausforderungen des modernisierten Kapitalismus gewachsen zu sein. Die Kindheit ist jetzt die Strecke, auf der sich Kinder für den Kampf um die besten Jobs warmlaufen.

Dass die Einkürzung der Kindheit jedoch durchaus kein singulärer historischer Prozess ist, zeigt die Kulturgeschichte des europäischen Hochadels. Vom Mittelalter bis weit in die Neuzeit wurde hier die Kindheit der potenziellen Erben und Thronfolger radikal von Erwachsenen gesteuert: Sie wuchsen eingezwängt in ein pädagogisches Ganztags-Korsett von Ammen, Hofmeistern, Erziehern und Hauslehrern auf. Wer die Geschichtsbücher aufschlägt, kann sich über die psychopathologischen – und letztlich auch weltgeschichtlichen – Folgen dieser geraubten Kindheit informieren.

McKinsey und die Wirtschaft können sich freuen: Die »kleinen Forscher« werden einmal für dringend benötigtes Wachstum sorgen. Die

Innovationszyklen von Konsumgütern werden sich noch weiter beschleunigen, unser Leben wird noch bequemer werden.

Und vielleicht wird man es sogar schaffen, die Entwicklung der Kleinen noch weiter zu beschleunigen. Vielleicht lässt sich mit einem genialen Förderkonzept der Anteil derjenigen unter ihnen steigern, die das Herz ihrer Eltern höher schlagen lassen, indem sie gleich zwei Klassen auf einmal überspringen. Und warum sollte man nicht auch Kindergartengruppen überspringen dürfen? Wir könnten die Begabten unter unseren Kindern mit zwölf das Abi machen lassen, warum nicht? Ein Vorsprung von fünf Jahren, immerhin.

Vielleicht findet sich auch irgendwann ein Gen, das die peinliche Übergangszeit der Kindheit vollends eliminiert, und die Kleinen könnten schon mit acht ihre Karriere beginnen. Man müsste dann allerdings daran denken, die vor 150 Jahren erlassenen Gesetze gegen die Kinderarbeit wieder abzuschaffen. Vielleicht glückt auch die Entwicklung eines Medikaments, welches Kinder immun macht gegen Stress und Leistungsdruck. Und dazu noch ein zweites, das ihren Spieltrieb unterdrückt.

Einstweilen werden wir aber zuschauen müssen, wie mit dem Verschwinden der Kindheit auch immer mehr Kinder mit Krankheit reagieren, ganz wie das ihre hochadeligen Schicksalsgefährten taten. Dass sie scharenweise aussteigen – nicht, weil sie nicht mehr wollen, sondern weil sie, aller Förderung zum Trotz, nicht mehr können.

Wie wir in Kapitel 5 gesehen haben, streiten sich die Experten, ob die Burn-out-Welle bei Erwachsenen wirklich eine Zunahme an psychischen Erkrankungen widerspiegelt oder ob den Ärzten nur der Stift lockerer sitzt, mit dem sie die entsprechende Diagnose ankreuzen. Was unsere Kinder angeht, sind sie sich jedoch alle einig: Ja, immer mehr von ihnen leiden unter Konzentrationsstörungen, Ängsten, Depressionen und psychosomatischen Beschwerden. Nach der *BELLA-Studie* des Robert Koch-Instituts sind über 20 Prozent der Kinder psychisch auffällig.[246] Bei jedem zehnten Jungen zwischen 11 und 17 Jahren wurde mindestens einmal die Aufmerksamkeitsdefizitstörung (ADHS) diagnostiziert.[247] Der Verbrauch von Ritalin und anderen Psychopharmaka steigt in den letzten Jahren kontinuierlich an.[248]

Gleichzeitig sinkt das Erstmanifestationsalter von psychischen Erkrankungen. Der Epidemiologe Hans-Ulrich Wittchen, der im Auftrag der Europäischen Union die Verbreitung psychischer Erkrankungen verfolgt, konstatiert: »Früher war das mittlere Ersterkrankungsalter einer Depression 25 Jahre, jetzt liegt es bei 19 Jahren. Auch bei den Angststörungen rutscht das Alter etwas, bei den Suchterkrankungen sogar deutlich nach vorne. Und das hat leider Konsequenzen für seine Prognose: Je früher ein junger Mensch erstmalig erkrankt, umso höher ist die Wahrscheinlichkeit von Entwicklungsdefiziten, die sein ganzes Leben bestimmen.«[249]

Wir werden auch dafür eine Lösung finden, das Geld ist ja da. Vielleicht zwanzig Wochenstunden Spieltherapie für alle Kinder?

11. Die Krisenmacher

Was für eine Aufbruchsstimmung hatte die Leute damals erfasst, als das Industriezeitalter noch jung war!

Wie im Rausch werden Produktivkräfte freigesetzt, die das Antlitz der Erde im Handumdrehen verändern: Dörfer werden zu Städten, überall rauchen die Schlote: in den Fabriken, die jetzt aus dem Boden schießen, auf den Schienen, die das Land durchziehen, genauso auf den Meeren. Die bisher nachtdunklen Städte werden von Gaslicht hell erleuchtet, Kaufhäuser sind jetzt mehrere Stockwerke hoch und füllen sich mit Waren, die noch Jahre zuvor unbekannt waren. Jedes Jahr bringt neue Geschwindigkeitsrekorde, spektakuläre Erfindungen wie die Lithographie, mit der sich bunte Bilder drucken lassen, oder die Schnellpresse, mit deren Produkten, den Zeitungen, sich Neuigkeiten rasend schnell verbreiten. Das Zeitalter des Fortschritts ist eingeläutet, und mit ihm kommt ein überbordender Optimismus über die Zeitgenossen: Alles wird besser, jedes Jahr wird großartiger sein als das vorherige, für jedes Problem wird es irgendwann eine technische Lösung geben. Der Menschheit steht eine glorreiche Zukunft bevor.

Jetzt, am Ende des Industriezeitalters, ist von der Aufbruchsstimmung von damals nicht viel übrig. Der Schwung ist weg, das ganze Zeitalter erscheint wie auf dem Gipfel verwelkt. Und das, obwohl der Motor der Epoche, der technische Fortschritt, nie aufgehört hat zu laufen, ja, sogar auf Drehzahlen gekommen ist, die sich die Damaligen in ihren optimistischsten Fantasien nicht hätten ausmalen können.

Nach wie vor bringt jedes Jahr neu, unerhörte Erfindungen, Rekord folgt auf Rekord. Jahr für Jahr stoßen wir mehr Waren aus, Jahr für Jahr können wir mehr konsumieren – aber uns so richtig daran freuen? Können wir irgendwie nicht mehr, es fühlt sich einfach nicht mehr so, um es noch einmal mit Jürgen Klopp zu sagen, geil an.

Ein Gefühl des drohenden Unheils liegt in der Luft, wir leben im Zeitalter der Krise. Wenn wir die Ohren spitzen, meinen wir zu hören, wie die Einschläge langsam näher kommen. Wenn es gut läuft, geht es weiter wie bisher. Auch keine tolle Vorstellung.

Auf Kosten der Zukunft

Jetzt plötzlich gehen uns die Augen auf, dass wir all die Jahre auf Pump gelebt haben. Wir haben Schulden gemacht, um den Arbeitsmarkt zu stimulieren, die Wirtschaft zu entlasten, das Wachstum anzukurbeln. Und erst recht haben das die Tigerstaaten an der europäischen Peripherie getan, das Geld war ja da, man musste es bloß ausgeben. Tausend Kilometer Küste wurden zubetoniert, noch die letzte Bucht musste ihre Hotelanlage bekommen, jedes Dorf seinen Flughafen, die Banker finanzierten alles und wandelten es in Boni um. Nur mehr davon, immer mehr, auf dass es nie aufhören möge! Jetzt aber, auf einen Schlag, sind die Schulden toxisch geworden. Wir merken, wir haben ein paar Schlucke zu viel aus der Pulle genommen.

Wir haben das Wachstum zulasten der nächsten Generationen fremdfinanziert, und genauso haben wir auch auf Kosten der Umwelt gelebt. Wir haben das CO_2 von Millionen Jahren rausgepustet, weil es sich damit so schön bequem und billig leben ließ. Langsam dämmert uns, dass wir jetzt die Rechnung serviert bekommen. Natürlich werden wir es schaffen, eine technische Lösung zu finden, bevor die Welt in einem Treibhaus verschmort, werden lernen, CO_2 aus der Atmosphäre zu extrahieren, und wahrscheinlich wird sogar der Tag kommen, an dem sich die Leute um die Stoffe und Materialien streiten, die daraus gemacht werden können.[250] Der Weltuntergang wird ausbleiben, aber so viel ist sicher: dass es von nun an teurer wird. Wie man es dreht und wendet: Die Zeiten sind endgültig vorbei, in denen wir unbegrenzt auf Kosten der Umwelt leben konnten. Wir müssen auf Entzug.

Und noch ein anderer Entzug steht an, eine andere Art von Zukunftsentzug: Nachwuchsentzug. Seit die aufstiegsorientierte Mittelschicht den Arbeitsplatz als den Ort entdeckt hat, an dem sie ihren beiden Lebenszielen – Geldverdienen und Selbstverwirklichung – gleichermaßen nachgehen kann, passen Kinder nicht mehr so recht ins Konzept. Nicht nur, weil der Beruf so wenig Zeit und Energie übrig lässt. Kinder sind jetzt, wie es Meinhard Miegel ausdrückt, »zu Konkurrenten im Kampf um eine schickere Wohnung, ein größeres Automobil, eine glanzvollere Karriere geworden«.[251] Mit dem gestiegenen

Lebensstandard gibt es so viele Optionen auf ein gutes Leben, dass Kinder an Attraktion verloren haben, und die Zeit, sich um sie zu kümmern, ist auch nicht mehr vorhanden. Kinder zu bekommen heißt, Konsumpotenzial zu verschenken, vom Selbstverwirklichungspotenzial ganz zu schweigen.

Das lässt sich nicht nur in Deutschland beobachten. In allen Gegenden der Welt bleiben die Kinder aus, sobald das industrielle Wachstumsfieber um sich greift – und das sind immer mehr. Es scheint sich geradezu um ein Naturgesetz zu handeln: Sobald Menschen ein bestimmtes Konsum- und Bildungsniveau erreicht haben und ihnen damit mehr Optionen bei der Gestaltung ihres Lebens, bei der Wahl ihrer Rollen und der Befriedigung ihrer Bedürfnisse zur Verfügung stehen, werden Kinder von einer Selbstverständlichkeit zu einem Luxusprodukt. Reich an Kindern sind zunehmend nur noch die, die arm an Ressourcen, Bildung und Optionen sind, die Unterschicht also. Und genauso die Oberschicht, die sich den Kindersegen, wie jeden anderen Luxus auch, leisten kann. Berücksichtigt man nur die deutsche Mittelschicht und rechnet die Lehrerinnen und sonstige im öffentlichen Dienst Beschäftigte heraus (die durch ihre berufliche Absicherung die besten Bedingungen zum Kinderkriegen vorfinden), kommt man auf Geburtenraten, die alle Negativrekorde brechen.

Das Gesetz der mit den Aufstiegschancen nachlassenden Gebärfreudigkeit gilt selbst im kinderreichen Afrika, wo mit dem Aufstieg der Mittelschicht die Fruchtbarkeitsraten absinken. Die Bevölkerungsexplosion, die noch vor Kurzem als *das* Schreckgespenst der Menschheit daherkam, hat sich mit der Ankunft der im Überfluss lebenden Selbstverwirklicher innerhalb eines halben Jahrhunderts erledigt. Schon bald werden viele Staaten sehen müssen, wie sie mit einer immer kleiner werdenden Bevölkerung zurechtkommen. Wie die schrumpfende Welt aussehen wird, lässt sich ansatzweise schon heute in Deutschland besichtigen: Die Menschen rücken in den Städten zusammen, das Land drum herum entvölkert sich. Fünf Prozent des deutschen Waldes sollen nach dem Willen von Angela Merkel wieder zu Urwald werden, der Wolf ist bereits zurück, bald werden die Bären folgen.

Eigentlich keine schlechte Vorstellung, irgendwie romantisch. – Nur, dass eben die Kinder fehlen. Vielleicht mit ein Grund, warum die Welt immer älter und müder geworden ist.

Ein Grund auch, warum wir uns noch mehr der Arbeit verschreiben müssen; denn die leeren Kindergärten ziehen auch leere Rentenkassen nach sich. Wir haben uns das Kinderkriegen verkniffen, um möglichst viel arbeiten zu können, mit dem Ergebnis, dass wir in Zukunft noch mehr arbeiten müssen. Auch die Kinderkrise ist im Grunde eine Schuldenkrise.

Banker-Bashing?

Hierzulande sind die Folgen der Schuldenkrisen zwar durch eine ungeahnte kleine Wirtschaftswunder-Warmzeit abgemildert, die meisten unserer europäischen Nachbarn erleben sie allerdings gerade in voller Wucht und hautnah.

Doch wer hat uns das alles eigentlich eingebrockt?

Die unproduktiven Südländer, die nicht haushalten können und lieber Siesta und Bunga Bunga machen? Die korrupten Griechen, die auch noch im Leben nach dem Tod als Karteileiche Rente kassieren und EU-Gelder in nicht existenten Sumpfgebieten versickern lassen?

Die Regierungen, die munter Schulden auf Schulden gehäuft haben, um das Wachstum anzukurbeln?

Mit dabei waren mit Sicherheit die gierigen Banker, die für ihren Bonus unter unseren Augen ein Schneeballsystem aufgezogen haben, immer schön in die eigene Tasche, bezahlen tun am Ende die Doofen: die Steuerzahler. Dass die Rechnung tatsächlich aufgegangen ist, ist das Haarsträubendste an der ganzen Geschichte.

Also Banker-Bashing, wie es zurzeit in Mode ist?

Ein paar Zeilen dürfen es schon sein: Die Finanzbranche war es, in der die Kultur der Gier ihre hässlichsten Blüten trieb. Sie war das Einfallstor für die aus den USA und Großbritannien kommende Ideologie des Neoliberalismus, mit seiner devoten Fixierung auf den effizienten, sich angeblich selbst steuernden Markt. Eine Denke, die in den amerikanischen Business Schools kultiviert wurde, über deren Ableger nach

Europa kam und von der Finanzbranche begierig aufgesogen wurde. Das Investmentbanking wurde zum Motor der Umstrukturierungswelle der achtziger und neunziger Jahre und entwickelte eine magische Anziehungskraft auf die Karrieristen, Egoisten und Psychopathen[252] jeder Jahrgangsstufe. Nach und nach reicherten sich in der Branche Gier und Gewissenlosigkeit in einem Maß an, dass sie am Ende zur sozialen Norm wurden. Allein im Jahr 2007 zahlte Goldman Sachs (Mission Statement: »Integrität und Ehrlichkeit sind das Herz unseres Geschäfts«) seinem Führungspersonal gut 20 Milliarden Dollar an Boni – für Bemühungen, die ganz explizit darin bestanden, die Kunden zu betrügen, indem Risiken durch »Umpacken« vor ihnen versteckt wurden. »Alle Umpacker in den USA zusammen dürften auf diese Weise in den letzten fünf Jahren sicherlich die Summe von 1000 Milliarden abgezweigt haben«, schreibt das *Manager Magazin* 2009 unter dem Titel »Der größte Bankraub aller Zeiten«.[253] Genau diese Banker waren es auch, die den korrupten Eliten in Athen mit Rat und Tat halfen, ihre Schulden zu verstecken, um auf diese Weise am europäischen Steuerzahler zu verdienen.

Ja, das Böse hat einen Namen, eine Anschrift und eine Telefonnummer – um es mit Bertolt Brecht zu sagen.

Was aber leider nur die halbe Wahrheit ist. Denn die gierigen Banker sind wie der Blutzuckeranstieg beim Diabetes: eine lästige (und gefährliche) Begleiterscheinung, aber nicht die Ursache (die im Fall von Diabetes im Bewegungsmangel und einer ungünstigen Ernährung liegt). Vergessen wir nicht, dass viele der neoliberalen Exzesse erst durch die Deregulierung der Neunziger möglich wurden. Die deutschen Banken wurden von Politikern regelrecht bedrängt, ihr risikoscheues Geschäftsgebaren aufzugeben, um den Rückstand des Finanzplatzes Deutschland gegenüber London und New York endlich aufzuholen.[254]

Nicht nur von der Politik wurden sie gedrängt, auch von den Anlegern. Wir haben uns in die Party-Stimmung der Neunziger ja im ersten Kapitel bereits eingeklinkt: Greenspan hatte den Geldhahn aufgedreht, und alle wollten – natürlich – dabei sein. Ein ganzes Volk wurde zu Spekulanten, keiner wollte beim großen Fressen an der Seitenlinie stehen (auch der Autor nicht). Auf die Banker zeigen, heißt oft, sich selber meinen.

Und die südeuropäischen Länder? Mit billigem Geld überschüttet, wie sie wurden, haben sie im Grunde auch nichts anderes getan als die zum Anleger transformierten Normalbürger: das Geld dahin gesteckt, wo es am meisten Rendite verspricht. Also in die Hotelanlage am Strand.

So sehr unsere Krisen von Bankern ausgelöst und geschürt wurden – es sind keine Bankerkrisen.

Unsere (Krisen-)Macher

Unsere Krisen sind letztlich *Casting-Krisen*. Wir haben uns schlicht die falsche Elite gezüchtet, weil wir beim gesellschaftlichen Casting die falschen Kriterien angelegt haben. Und damit sind wir wieder beim Homo guttenbergensis. Genau die Eigenschaften, die ihm zum Sieg bei den Casting-Turnieren verholfen haben, sind die Treibsätze hinter den Krisen.

Leistungsbereitschaft, Ehrgeiz, Motivation? Allzu oft steht dahinter Gier und Maßlosigkeit, die nicht nach Sinn und Zweck fragt, sondern nur nach dem persönlichen Vorteil.

Extraversion, Kommunikationsfreude, Brillanz? Allzu oft versteckt sich dahinter Selbstdarstellung, Fassadenbau und Hochstapelei. Die Kernkompetenz des Homo guttenbergensis ist zuallererst das Windmachen.[255]

Selbstsicherheit, Durchsetzungsfähigkeit? Allzu oft nur das Deckmäntelchen für Selbstüberschätzung, Unfähigkeit zur Selbstkritik, Gefühllosigkeit gegenüber anderen.

Schnelligkeit, Dynamik, Effizienz? Bei näherem Hinsehen mangelnde Sorgfalt, gedankenlose Rastlosigkeit, Unfähigkeit zum Zweifel. Die Bush-Regierung präsentierte bereits wenige Tage nach dem Anschlag auf das World Trade Center Saddam Hussein als den Schuldigen und bereitete den Krieg mit dem Irak vor. Sorgfältige Analyse? Abwägen der Folgen? Nein: Reinschlagen! Aktionismus! Hauptsache, es wird etwas getan. Die Folge: 134 000 tote Iraker, davon 100 000 Zivilisten, fast 5 000 getötete und Zehntausende traumatisierte US-Soldaten, Kosten in Höhe von 3 Billionen US-Dollar,[256] die Amerika über Jahre und

Jahrzehnte strangulieren, von den moralischen Verheerungen ganz abgesehen: Folter und Schändung, Abu Ghraib, Guantanamo, die über das Land der Menschenrechte Schimpf und Schande gebracht haben.

Manager-Casting

Im Gegensatz zum amerikanischen Politiker-Casting, das einen Mann wie Bush hervorbringen konnte, läuft das Casting in den Firmen ohne Kameras und Konfettiregen ab. Das Ziel ist nicht, einen Typen zu finden, der möglichst viele Wähler für sich einnimmt, sondern eine »Führungskraft«.

Was aber macht eine gute Führungskraft aus? Die Antwort gibt die Management- und Organisationsberaterin Theresia Volk in ihrem Buch *Unternehmen Wahnsinn:* Ein guter Führer ist jemand, »der mit seinem Können und seiner Initiative der Gruppe bei ihrem Vorhaben am meisten helfen kann«.[257] Genau so jemand sollte also vom unternehmensinternen Casting-System ausgewählt werden.

Nun, die Realität sieht anders aus: Wie wir in den Kapiteln 8 und 9 gesehen haben, kommt bei den Beförderungsturnieren der Firmen derjenige nach oben, der Eindruck macht – derjenige also, der die nötigen Guttenberg-Faktoren mitbringt: Eloquenz, Kommunikationstalent und Extraversion. Aussortiert werden die Stillen und Zurückhaltenden. (Und mit den Menschen – zu denen über ein Drittel der Bevölkerung gehört – werden auch deren Ideen aussortiert. In ihrem Buch *Still. Die Bedeutung der Introvertierten in einer lauten Welt* schreibt Susan Cain deshalb völlig zu Recht: »Wenn wir davon ausgehen, dass stille und laute Menschen in etwa dieselbe Anzahl an guten oder schlechten Ideen haben, dann sollte der Gedanke, dass nur die lauteren und energischeren Menschen sich durchsetzen, uns aufhorchen lassen.«[258])

Der wahrscheinlich wichtigste Erfolgsfaktor im unternehmensinternen Casting ist aber: demonstrative Selbstsicherheit. Dass zwischen Selbstsicherheit und Selbstüberschätzung nur ein schmaler Grat verläuft, wurde schon angesprochen, soll aber noch ein bisschen näher beleuchtet werden:

In den USA glauben 94 Prozent der College-Lehrer, dass sie überdurchschnittlich gute Pädagogen sind. Zwischen 80 und 90 Prozent der Menschen halten sich für überdurchschnittlich intelligent. Und 84 Prozent der französischen Männer sind davon überzeugt, dass sie überdurchschnittlich gute Liebhaber seien[259] (bei den Deutschen dürften es nicht weniger sein). Befunde, wie sich auf den ersten Blick erkennen lässt, die in eklatantem Widerspruch zu der mathematischen Grundregel stehen, wonach sich immer nur exakt die Hälfte einer Gruppe oberhalb (oder unterhalb) eines »Durchschnitts« (genauer: Medians) befindet.

Selbstüberschätzung scheint demnach schon fast normal zu sein. Nur Depressive schätzen sich realistisch ein.

Der Psychopath als Hoffnungsträger

In einer Übersichtsarbeit zum Stand der Forschung zum Thema »Selbstüberschätzung« schreibt der Leiter der Friedrichshafener Zeppelin Universität, Stephan A. Jansen, im Wirtschaftsmagazin *Brand eins:* »Das Problem von Karrieren ist die Überzuversicht des Kandidaten und die Unausweichlichkeit, mit der er in den Beförderungsturnieren siegt.«[260] Jansen zeigt, dass der Prototyp des Top-Managers tatsächlich eine Extremvariante einer selbstsicheren Persönlichkeit darstellt, die fließende Übergänge zu Narzissmus, Selbstherrlichkeit und Psychopathie aufweist. »Überzuversichtliche, selbstverliebte Manager werden durch genau diese Eigenschaften erst zu Top-Managern.«[261]

Wie diverse Studien belegen, tummeln sich in Führungsetagen überproportional viele Psychopathen,[262] welche sich – neben ihrem Charme und ihrer Manipulationsgabe – durch grandiose Selbstüberschätzung und kritiklose Selbstsicherheit auszeichnen. Ihr ungebremster Egotrip ist gerade ihr Trumpf: Da sie nur sich selber sehen und für andere keinerlei Empathie aufbringen, fühlen sie sich auch der Rücksichtnahme auf die Gefühle anderer enthoben. Sie sind dadurch freier in ihren Entscheidungen und gehen Risiken kompromissloser und kaltblütiger ein. Eine Risikoneigung, von der Firmen durchaus profitieren können, die aber genauso das Rezept fürs Verderben sein kann. Eine Studie konnte zeigen, dass Top-Manager mit ausgeprägter Überzuversicht bei Firmenzukäufen dazu neigen, Umsatz zu teuer einzukaufen – und ihre Firma mit größerer Wahrscheinlichkeit in die Pleite bringen.[263]

Je unsicherer die Situation eines Unternehmens, umso eher werden bei Stellenbesetzungen in den Führungsetagen charismatische Narzissten bevorzugt.[264] Denn in schwierigen Lagen wächst die Sehnsucht nach Sicherheit – die ein überzuversichtlicher und hyperdominanter Charismatiker wie ein Versprechen vor sich her trägt. In diesem Punkt funktionieren Unternehmen nicht anders als die Gesellschaft draußen: Nur eine zutiefst verunsicherte Weimarer Republik konnte einen Hitler aufs Schild heben.

Funktionsadäquate Schädigungen

Die Selektion der problematischen Charaktere in die Top-Positionen hat auch mit den Extremanforderungen zu tun, die dort gestellt werden. »Erfolg haben die Härtesten, nicht die Besten«, sagt der Vorstand des Berliner Think-Tanks »Stiftung Neue Verantwortung«, Tobias Leipprand, der an einer Studie über die Einstellungen deutscher Top-Manager mitgearbeitet hat.[265] »Den enormen Druck aushalten zu können – das wird zunehmend zum Auslesekriterium für Führungskräfte. Nur wer auf Dauer 18-Stunden-Tage aushält, kommt nach oben.«

Der Druck besteht nicht nur in der zeitlichen Belastung, sondern auch in der psychischen. Wer sich im Biotop Führungsetage bewegt, verfügt in aller Regel nur über wenige vertrauensvolle Beziehungen, auf die er sich stützen kann, mit den Kollegen verbinden ihn eher strategische Partnerschaften und Bündnisse auf Zeit als echte Freundschaften. Wer es so weit gebracht hat, blickt auf einen langen Weg als Kämpfer zurück, auf dem man weder beim Austeilen noch beim Einstecken zimperlich sein durfte. Ein Weg, auf dem auch die Kunst der geschickten Unterordnung und des Überstehens von Dominanzritualen beherrscht sein will.

»Die Führungskraftformung geschieht zu großen Teilen über Demütigungen«, schreibt Theresia Volk, »im Grunde so, wie verwahrloste

Jugendliche in marodierenden Banden sich ihre Jungen heranziehen. Wer so viel durchmacht und aushält, der hat sich natürlich auch etwas verdient.«[266] Kein Wunder, dass viele der oben Angekommenen ihr Gehalt als Schmerzensgeld bezeichnen – das angesichts der erlittenen Qualen nicht hoch genug sein kann.

Wer unter solchen Bedingungen funktionieren will, muss den unbedingten Willen zur Macht mitbringen, muss die Isolation aushalten, die Beziehungen mit sich bringen, die durch ein Machtgefälle verfälscht sind, muss Kritik an sich abperlen lassen können, mental unabhängig von der Meinung anderer sein sowie eine seelische und körperliche Robustheit mitbringen oder entwickeln, die an Indolenz grenzt – und damit über Eigenschaften verfügen, die weit außerhalb der normalen Bandbreite liegen. Theresia Volk spricht in diesem Zusammenhang von einer »funktionsadäquaten Schädigung«, das heißt, von einem Zustand, den man mit Fug und Recht als soziale Verwahrlosung bezeichnen kann, der aber im Kontext des Systems funktional ist. Ohne sein gepanzertes, hypertrophes Ego wäre der Betroffene zum Scheitern verurteilt.

In diesem Dilemma liegt auch das Dilemma unserer ganzen Gesellschaft. Natürlich können wir (und sollen wir) mit dem Finger auf alle zeigen, die uns die Krisen und Skandale eingebrockt haben. Die die Kartenhäuser gebaut und bedenkenlos mit der Zukunft gezockt haben.

Aber letztlich springen wir damit zu kurz. Denn dass sie das Ding an die Wand gefahren haben, folgt einer fast naturgesetzlichen Zwangsläufigkeit, die sich aus der Logik des Systems ergibt – an dessen Spielregeln wir als Gesellschaft aber selber mitgewirkt haben. Ohne neue Spielregeln wird alles beim Alten bleiben. Und wir die Sklaven (und zahnlosen Kritiker) der Krisenmacher.

12. Neue Chancen?

Alles geht den Bach runter. Modernisierung heißt: gesellschaftlicher Verfall. Individualisierung: Entwurzelung, Bindungslosigkeit, Hedonismus.

Verfolgt man die Äußerungen gesellschaftskritischer Kommentatoren, kommt schnell das Gefühl auf: Alles ist verloren, es ist nur noch eine Frage der Zeit, bis wir die Klippe herunterstürzen, auf die wir zurennen. Erderwärmung, Islamismus, Euro-Crash – an Krisen herrscht kein Mangel.

Wir leben in einer apokalyptischen Zeit, und die Parallelen zur christlichen Zeitenwende, die das als Apokalypse bezeichnete Schriftstück einst hervorgebracht hat, sind nicht zu übersehen. Auch damals war die Welt – die des alten Rom – übersättigt und ausgehöhlt in ihrer Fixierung auf Status, Luxus und Zirkusspiele. Vor lauter Überfluss hatte sie sich buchstäblich überflüssig gemacht. Frei flottierende Sehnsüchte nach einer Welt jenseits des Konsums und Statusstrebens wurden immer mächtiger und sollten letztlich von einer Sekte von Asketen befriedigt werden, die sich auf einen Gekreuzigten mit Namen Jesus berief.

Auch ich habe in diesem Buch steile Thesen formuliert: Abschaffung der Kindheit. Ende der Aufklärung. Arbeit als Zivilisationskrankheit. Auch ich habe die drohende Gefahr beschworen, die Risiken benannt, ja, den Teufel an die Wand gemalt. Ich habe vor falschen Weichenstellungen gewarnt, vor möglichen Entgleisungen und, wie der Essayist das gerne macht, mich des Stilmittels der Übertreibung bedient: Wer vor einem gefährlichen Weg warnt, darf ausmalen, wohin er führen könnte.

Die Welt in Graustufen

Die Risiken zu benennen (und vielleicht ein bisschen zu überzeichnen), heißt aber nicht, alles als schlecht, gefährlich und verrottet zu etikettieren. Oder gar mögliche Auswege und Chancen kleinzureden.

Ja, wir sind in Gefahr, unseren Kindern mit dem freien Spiel auch ihre elementarsten Entwicklungsmöglichkeiten wegzunehmen und ihre

Kindheit in ein pädagogisch-didaktisches Protektorat zu verwandeln. Aber gleichzeitig – so ist die Welt – gibt es von unseren Kindern auch Positives zu berichten: Viele von ihnen wachsen heute in einer gesünderen Beziehungswelt auf als die meisten in den Generationen vor ihnen. Ich gebe das Wort kurz an meinen Bruder (den Sie ja inzwischen schon kennen) und seinen Koautor, den Hirnforscher Gerald Hüther. In ihrem Buch *Wie Kinder heute wachsen* schreiben sie über die Generation unserer Eltern: »Da waren Kriegs- und Nachkriegswirren, da waren traumatisierte Eltern, da herrschte Zwang und Erniedrigung in der Erziehung. Missbrauch und Misshandlung waren beileibe nicht auf Klöster und Schulen beschränkt. Wir haben Land gewonnen in den letzten ein, zwei Generationen, Beziehungs-Land. Die Kinder sind heute sicherer und selbstsicherer, und die meisten jungen Menschen sind bindungsfähiger als die Kinder in früheren Generationen, Scheidungsstatistiken hin oder her. Generation Porno? Nein – noch nie sind junge Menschen insgesamt verantwortungsvoller und rücksichtsvoller mit Sexualität umgegangen.«[267]

Die Rede vom gewonnenen Land gilt auch für uns Erwachsene: Wir haben mit der Kulturrevolution der 68er ein kulturelles Erbe mit auf den Weg bekommen, das uns unabhängiger gemacht hat von dumpfen Autoritäten und Hierarchien, wir haben Freiheitsgrade im Denken und im Gestalten unseres Lebens bekommen. Freiheitsgrade durch mehr Wissen, durch echten Fortschritt in der Erkenntnis über uns Menschen, mehr Wissen auch über unsere Umwelt und was sie schützt und schädigt.

Noch nie war unsere Gesellschaft, trotz aller Nazi-Umtriebe, so offen – der Generation Couchsurfing sei Dank. Die Welt ist nicht schwarzweiß, sondern enthält auch alle Graustufen und Farbtöne dazwischen. Und Toleranz ist erst einmal ein Zeichen seelischer Gesundheit.

Schon richtig, manches *ist* schlechter geworden. Und es gibt immer noch Leid, Elend, Ungerechtigkeit, himmelschreiende Schicksale, die an einem guten Gott zweifeln lassen.

Aber vieles ist auch besser geworden. Vieles in meinem Leben als Einzelner und vieles in unserem Leben als Gesellschaft ist richtig und einfach *gut,* und wer einen Gott hat, hat Grund, ihn zu loben und zu preisen.

Und manchmal sind das Gute und das Schlechte nur die beiden Seiten ein und derselben Medaille. Das Schlechte ist dann schlicht der Preis, den wir für das Gute bezahlen müssen. Und das gilt, um wieder auf die Apokalypsen zurückzukommen, auch für den Prozess der Individualisierung, der treibenden Kraft (und gleichzeitig dem Resultat) der historischen Entwicklungsphase der Moderne. Ja, wir zahlen dafür einen Preis (und in diesem Buch wurde er schon öfter benannt). Aber Individualismus ist nicht per se schlecht. Das individualisierte, freie, vereinzelte Individuum dürfte seelisch gesünder sein als jedes Mitglied einer der repressiven patriarchalischen Clangesellschaften, die ihre Kinder in heilige Kriege schicken (und zu genau denen auch, über viele Jahrhunderte, unser christliches Abendland gehörte).

Von diesem Modell haben wir uns aus gutem Grund abgewendet. Unsere moderne Welt ist nicht über uns gekommen wie ein Schicksalsschlag, sondern es ist die Welt, die wir uns gebaut haben, weil wir in dieser Welt leben *wollen* – auch wenn wir den Preis gerne etwas drücken würden.

Zurück? Weiter so?

Selbst wenn sich das Rad der Individualisierung zurückdrehen ließe, wie das in Krisenzeiten immer wieder attraktiv erscheint: Wir würden es, käme es darauf an, gar nicht übers Herz bringen. Weil wir nämlich zu viel Liebgewonnenes verlieren würden. Weniger Erkenntnisse? Weniger Wissen? Weniger Lusttechnologien? Es wäre wie eine Selbstamputation. Selbst wenn wir wollten – wir würden das Messer immer wieder sinken lassen.

Noch kein Anthropologe ist bei »seinem« Stamm geblieben für immer. Melvin Konner, der das Leben der !Kung zwei Jahre geteilt hat, der so tief berührt und beeindruckt war von der Art, wie sie die Welt als »gebenden Ort« empfinden – auch er ist am Schluss in die amerikanische Ostküstenzivilisation zurückgekehrt.

Es gibt kein Zurück.

Aber es gibt auch kein Weiter-so. Zu dieser Erkenntnis haben ausgerechnet die Krisen der letzten Jahre beigetragen: New Economy-,

Lehman-, Schulden-, Eurokrise. Auch wenn sie auf den ersten Blick noch so sehr als Wirtschaftskrisen daherkommen, so spüren immer mehr Menschen, dass sich dahinter eine viel tiefere Krise verbirgt, eine grundsätzliche Krise unserer Werte, unseres Lebensmodells. Eines Lebensmodells, das eine Wirtschaft als gesund bezeichnet, wenn deren Mitglieder im Konsumrausch Ressourcen, Energie, Rohstoffe und Zukunftsperspektiven verjubeln. Und das in die Krise stürzt und *krank* wird, wenn gespart wird, wenn mit den knappen Gütern dieser Erde gehaushaltet wird. Die Krisen sind zum Nährboden geworden für die Sehnsucht nach einem Leben, in dem die Wirtschaft wieder den Platz einnimmt, der ihr zusteht: den des Dieners des Menschen und nicht den einer überdrehten Diva, die sich ungefragt in den Vordergrund drängelt. Sie ist eine Nervensäge.

Die Krisen des noch jungen Jahrhunderts sind auch die Chancen dieses Jahrhunderts.

Mehr Wachstum?

Bei immer mehr Menschen setzt sich die Idee durch, dass Wohlstand etwas anderes ist als der »Wohlstand« der fünfziger Jahre. Selbst in der Politik werden Zweifel an der Logik des zwanghaften Wachstums laut. Eine parteienübergreifende Enquete-Kommission des Bundestags arbeitet – wenn auch erwartungsgemäß ohne konsensfähiges Ergebnis – seit zwei Jahren daran, einen »ganzheitlichen Wohlstands- und Fortschrittsindikator« zu entwickeln, mit dem unser Wohlstand und dessen Wachstum besser als mit dem »Bruttoinlandsprodukt« quantifiziert werden könnte, etwa durch den Einschluss sozialer und Umweltparameter.[268]

Die Grenzen des Wachstums sind wieder Thema. Während sich die vom Club of Rome angestoßene Diskussion der Siebzigerjahre ganz um exponentielle Wachstumskurven drehte, geht es heute um umgekehrt exponentielle Kurven – solche also, die sich asymptotisch einer Grenzlinie nähern: die berühmte Funktion des abnehmenden Grenznutzens. Beispiel Gesundheit: Nach Jahrzehnten der stetigen Verbesserung des Gesundheitszustandes der Bevölkerung nähert sich der Zusammenhang zwischen Wachstum (und damit Aufwand) und dem damit erreichten Zugewinn an Gesundheit der Nulllinie. Immer mehr Geld erzeugt immer weniger Wirkung.[269]

Beim Glück genauso: Während sich die Verbesserung der materiellen Verhältnisse eines Landes anfänglich in einer höheren Zufriedenheit der Bevölkerung niederschlägt, flacht sich diese Kurve mit steigendem Wohlstand zunehmend ab und hat in den Industrienationen längst ihren horizontalen Plafond erreicht: Das Bruttoinlandsprodukt mag steigen, wie es will, das »Bruttozufriedenheitsprodukt« ist davon unberührt.[270]

Das »Prinzip der abnehmenden Erträge« gilt inzwischen auch für das Wachstum selber: Es bedarf eines immer höheren Einsatzes an Ressourcen, um noch ein weiteres Prozentchen aus der Wachstumskurve herauszuquetschen. Nachdem wir seit zwei Jahrhunderten »Fortschritt« immer mit Wirtschaftswachstum gleichgesetzt haben, bricht sich nun langsam die Erkenntnis Bahn, dass sich die beiden Konzepte längst voneinander entkoppelt haben. Dass Fortschritt nicht mehr im Wachstum liegen kann, da sein inneres Prinzip, das des »immer mehr«, schlicht nicht *intelligent* ist, weil es nämlich einen logischen Fehler enthält: Wenn wir mehr kaufen und produzieren, dann heißt das erst einmal, dass Ressourcen *verbraucht* werden, die Welt also ärmer wird – trotzdem macht das Bruttoinlandsprodukt einen Freudensprung. Wenn wir fressen, geht das ins BIP ein, und genauso tut das auch das Diätpaket zum Abspecken. Bulimie als Geschäftsmodell, Konsumieren und Wegwerfen, ex und hopp.

Langsam kriecht die Überzeugung in die Hirne: Wir brauchen nicht *mehr,* sondern *besser.* Der stetige Ausbau der Öko-Landwirtschaft zeigt, dass eine Produktion mit Nachhaltigkeitsfaktor möglich ist und dass es gelingen kann, die dumpfe Logik des Einwegsystems zurückzudrängen, die insbesondere bei der »Nutztier«-Haltung unserer Selbstdefinition als zivilisierte Wesen Hohn spricht.

Eine Gesellschaft fliegt auseinander

Die Probleme unserer Gesellschaft – mangelnde Bildung, Armut, Drogen, Kriminalität etc. – sind nicht deshalb so hartnäckig, weil es uns an Wirtschaftskraft mangeln würde, also letztlich am Geld. Sie sind deshalb so scheinbar übermächtig vorhanden, weil unsere Gesellschaft nicht genug Gerechtigkeit zu bieten hat.

Die beiden US-amerikanischen Epidemiologen Richard Wilkinson und Kate Pickett führen in ihrem akribisch recherchierten Buch *Gleichheit ist Glück*[271] den Nachweis, dass die sozialen Probleme einer Gesellschaft naturgesetzlich größer werden, wenn die Schere zwischen Arm und Reich aufgeht. Und das tut sie, auf der ganzen Welt und genauso auch hierzulande: Das verfügbare Nettoeinkommen des obersten Zehntels war vor zehn Jahren noch 3,4-mal so hoch wie das des untersten Zehntels – heute liegt dieser Quotient bei 4 zu 1.[272] Wir stehen damit im internationalen Vergleich rein zahlenmäßig nicht einmal schlecht da, und neuesten Angaben zufolge hat sich die Einkommensdifferenz in den letzten Jahren sogar wieder etwas verringert.[273] Trotzdem geht der langfristige Trend in die falsche Richtung.

Das gilt vor allem, wenn wir die Entwicklung an den Rändern betrachten: Während sich am unteren Rand die Armut verfestigt, explodieren ganz oben die Einkommen. Gegenüber dem Jahr 2000 sind die verfügbaren Einkommen des untersten Zehntels der Bevölkerung um 10 Prozent abgesunken, im gleichen Zeitraum legten die obersten 10 Prozent um 15 Prozent zu.[274] In der zweiten Hälfte der Achtzigerjahre verdiente der Vorstand eines Dax-Unternehmens im Schnitt 14-mal so viel wie ein durchschnittlicher Angestellter, heute liegt dieser Quotient beim 54-Fachen.[275]

Begründung? Mit der Globalisierung ist das Rad nun einmal größer geworden, und damit auch das Absturzrisiko für jede einzelne Firma. Daran mag durchaus etwas dran sein: Die Zahl der Unbekannten ist im heutigen Hyperkapitalismus definitiv gestiegen. Aber das Risiko für den einzelnen Manager? In Wirklichkeit hat sich die Elite vom Leistungsprinzip komplett freigestellt, und wer heute eine Top-Position besetzt, ist gegen alle Eventualitäten abgesichert: Wenn es gut läuft, lässt man sich mit Boni überhäufen, wenn nicht, ist man mit goldenen Fallschirmen, Aktienoptionen und Rentenzusagen so abgesichert, dass die Rede vom »Risiko« im Grunde eine Beleidigung für alle Angestellten ist, die von jetzt auf gleich ihren Job verlieren können.

Während das Wachstum der Ungleichheit bei der Einkommensverteilung eine Pause eingelegt zu haben scheint, geht die Schere beim Vermögen mit unverminderter Dynamik auf. Nach dem »Armuts- und Reichtumsbericht der Bundesregierung« hat sich das Vermögen der Deutschen nach der Finanzkrise wunderbar erholt, allein zwischen 2007 und 2012 kamen 1,4 Billionen Euro dazu. Innerhalb der letzten 20 Jahre weist die Statistik eine glatte Verdoppelung des Vermögens aus. Die Zahl der Vermögensmillionäre ist auf 920 000 angestiegen. Die hohen Zuwachsraten gelten aber leider auch für die Ungleichheit: Während sich noch im Jahr 1998 etwa 45 Prozent des Vermögens in der Hand der vermögensstärksten 10 Prozent der Haushalte befanden, waren es 2008 schon 53 Prozent, heute liegt der Wert bei 61 Prozent.[276]

Rückkehr der Klassengesellschaft

Das eigentliche Gerechtigkeitsproblem liegt aber gar nicht in der Verteilung der Güter, sondern betrifft die Chancen des Einzelnen, seine Position zu verbessern; Sozialwissenschaftler sprechen diesbezüglich von sozialer Mobilität. Und diese Chancen sind immer kleiner geworden. Nach einer Untersuchung der Vodafone Stiftung ist in kaum einer anderen modernen Gesellschaft die Chancengleichheit so gering wie in Deutschland.[277] In den etwas verschwurbelten Worten der Stiftung klingt das so: »Es zeigen sich stärkere Verharrungstendenzen insbesondere am unteren Ende der gesellschaftlichen Hierarchie.«

Man kann es auch deutlicher sagen: Wer einmal unten ist, bleibt unten. Auch das arbeitgebernahe Institut der deutschen Wirtschaft (IW) in Köln stellt fest, dass es zwei Drittel der Menschen im unteren Segment nicht mehr schaffen, in eine höhere Einkommensklasse aufzusteigen. 40 Prozent der Ungleichheit im individuellen Arbeitseinkommen, so die IW-Forscher, lassen sich direkt durch den Familienhintergrund erklären.

Die Gewinner und Verlierer schotten sich zunehmend in ihren eigenen Milieus voneinander ab. Die Oberschicht sowieso, aber auch die statusbewusste grüne Mittelschicht in den Großstädten achtet heute ganz wie das Bürgertum des Kaiserreichs darauf, die eigenen Kinder vom Nachwuchs bildungsferner Schichten abzuschirmen.[278] Dafür lässt man sich die »richtige« Kita oder die garantiert migrantenfreie bilinguale Privatschule auch gerne etwas kosten.

Die Realität der wieder auferstandenen Klassengesellschaft beschreibt der Eliteforscher Michael Hartmann in einer Studie, für die er 6500 Lebensläufe von Führungskräften untersucht hat: nicht die Qualifikation, sondern die soziale Herkunft entscheidet. Der überwiegende Teil, 85 Prozent, der Vorstandsvorsitzenden der hundert größten deutschen Unternehmen stammt aus dem Großbürgertum, also steinreichen Familien (den oberen 3,5 Prozent der Gesellschaft). »Selbst durch den Erwerb des höchsten Bildungstitels ist es nicht möglich, das Handicap einer nichtbürgerlichen Herkunft auch nur annähernd auszugleichen.«[279] In Amerika ist es um die soziale Mobilität mittlerweile sogar noch schlechter bestellt. Vom Tellerwäscher zum Millionär? Nein, einmal Tellerwäscher, immer Tellerwäscher. Einmal Millionär, morgen Milliardär.

Umdenken

Die Wiederauferstehung der Klassengesellschaft provoziert zunehmend Widerstand; gerade in Zeiten der Krise scheint sich der Gerechtigkeitssinn zu schärfen. Immer mehr greift das Bewusstsein um sich, dass die wirtschaftliche Liberalisierung zu weit gegangen ist und der schlanke Staat nur den Raubtieren nutzt. Die Befürworter einer stärkeren Umverteilung haben zusehends Rückenwind. Es könnte sogar der Tag kommen, an dem die Vermögenssteuer wieder eingeführt wird. Die Forderungen der »Occupy Wallstreet«-Bewegung gehen bis in den politischen Mainstream hinein. Eines ihrer Hauptanliegen, die Einführung einer Finanztransaktionssteuer, dürfte – wenn auch vorerst nur in elf Euro-Staaten – ab 2014 Realität werden.

Die Explosion der Boni und Managergehälter hat eine breite Diskussion über deren Berechtigung und Höhe ausgelöst. In der Schweiz wurde im März 2013 per Volksbegehren festgelegt, dass künftig die Aktionäre (und nicht mehr die Manager selber) über die Managergehälter ihres Unternehmens entscheiden.

Auch europaweit sind gesetzgeberische Aktivitäten angelaufen, um die Boni von Managern zu begrenzen. Vor dem Hintergrund der aufgeblühten Gerechtigkeitsdebatte verzichtete VW-Chef Martin Winterkorn sogar »freiwillig« auf die ihm für das Jahr 2012 theoretisch zustehende Gesamtvergütung von 20 Millionen. »Wenn ich wirklich 20 Millionen bekäme«, so seine Begründung, »wäre das den Menschen sicherlich nicht mehr zu vermitteln.«[280] Am Ende belief sich die Überweisung auf die offenbar als vermittelbar angesehene Größe von 14,5 Millionen.

Reiche Steuerflüchtlinge werden inzwischen auch im Ausland verfolgt. Ein gewisser, vorher nicht vorhandener Wille zur Tat legt Steueroasen trocken, mit der Schweiz ist schon ein guter Anfang gemacht.

Auch die Debatte über den Mindestlohn macht Fortschritte; Löhne von 4 Euro die Stunde werden zunehmend als unmoralisch angesehen. Vielleicht wird sogar der Tag kommen, wo man exorbitante Unternehmensgewinne als ebenso unmoralisch ansieht und eine Kapitalrendite von 25 Prozent (wie sie der damalige Deutsche Bank-Chef Josef Ackermann für sein Unternehmen als Zielmarke ausgab) dem Drogenhandel und der Zwangsprostitution vorbehalten bleiben.

Die Neuen: Generation Y

Vielleicht hat der kulturelle Wandel ja auch mit dem Generationenwechsel zu tun – also mit der viel beschworenen Generation Y, die sich gerade daranmacht, ins Berufsleben zu starten.

Was die Medien über die Neuen zu berichten haben, ist allerdings eher weniger positiv. »Null Bock 2.0.« liest man da, oder auch: »Vormarsch der Karriereverweigerer«. Im *Spiegel* weiß Klaus Werle über die Ypsiloner zu berichten: »Oft Einzelkinder, von Geburt an mit Aufmerksamkeit und Aufmunterung überhäuft, gewohnt, Autoritäten zu hinterfragen, und auf dem Arbeitsmarkt umworben wie kaum jemand vor ihr, präsentiert sich die Kuschelgeneration in Führungsfragen wie eine Mischung aus Kommune 1 und Geburtstagsparty bei McDonald's: Alle haben Spaß, zwar hat einer die Krone auf, aber die ist erstens aus Pappe und zweitens auch nur Spaß.«[281]

Auch aus den Unternehmen kommen Klagen über Klagen. Demnach fehlt es vor allem an einem: dem Drang zum Aufstieg. Ja, gut, sie können schon ranklotzen, übernehmen auch mal inhaltlich Verantwortung. »Doch es steht nicht mehr zwingend das Erreichen der nächsten Hierarchiestufe im Vordergrund«, weiß Jens Plinke, Leiter Employer Branding bei Henkel, »die Freude an der eigenen Arbeit treibt sie an.« Christoph Kübel, Personalvorstand bei Bosch wird da ganz wehmütig: »Als ich vor gut 20 Jahren hier anfing, fragte ich, wie es denn mit den Aufstiegsmöglichkeiten aussehe.«[282] Heute: Bevor sie nach der Karriere fragen, wollen sie wissen, was die Firma für die Work-life-Balance tut. Oder ob eine Betriebs-Kita vorhanden ist.[283]

Bedenkliches liefern auch Umfragen: »Familie und Freunde rangieren bei den notorisch mit Anerkennung überhäuften Trophy Kids in vielen Erhebungen deutlich vor beruflichem Aufstieg. In einer aktuellen Kienbaum-Umfrage landen Family & Friends mit 71 Prozent auf Platz eins der wichtigsten Werte, Selbstverwirklichung auf Platz zwei (48 Prozent), und Bronze geht an ›Erfolg und Karriere‹ mit 43 Prozent.«[284]

Werte!

Und dann wollen sie auch noch ihre Werte verwirklichen, suchen eine Arbeit, die ihr Gewissen befriedigt, so wie sie das vom *Wwoofen* kennen oder von ihrem Freiwilligendienst bei Weltwärts. Bevor sie überhaupt eine Bewerbung abschicken, informieren sie sich über das ethisch-ökologische Rating der Firma. Und manche rümpfen sogar ganz die Nase über eine Karriere in der freien Wirtschaft. Beispielsweise Elisabeth Hahnke, 28, Einser-Abi und Master in Kulturmanagement, die in dem eben zitierten *Spiegel*-Artikel vorgestellt wird: »Trotz Topabschlusses und eines Promotionsangebots von Siemens hob sie gemeinsam mit zwei Kommilitonen ›Rock your life‹ aus der Taufe. In dem Bildungsfranchise begleiten Studierende Hauptschüler als Coaches und beraten zu Berufswahl und Potenzialentwicklung.« Hahnke und ihre Mitstreiter wollen ganz ihrem Herzen folgen und daraus ihre eigene Art von Karriere machen. Was die Firmen zu bieten haben, interessiert sie nicht, weil sie darin keinen Sinn sehen: »Wir hatten einfach keine Lust, unsere Talente für Projekte einzusetzen, an die wir nicht glauben.«

So begeht jetzt also, wenn man den Publikationen glauben will, eine ganze Generation quasi Fahnenflucht. Und das, obwohl sie eigentlich alles mitbringt, was es für glanzvolle Karrieren braucht: die Kinderstube, eine denkbar gute Ausbildung, Fremdsprachen, und dann sind sie als »digitale Eingeborene« auch noch mit dem Computer und den neuen Kommunikationsmedien per Du. Ein Wahnsinnspotenzial! Und jetzt wollen sie: ihren Spaß! Manche sogar: die Welt verbessern!

Fast kann man das Stöhnen nachvollziehen, das durch die Firmen geht. »Es wird eine Herausforderung werden, ihren Fokus konstant auf Leistung zu richten«, sagt die Personalberaterin Sophia von Rundstedt.

Na denn, viel Spaß dabei.

Glück statt Karriere?

Bei diesem ewigen Herumnörgeln an den Y-Newbies fühlt man sich dann doch berufen, auch einmal ein gutes Wort für sie einzulegen, zumal als Vater solcher Exemplare.

Erst einmal: Wo ist eigentlich das Problem, wenn sie ihre Ambitionen nicht auf den vordersten Platz richten? Vielleicht sind sie ja bloß schlauer als die vor ihnen, die sich mit einem Trommelwirbel auf die Affenbrust ins Rennen gestürzt haben, um dort möglichst schnell anzukommen? Und dann irgendwann mal, meist ziemlich spät, kapiert haben, dass da oben auf dem Treppchen immer nur Platz für einen ist und die anderen früher oder später den Schwanz einziehen müssen? Es liegt nun mal in der Logik des Wettbewerbs, dass er mehr Verlierer als Gewinner produziert – die berühmte und schon erwähnte »Erfolgsfalle«.

Und wenn die Ypsiloner zuallererst nach der Kita und der Work-life-Balance fragen – wo ist hier das Problem? Offenbar bringen sie in ihrem Kopf einen Lebensentwurf mit, der etwas registerreicher ist als der des Krawattenheinis, der möglichst schnell nach oben will und dabei gar nicht merkt, dass er am Leben vorbeirennt. Was ist schlimm daran, Freunde und Familie hochzuhalten, statt sich für eine Firma abzuzappeln, und dabei nicht einmal zu kapieren, dass man in Wirklichkeit der gute Dumme ist, der für den Aktionär arbeitet?

Und dass sie ihrem Herzen folgen? Wo ist das Problem, wenn sie sich einen Sinn suchen und dabei vielleicht nicht den vorgefertigten Gefühlsdusel à la Mission Statement meinen, sondern wirkliche Werte, *ihre* Werte? Wenn sie ihre Überzeugungen nicht ins Privatleben abschieben, wie das die Vorgänger aus der Generation X getan haben? Während diese außerhalb der Arbeit vorbildlich ihrem Gewissen folgen, den Müll trennen, Bio-Eier und Fairtrade-Schokolade kaufen, im Zweifelsfall das Fahrrad nehmen und auch gern mal zum »Wutbürger« werden, ist der Arbeitsplatz für die meisten von ihnen ein weißer Fleck auf der ethischen Landkarte. Den Luxus von Überzeugungen gönnt man sich im Privatleben – im Beruf hat man sich damit abgefunden, ein Söldner zu sein, natürlich so hoch dotiert wie nur möglich.

Vielleicht steckt hinter all der Kritik an der neuen Generation ja auch ein Quäntchen Neid. Neid auf die, die so wählerisch sein können, während man selber sich noch sagen lassen musste: »Es gibt keine Drecksarbeit, und jeder Job ist besser als kein Job.«[285] Dagegen die Ypsiloner: »Glück statt Karriere!«, wie ihr Zentralorgan, die *Neon*, titelt.[286]

Neid vielleicht auch, weil da plötzlich welche mit Träumen kommen, die man vielleicht auch mal hatte, die man sich aber nach und nach abgeschminkt hat, weil vor lauter Aufstiegsorientierung, die man bei der jungen Generation jetzt so vermisst, keine Zeit mehr für ihre Umsetzung da war.

Aber vielleicht gebe ich der neuen Generation ja auch zu viele Vorschusslorbeeren. Ja, sie sind cool, sie haben Ideen und probieren sie auch aus. Aber der Beweis steht noch aus, dass sie wirklich etwas Neues bringen – in die Firmen, in die Gesellschaft. Sie haben das Zeug, etwas zu verändern. Und sie haben wirklich alle Chancen der Welt. Sie wären eine Enttäuschung, wenn sie diese Chancen nicht nutzen würden. Aber so was von – um eine ihrer Lieblingsfloskeln zu verwenden.

13. Wird Arbeit weiblich?

Mit der Generation Y ist der vorläufige Höhepunkt eines säkularen Trends erreicht, der in allen westlichen Industrienationen zu verzeichnen ist: Noch in keiner Generation waren so viele Berufseinsteiger weiblich. Die Beschäftigungsquote von Frauen ist in den letzten beiden Jahrzehnten mehr als doppelt so schnell gestiegen wie die der Männer. Inzwischen sind in Deutschland 71 Prozent der erwerbsfähigen Frauen berufstätig (bei den Männern sind es 81 Prozent).[287] Die höchsten Zuwachsraten finden sich bei den über 50-jährigen Frauen und bei den Müttern. Letztere arbeiten immer mehr Wochenstunden und nehmen immer kürzere Baby-»Pausen«.[288]

In den Vereinigten Staaten haben die Frauen die Männer bereits eingeholt, in manchen Bereichen sogar überholt. Zum ersten Mal in der Geschichte sind dort mehr Frauen als Männer berufstätig. Sie bestreiten mittlerweile fast 40 Prozent des durchschnittlichen Haushaltseinkommens (zu dem sie noch 1970 gerade zwei Prozent beitrugen).[289] In Deutschland liegt diese Zahl mit knapp einem Drittel noch deutlich darunter, aber der Trend geht in die amerikanische Richtung.[290] Nach einer Studie der Hans-Böckler-Stiftung ist der Anteil der Paarhaushalte, die mindestens zur Hälfte von Frauen finanziert werden, auf 40 Prozent gestiegen.[291]

Die weiblichen Neuankömmlinge am Arbeitsmarkt bringen immer bessere Qualifikationen mit. Während das Geschlechterverhältnis bei den deutschen Abiturienten Mitte der Neunzigerjahre noch ausgewogen war, sind mittlerweile über 55 Prozent von ihnen weiblich.[292] Und weiblich sind auch die guten Noten: Im Durchschnitt machen Mädchen ein etwas besseres Abitur als ihre männlichen Mitschüler.[293]

Der Trend gilt für alle höheren Bildungsabschlüsse: 35 Prozent der deutschen Frauen zwischen 30 und 34 Jahren haben einen Abschluss von einer Universität, einer Fachschule oder einen Meisterbrief. Bei den gleichaltrigen Männern sind es nur 31 Prozent. In den USA werden bereits 60 Prozent der Bachelor- und Master-Abschlüsse von Frauen abgelegt, damit besitzen anderthalb Mal so viele Frauen wie

Männer einen Hochschulabschluss. Im Jahr 2010 haben dort zum ersten Mal in der Geschichte mehr Frauen als Männer eine Doktorarbeit eingereicht.[294]

Bildung gut, Lohn mager

Der unaufhaltsame Aufstieg der Frauen ist unmittelbarer Ausdruck des postindustriellen Umbaus der Arbeitswelt, in der die Nachfrage nach Muskelkraft in den Keller gegangen ist. Das begehrte Gut von heute heißt Bildung. Und damit scheinen es die Männer schwerer zu haben: Schulabbrecher, Legastheniker, Analphabeten, Schulverweigerer: überwiegend Jungs. In den Förderschulen beträgt der Knabenanteil fast zwei Drittel, auf der Hauptschule sind 56 Prozent der Schüler männlich.[295] Bei geistiger Behinderung liegt das Verhältnis von Jungs zu Mädchen bei 3,6 zu 1. (Dass diese Quote im Bereich der nobelpreisverdächtigen Höchstbegabungen genau umgekehrt ist, mag dem männlichen Geschlecht zum Trost gereichen, fällt aber rein zahlenmäßig wenig ins Gewicht.[296])

Der größere schulische Erfolg von Mädchen dürfte aber auch mit der Schule selber zu tun haben, die nach Ansicht von Bildungsforschern eher den Eigenschaften und spezifischen Fähigkeiten von Mädchen entgegenkommt, insbesondere dem bei ihnen im statistischen Durchschnitt stärker ausgeprägten Persönlichkeitsfaktor »Gewissenhaftigkeit«.[297] Das klassische Muster von Bildung, verbunden mit Stillsitzen, guter Heftführung und Auswendiglernen, spielt eher den Mädchen in die Hand.

Frauen bringen also die denkbar besten Voraussetzungen für glanzvolle Karrieren mit. Sollte man meinen. Doch wie lässt sich dann erklären, dass sie hierzulande im Durchschnitt 23 Prozent weniger verdienen als ihre männlichen Kollegen?[298] Und warum sind sie in den Führungsetagen so wenig vertreten? Je höher die Position, umso seltener sind dort Frauen anzutreffen. Selbst in traditionell weiblichen Berufsfeldern wie Krankenpflege, Bibliothekswesen, Grundschulen oder Sozialarbeit sind die Chefs in aller Regel Männer. Von den Aufsichtsräten sind

16,2 Prozent weiblich, im operativen Geschäft, also bei den Vorständen bzw. CEOs, sind es sage und schreibe 5,9 Prozent.[299]

Allerdings ist nicht zu übersehen, dass die Frauen auch bei der Besetzung der Alpha-Positionen Boden gutmachen. Nach einem Bericht der EU-Kommission ist der Anteil von Frauen in Führungspositionen in den letzten 20 Jahren von 26 Prozent (1991) auf 33 Prozent (2010) gestiegen,[300] in den USA sind mittlerweile sogar vier von zehn Leitungsstellen von Frauen besetzt. Und neuerdings kommt sogar bei den Top-Positionen ein neuer, weiblicher Wind auf: Die Zahl der weiblichen Aufsichtsmandate in den großen deutschen Firmen etwa hat sich innerhalb von zwei Jahren um den Faktor 1,6 erhöht, die der Vorstandsposten sogar fast verdreifacht.[301] In den Vorständen der DAX-30-Unternehmen beträgt der Frauenanteil bereits 20,9 Prozent.[302] Allein zwischen Mai 2011 und Mai 2012 gingen nach einer Untersuchung der Unternehmensberatung Egon Zehnder International in Deutschland 41 Prozent der Vorstandsposten an Frauen, europaweit waren es 31 Prozent.[303] Ende 2012 ist die Top-Frau sogar in den Duden eingezogen, als »Vorständin«.

Aber trotz aller Zuwächse (die zu einem großen Teil der Tatsache geschuldet sein dürften, dass sich Firmen unter massivem Druck aus der Politik und Öffentlichkeit sehen, ihre Frauenquoten im Top-Management zu erhöhen), die Tatsache bleibt: Frauen sind in Führungspositionen unterrepräsentiert. Und: sie werden schlechter bezahlt. Einfach nur, weil sie Frauen sind?

Männer- und Frauenkarrieren

Willkommen in der Geschlechterdebatte. Im Reich der Tretminen also. Nehmen wir also besser erst einmal Zuflucht bei den Fakten.

Frauen arbeiten häufiger in Teilzeit als Männer, nämlich zu 46 Prozent. Die Teilzeitquote von Männern liegt dagegen bei 10 Prozent.[304]

Bei der Berufswahl unterscheiden sich junge Frauen und Männer seit Jahr und Tag deutlich voneinander: Während sich der männliche Teil eines Jahrgangs eher für Karrieren im technischen oder betriebswirtschaftlichen Bereich und im produzierenden Gewerbe interessiert, entscheidet sich der weibliche Teil lieber für Berufe im Dienstleistungssektor oder im sozialen und Bildungsbereich – und damit für Karrieren, die in aller Regel mit schlechterer Bezahlung und geringeren Aufstiegsmöglichkeiten verbunden sind. Dies gilt auch bei der Wahl des Studienfaches: 2010 waren nur 16 Prozent der Studentinnen in einem der sogenannten »MINT«-Fächer immatrikuliert, also den Fachrichtungen Mathematik, Informatik, Naturwissenschaften und Technik; bei den männlichen Studenten waren es 46 Prozent. Und diese Geschlechterlücke ist, allen Kampagnen à la »Girls' Day« zum Trotz, innerhalb der letzten zehn Jahre sogar noch etwas größer geworden.[305]

Ob das mit Biologie zu tun hat (höchstwahrscheinlich: ja)[306] oder mit Kultur (definitiv: ja), tut hier nichts zur Sache: Frauen scheinen jedenfalls tendenziell eher für Berufe motiviert zu sein, bei denen sie mit Menschen zu tun haben und es weniger um Zahlen und Maschinen geht. Von morgens bis tief in die Nacht auf einem Keyboard herumzuhacken, ist für die meisten Frauen nicht erstrebenswert.

Wenn man nun all diese mit der Berufswahl verknüpften Faktoren beiseitelässt und nur die Gehälter vergleicht, die Männer und Frauen in vergleichbaren Beschäftigungsverhältnissen für vergleichbare Tätigkeiten bekommen, so verringert sich die 23-prozentige »Diskriminierungslücke« auf 12 Prozent – ein etwas weniger himmelschreiender, aber immer noch deutlicher Unterschied also (der übrigens in den letzten 15 Jahren erstaunlich konstant geblieben ist).[307]

Gläserne Decke – Oder einfach andere Interessen?

Frauen kommen in den Hierarchien der jeweiligen Firmen und Organisationen langsamer voran. Zum einen liegt das daran, dass sie häufiger in Teilzeit arbeiten, zum anderen, weil ihre Karrieren wegen der Kinder Unterbrechungen aufweisen.

Für den zögerlichen Aufstieg in die absoluten Top-Positionen wird – vor allem von Feministinnen – gerne auch die »gläserne Decke« bemüht, also eine mehr oder weniger bewusste Verschwörung der Männer, Frauen nicht in ihren Machtbereich eindringen zu lassen. Die populäre These hat neuerdings allerdings einen Schlag abbekommen, und zwar ausgerechnet durch die frauenfreundliche Politik des frauenfreundlichen Landes Norwegen: Hier sind seit 2008 per Dekret alle Aufsichtsräte von Firmen und Organisationen zu mindestens 40 Prozent mit Frauen besetzt. Quasi über Nacht waren Frauen damit an den Schalthebeln der Macht, die sie etwa dafür einsetzen konnten, um das Geschlechterverhältnis auch in den Führungsetagen im operativen Bereich zu verbessern, also in den Vorständen.

Aber passiert ist – nichts. Die norwegische Welt der Ellenbogen-Überstunden-Machtspiel-CEOs ist nach wie vor eine männliche; von 206 Posten sind gerade mal sechs von Frauen besetzt.[308] Sollte die »gläserne Decke« immer noch da sein, wirken jetzt offenbar auch Frauen an ihrer Aufrechterhaltung aktiv mit.

Dass Frauen durchaus nicht nur von Männern ausgebremst werden können, zeigt eine Umfrage des Meinungsforschungsinstituts Forsa unter deutschen Fach- und Führungskräften. Ihr zufolge wünschen sich nur drei Prozent der Frauen eine weibliche Vorgesetzte. Neunmal so viele, also 27 Prozent, bevorzugen einen Mann als Chef. 89 Prozent der Männer ist das Geschlecht ihres Chefs dagegen egal, nur 9 Prozent würden lieber einen Mann als Chef haben. Die Zahlen zeigen ein Dilemma: Frauen wollen zwar stärker an der Spitze mitmischen (55 Prozent befürworten eine Frauenquote), andererseits möchten viele von ihnen doch lieber von Männern geführt werden.[309]

Mit Sicherheit spielt beim zögerlichen Aufstieg der Frauen auch ein Verzögerungseffekt eine Rolle: Top-Positionen werden in der Regel erst in einem reiferen Alter erreicht. Der durchschnittliche deutsche Vorständler ist deutlich über fünfzig Jahre alt, hat seine Karriere also in einer Zeit begonnen, als Frauen in der Berufswelt in den Firmen noch weit in der Minderzahl waren.

Und dann: Geschlechterstereotype. Nach wie vor werden Frauen durch Vorurteile benachteiligt. Denn gerade die Eigenschaften, die gemeinhin mit Top-Positionen verknüpft werden – Durchsetzungskraft, Härte, Selbstbewusstsein –, gelten in unserer Kultur eher als »typisch männlich«. Von Frauen dagegen wird eher ein nettes Auftreten, Verbindlichkeit und Selbstlosigkeit erwartet. Die Sozialpsychologin Alice Eagly zeigt in ihren Untersuchungen, dass offensives Selbstmarketing bei Männern als ein Zeichen gesunder Motivation gilt. Bei Frauen dagegen wird es als aufdringlich und egoistisch abgestraft – die berüchtigten »Haare auf den Zähnen« eben.[310]

Männer ticken anders, Frauen auch

Möglicherweise spielen auch geschlechtsspezifische Persönlichkeitsfaktoren eine Rolle, die bei den betrieblichen Beförderungsturnieren für Rücken- oder Gegenwind sorgen. Nach verschiedenen Untersuchungen unterscheiden sich Menschen, die es in Top-Positionen geschafft haben, von anderen hinsichtlich ihrer »emotionalen Stabilität«, also einer guten Emotionskontrolle und der Fähigkeit, mit Belastungen umzugehen und Rückschläge wegzustecken. Und so wie beim Persönlichkeitsfaktor »Gewissenhaftigkeit« (der in der Schule honoriert wird) die Frauen die Nase vorn haben, so führen beim Faktor »emotionale Stabilität« im Durchschnitt die Männer.[311]

Nicht zu vergessen auch der in Kapitel 11 diskutierte Karriereturbo »Selbstüberschätzung«, der seinen Besitzer oder seine Besitzerin zum Chef prädisponiert – ob immer zum Vorteil von Firma und Mitarbeitern, soll dahingestellt bleiben, von Vorteil aber auf jeden Fall für den Kandidaten selber –, und der ist mit großer Wahrscheinlichkeit männlich: Wie Persönlichkeitspsychologen nachweisen, neigen Männer stärker als Frauen zur Selbstüberschätzung.[312]

Der Hauptgrund aber, weshalb Frauen eher zögerlich aufsteigen, liegt in ihrer schon angesprochenen *Motivationslage,* die sich eben von der ihrer männlichen Kollegen unterscheidet, und zwar nicht nur bei der Berufswahl.[313]

Zum einen sind *sie* es, die die Kinder kriegen und auch am meisten für sie sorgen (in den meisten Fällen auch: sorgen *wollen*). Wer die Verantwortung für ein Kind hat, ist nun einmal *gebunden* – das gilt übrigens genauso für Väter, wenn sie mehr als die Rolle des Versorgers übernehmen. Ihre Energien fließen dann nicht ganz so ungehindert in die Karriere, sie sind eher bereit, Kompromisse einzugehen und beispielsweise Abstriche beim Verdienst zu machen.

Aber Kinder hin oder her, Frauen haben (im Durchschnitt wohlgemerkt) nach den genannten Zahlen und Daten ganz offensichtlich auch weniger Lust auf die Art von Arbeit und Lebensgestaltung, die mit einem Leben als Arbeitstier einhergehen. Von den gut acht Millionen Frauen, die ihre derzeitige Teilzeitarbeit nicht weiter aufstocken wollen, gibt nur jede Zweite die Versorgung eines Kindes als Grund für ihre berufliche Zurückhaltung an, die anderen sind aus »persönlichen Gründen« nicht daran interessiert, mehr zu arbeiten.[314]

Auch die mit einer Top-Führungsposition (und noch mehr mit dem Aufstieg dorthin) klassischerweise verbundene Lebensart hat für viele Frauen nichts wirklich Verführerisches. Die Abende im Büro oder Flugzeug zu verbringen, sich mit List und Tücke durchs Haifisch-Biotop zu kämpfen – für viele Frauen ist es der damit verbundene Prestigegewinn schlicht nicht wert. Sie haben ein reichhaltigeres Leben jenseits der Arbeit, ihnen stehen mehr soziale Rollen offen. Und damit verfügen sie – im Gegensatz zu vielen Männern – über *Alternativen*. Sie müssen nicht alles auf die Karte Beruf setzen.

Lean in!

Der Befund (beziehungsweise die Klage), dass Frauen weniger zum Aufstieg motiviert sind, ist auch der Ausgangspunkt für eine im Frühjahr 2013 angestoßene Kampagne, mit der Sheryl Sandberg die Frauen der Welt zu mehr beruflichem Ehrgeiz motivieren will. In einem viel beachteten Buch fordert die Facebook-Chefin sie auf, sich ordentlich »reinzuhängen«.[315] Mit Reinhängen meint sie: Frauen sollen mehr Willen zur Macht entwickeln, sie sollen »genauso wie die Jungs« am Konferenztisch »die Hände hochreißen«, wenn es um neue Aufgaben, Projekte und Posten geht.[316] Frauen sind selber schuld, wenn sie nicht vorankommen, sie müssen es bloß »den Jungs« nachmachen und die Ellenbogen ausfahren, kurz: mehr Aufstiegsmotivation entwickeln.

Um Rückenwind für die Aufstiegsmotivation der Frau geht es auch der EU-Justizkommissarin Viviane Reding. Bis 2020 will sie eine Quote von 40 Prozent in Aufsichtsräten gesetzlich verankern, sofern diese in den Mitgliedsstaaten nicht auf freiwilliger Basis erreicht wird. Der Run der Frauen auf die letzten weißen Flecken auf der Landkarte der Arbeitswelt hat sich dadurch deutlich beschleunigt – und vielen Männern dämmert, dass er ohne »umgekehrte Diskriminierung« in der vorgegebenen Zeit nicht ans Ziel kommen wird. (So wie die Vereinigten Staaten ohne eine solche soziale Subvention sicher nicht das wären, was sie jetzt sind und es wahrscheinlich nie einen Schwarzen als Präsidenten gegeben hätte.) Selbst das US-Militär schleift die letzten Bastionen der Männer. Bis 2016 sollen Frauen auch zu Kampfeinsätzen an vorderster Front zugelassen werden, die Anforderungen an die körperliche Fitness wurden extra gesenkt, statt 42 Liegestützen wie ihre männlichen Kollegen kommen sie mit 19 weiter.[317] Ohnehin erfordert der moderne Krieg heute vom Personal keine überlegene Muskelkraft à la Rambo mehr, das Killen per Kampfdrohne ist auch Frauenhänden möglich.

Der Boden für eine gerechtere Arbeitswelt ist also bereitet. Die Geschlechterdebatte trägt Früchte. Und doch läuft die Diskussion um die Frauenförderung und -quote denkbar verquer. Nicht nur, weil bereits jetzt klar ist, dass es in immer mehr Bereichen gar nicht die Frauen sind, die den Schutz einer Quote oder spezielle Förderung brauchen, sondern die Männer – ganz explizit gilt das beispielsweise für den gesamten Bildungssektor, aber nicht nur dort: In den USA verdienen junge Frauen in den Städten bereits heute im Mittel mehr als die gleichaltrigen Männer.[318] Nein, die Diskussion um die Frauenförderung ist deshalb so verquer, weil es dabei gar nicht um die Frauen geht. Und erst recht nicht darum, was sie *wollen*. In Wirklichkeit geht es um die Interessen der Wirtschaft.

»Es ist endlich an der Zeit, in Deutschland und überall in Europa das ausgebildete weibliche Talent, das zur Verfügung steht, auch einzusetzen«, so begründet etwa EU-Kommissarin Reding ihren Quotenvorstoß. Das nicht zu tun, komme einer »Wirtschaftsschädigung« gleich.[319]

»6,3 Millionen gesunde Frauen sind erwerbsfähig, ohne zu arbeiten«, empört sich die Arbeitsministerin von der Leyen in einer Regierungsvorlage für eine Initiative zur Hebung der stillen Reserve am Fachkräftemarkt und spricht ganz wie Reding von den »verschenkten Potenzialen«, die in ihren Augen einen Skandal darstellen.[320]

Skandal?

Sollte man nicht vorher die *Frauen* fragen, ob sie arbeiten *wollen*, bevor man Skandal schreit?

Vielleicht wollen sie ja gar nicht? Vielleicht sind manche der erwerbsfähigen Frauen, die Frau von der Leyen für die Arbeit mobilmachen will, gerade dabei, für einen alten Menschen zu sorgen, sich um ein Kind zu kümmern oder eine Bürgerinitiative zum Erwerb eines Blockkraftwerkes aufzuziehen? Ist das etwa keine Arbeit? Und was ist dabei, wenn jemand – ob Mann oder Frau – sich einem abgedrehten Hobby hingibt, Schafe züchtet oder seine Selbstverwirklichung generell woanders sieht als auf einem Drehstuhl in einem Konferenzsaal oder an einer Supermarktkasse? Und wenn eine Frau lieber Teilzeit als Vollzeit arbeitet, dann ist das erst einmal ein Ausdruck davon, dass sie nach ihrer ganz persönlichen Lebensplanung ihr »Potenzial« anderswo einsetzen will als am Arbeitsplatz. Was soll daran skandalös sein? 83 Prozent der weiblichen Teilzeitkräfte haben nach eigenem Bekunden *nicht* den Wunsch, ihre derzeitige Stundenzahl zu erhöhen,[321] auch wenn das eine EU-Kommissarin als einen Angriff auf die Wirtschaft sehen mag, eine Ministerin als Potenzialverschwendung und eine *workahol*-kranke Facebook-Millionärin als gesellschaftlichen Missstand.

Wenn eine Frau mit guter Ausbildung, die vielleicht auch noch finanziell gut abgesichert ist, nicht in das Rennen um einen Top-Posten einsteigt, muss das kein Zeichen irgend eines Defizits, einer Benachteiligung oder eines sonstwie nach Quote schreienden Missstandes sein, sondern ist vielleicht schlicht der Ausdruck einer Freiheit, die vielen anderen, Frauen wie Männern, nicht vergönnt ist. Sie kann es sich nämlich *leisten* – und zwar nicht nur im materiellen Sinne! –, einen schlechter oder gar nicht bezahlten Job anzunehmen, den sie als sinnvoller betrachtet. Und wenn ein Elternpaar die Kindheitsjahre ihrer Kleinen nicht als gehetzte Doppelverdiener erleben will und die Familie zugunsten dieser Wahl lieber den Gürtel enger schnallt und Dacia statt Daimler fährt –

wen geht das etwas an? Es ist immer noch ein Privileg, über einen Vorstandsposten die Nase zu rümpfen. Und es ist immer noch ein Privileg, wenn man seinen eigenen Weg gehen kann.

Es muss toll sein, ein Mann zu sein

Die Diskussion um mehr Frauen in Führungspositionen scheint als Axiom vorauszusetzen, dass Frauen genau das als erstrebenswertes Leben anschauen, was die Männer durchziehen und was vielen von denen auch ganz offensichtlich als erstrebenswert erscheint. Dass sie sich jetzt genauso aufreiben wollen für Status und Macht, ihren Horizont auf die Karriere verengen, sich fremden Interessen unterstellen und sich für die ins Zeug legen wollen, als ob es nichts anderes mehr gäbe.

Oh, Macht! Arbeit! Geld! 70-Stunden-Woche! Ellenbogen raus! Sich reinhängen! Ausgerechnet Feministinnen bekommen plötzlich glänzende Augen bei der Aussicht, dass Frauen endlich mit den Männern gleichziehen können.

Angetreten waren sie einmal mit der These, dass genau diese männlichen Qualitäten und Lebensentwürfe unserer Gesellschaft *schlecht* bekommen. Sie wollten ihre eigenen Qualitäten ins Spiel bringen. Sie wollten die männlich dominierte Gesellschaft verändern. Und was ist von all den Plänen und Träumen übrig geblieben? Es muss toll sein, ein Mann zu sein!

Dass Frauen, zumindest viele davon, weniger statusgeil sind als Männer – man könnte es auch als einen Pluspunkt sehen. Stattdessen heißt es: *Lean in!* Mach's wie Sheryl, mach's wie ein Kerl!

Es sind die Frauen, die zum größten Teil dafür verantwortlich sind, dass die Arbeitswoche für alle kürzer wurde,[322] und die damit die Gesellschaft voranbrachten. Aber jetzt, worin soll der gesellschaftliche Fortschritt liegen, wenn Frauen die Jobs der Männer übernehmen? Und was für ein Fortschritt soll es für die *Frauen* sein, wenn sie genau die Lebensbedingungen, den Druck, die Konflikte und Verbiegungen für ihr Leben haben wollen, die bisher dafür gesorgt haben, dass Männer kränker und unglücklicher durchs Leben gehen als Frauen?[323]

Eine Chance für alle

Sollen sich Frauen also von Führungspositionen fernhalten? Sich mit den weniger anstrengenden Jobs zufriedengeben und es sich da nett machen?

Bewahre! Wir brauchen Frauen in Führungspositionen, wir brauchen sie dringend!

Aber nicht, weil sonst ihr Potenzial verschwendet oder wir gegen die Chinesen schlechter aufgestellt wären. Auch nicht, weil Frauen die besseren Menschen wären oder die besseren Manager (für beides gibt es keine stichhaltigen Belege).[324]

Nein, wir brauchen sie, weil sie das Zeug haben, dort oben etwas zu *verändern,* frischen Wind in eines der letzten Reservate männlicher Dominanzkultur zu bringen.

Aber dazu müssen nicht *sie* sich verändern, dazu müssen sie nicht den Machiavelli in sich entdecken oder ihre Testosteronreserven aktivieren, auf dass sie endlich reinpassen und mitspielen können beim Männerspiel, nein, dazu müssen sie – und wir alle – die Spielregeln ändern.

Warum sollen Führungskräfte nicht in Teilzeit arbeiten? Warum ist für sie Jobsharing nach wie vor tabu? Warum gibt es immer noch die unflexible Präsenz- und Konferenzkultur? Und warum sollen nicht endlich die Kriterien der Beförderungsturniere auf den Prüfstand gestellt werden? Warum kommt der mit der größten Klappe am weitesten? Warum der mit der größten Selbstüberschätzung? Warum die Unsensiblen, Egoistischen, Selbstverliebten? Warum so viele Psychopathen? Nur, weil sie die Härtesten, Stressresistentesten und Belastbarsten sind? Die Krisen, die uns diese harten Typen eingebrockt haben, zeigen, dass wir dringend neue Kriterien brauchen – für Frauen wie für Männer.

Warum soll Kinderbetreuung nicht zu einem positiven Punkt in der Biographie werden, der auch von Personalern als Stärke gewürdigt wird und der den Aufstieg katalysiert? Warum nicht sonstige Nichterwerbsarbeit, wie die Pflege von Angehörigen oder ein Ehrenamt? Ein Kulturwandel in den Chefetagen bedeutet eine Chance für die ganze Gesellschaft, zuallererst sogar für die *Männer.* Die Chance nämlich, wegzukommen von ihrer einseitigen Fixierung auf die Karriere, von ihren selbstschädigenden Tendenzen, sich einzumauern in ihre Rolle als hart arbeitender

Versorger, sich zuzuballern mit Überstunden und Aufgaben, bis sie am Ende wirklich nur noch am Arbeitsplatz zu gebrauchen sind. Die Chance, zu entdecken, dass es noch mehr Heldenrollen gibt, als für mehr Umsatz zu sorgen. Chancen über Chancen, in der Tat, für Männer wie für Frauen.

Warum werden sie nicht ergriffen? Warum erscheinen all die genannten Vorschläge so unrealistisch? Warum kommt selbst eine moderate Forderung wie etwa Teilzeitarbeit für Führungskräfte fast wie eine Utopie daher?

Weil die Diskussion um neue Arbeitsverhältnisse in Wirklichkeit eben nur vordergründig eine Geschlechterdebatte ist. Die eigentliche Konfliktlinie verläuft nicht zwischen Männern und Frauen. Auch nicht – um noch einmal auf das letzte Kapitel zurückzukommen – zwischen der Generation Y und ihren Vorgängern.

Die Konfliktlinie verläuft zwischen den privaten Interessen des Einzelnen und den Interessen der Wirtschaft. Und dabei geht es letztlich um die Frage, ob der Mensch ein autonomes Wesen in seinem eigenen Recht ist oder ein Anhängsel der Wirtschaft. Ob es den Zivilgesellschaften im globalwirtschaftlichen Tauziehen gelingt, die Kapitalgesellschaften in ihre Schranken zu verweisen, oder ob sie sich am Ende vollends von diesen annektieren lassen.

Der Kreuzzug der Wirtschaft

Nicht ohne Grund entdeckt die Wirtschaft gerade jetzt, wo das Angebot an qualifizierten Arbeitskräften schrumpft, das ungehobene Potenzial der Frauen. Gerade jetzt, wo es sich herumgesprochen hat, dass mit den Männern allein auf Dauer kein Staat zu machen ist. Wer will schon auf das Bildungsversager-Geschlecht setzen müssen, wenn es um die Rendite geht? Die Frau ist der neue Rohstoff, der die Maschinerie am Laufen halten wird, die jetzt nach einer neuen Art von Input schreit.

Die Frau ist jetzt der bessere Mann – dass sie also bloß nicht mehr zu Hause vergammelt! Dass sie bloß nicht mehr unnütze Zeit in ihre Kinder steckt! Das lässt sich nun wirklich effizienter organisieren. Und unterm Strich gewinnen dabei alle: Die Wirtschaft brummt, die Frauen verdienen gutes Geld, und in der Kinderbetreuung entstehen Arbeitsplätze ohne Ende. Win-win. Nein: Triple-Win, denn die Shareholder verdienen ja mit.

Genau deshalb, um nämlich dieses Gewinnpotenzial nicht zu verschenken, wird jetzt das Potenzial der Frau entdeckt. *Deshalb* gibt es plötzlich die Forderung nach mehr Kitas, die vor Kurzem noch als sozialistisches Teufelszeug galten. *Deshalb* sollen Frauen am besten direkt vom Kreißsaal wieder an den Arbeitsplatz, für die Kleinen ist doch gesorgt. *Deshalb* die Forderung nach mehr »vollzeitnahen Teilzeitstellen« – ob von den Frauen gewünscht oder nicht.

Und genau *deshalb* ist es so wichtig, dass Frauen die Chance ergreifen, die sich mit der Feminisierung der Arbeitswelt eröffnet. Dass sie nicht nur den Platz mit einem Mann wechseln, sondern die Spielregeln verändern – auch und gerade dort oben in der Männerarena: dass auch dort in Zukunft ganz normale Menschen arbeiten können, mit ihren ganz normalen menschlichen Bedürfnissen nach einem Privat- und Familienleben, und nicht nur die Heroen der Anteilseigner mit ihren »funktionsadäquaten Beschädigungen«.

Aber machen wir uns nichts vor. Sollten wirklich all die guten Wünsche in Erfüllung gehen; sollte das Spiel eines Tages wirklich neue Regeln bekommen haben; sollten die Firmen wirklich ein anderes, frauen-, familien- und Generation-Y-freundlicheres Gesicht bekommen haben: *Selbstverständlich* werden sie Einbußen beim Gewinn haben. *Selbstverständlich* wird ein 25-Stunden-Geschäftsführer, der mittags sein Kind in der Kita abholt und mit ausgeschaltetem BlackBerry auf den Spielplatz zieht, nicht so effizient sein wie ein allzeit bereiter 24/7-Stachanow. *Selbstverständlich* wird Deutschland nach der weiblichen Welle nicht mehr Exportweltmeister sein, auch unsere Rüstungsindustrie wird nicht mehr so florieren. Und unser BIP etwas bescheidener ausfallen.

Wir sind wieder beim Preis. Bei der Frage nämlich, was uns eine bessere, menschenfreundliche Arbeitswelt wirklich wert ist, ob wir den Gewinn, den wir an Freiheit, Gesundheit und Wohlbefinden haben können, am Ende über den Gewinn stellen, der sich in Bruttoinlandsprodukt, Vermögen und Kaufkraft bemisst.

14. Mehr Leben wagen

Der durchschnittliche Vollzeit arbeitende Deutsche würde gerne fünf Stunden weniger arbeiten, dafür wäre er durchaus bereit, auf Gehalt zu verzichten.[325] De facto macht er knapp drei Überstunden.[326]

72 Prozent aller deutschen Arbeitnehmer träumen davon, den Job für eine Zeit lang an den Nagel zu hängen und eine Auszeit zu nehmen.[327] De facto liegt die Zahl der beantragten Sabbaticals unter der statistischen Nachweisgrenze.

60 Prozent der Väter würden gerne mehr Zeit mit ihren Kindern statt bei der Arbeit verbringen.[328] De facto arbeitet nur ein verschwindend kleiner Teil von ihnen in Teilzeit. Drei von vier jungen Vätern nehmen nach der Geburt ihres Kindes ihren Anspruch auf Elternzeit nicht wahr. Von den verbleibenden 25 Prozent geben sich drei Viertel mit den beiden Partnermonaten (oder einem Teil davon) zufrieden, die für die Sicherung der vollen Ansprüche notwendig sind.[329]

In allen Wohlstandsstaaten rangieren in Umfragen die materiellen Ziele (ein schönes Auto, ein Haus und andere Dinge besitzen) weit abgeschlagen hinter Zielen wie: lebendige Beziehungen haben, ein seelisch und geistig erfülltes Leben führen et cetera. De facto dreht sich das tagtägliche Streben der meisten Menschen darum, einen »angemessenen« Lebensstandard zu erarbeiten.

Die Realität erweist sich als außerordentlich traumresistent. Wir haben ein unerschöpfliches Arsenal an Gegenargumenten, sobald es darum geht, die Sehnsüchte, zu denen wir uns in Umfragen bekennen, umzusetzen: Das Geld ist einfach nicht da, man trägt Verantwortung für die Familie, und im Job ist man unersetzlich. Außerdem, *so* lang ist es auch nicht mehr hin bis zum Ruhestand.

Es gibt ein Leben vor der Rente. Dieses Kapitel stellt ein paar Gedanken vor, wie sich Träume und Realität vielleicht besser zusammenbringen lassen können. Keine Patentrezepte, aber Anregungen, einmal für sich durchzuspinnen, was wäre, wenn …

Es handelt sich dabei aber nicht – das ist mir hier wichtig – um eine Werbestrecke für ein müßiges, entspanntes oder sonst wie ideales Leben oder gar um einen Feldzug gegen die Arbeit. Der Autor hat keine Aktien im Seelenheil anderer Menschen. Außerdem verfügt er mittlerweile über genug Lebenserfahrung, um zu wissen, dass das ideale Leben für jeden anders aussieht.

Geld ist Zeit in einem anderen Aggregatzustand

Die deutschen Privathaushalte verfügten im Jahr 2010 über ein Geld- und Immobilienvermögen von rund 8,5 Billionen Euro. Allein das frei verfügbare Vermögen hat sich in den vergangenen 20 Jahren fast verdreifacht, und zwar von 1750 Milliarden Euro im ersten Quartal 1991 auf mittlerweile 4662 Milliarden Euro.[330] Viel Geld, aus dem noch mehr Geld gemacht werden kann.

Oder auch Zeit. In dem »Vermögen« liegen schließlich nicht nur Möglichkeiten für mehr Konsum, sondern auch für weniger Arbeit und damit ein zeitreicheres Leben. Das Vermögen, das in den nächsten zehn Jahren vererbt wird – ca. 2,6 Billionen Euro[331] – ist nicht nur ein Riesenhaufen Geld, sondern auch viel Zeit, nämlich fast 200 Milliarden Stunden geronnene Arbeit, und entspricht damit der in knapp vier Jahren geleisteten Gesamtarbeitszeit aller Deutschen. Könnten wir Zeiterben nicht einfach beginnen, unser Erbe zu nutzen? *Time is money* einmal umgekehrt: Geld ist Zeit.

Gewonnene Zeit ist genauso das Geld, das wir *nicht* verbrauchen. Wenn Sie unendlich viel Geld besitzen, ist es für Sie natürlich kein Problem, einen neuen Audi gegenüber einem gebrauchten Opel für das passendere Auto zu halten. Wenn Sie jedoch knapp bei Kasse sind, hat der Audi den empfindlichen Nachteil, dass Sie sich für ihn eventuell jahrelang abrackern müssen. Derzeit werden in Deutschland jährlich ca. 100 Milliarden Euro für den Kauf eines Autos ausgegeben,[332] die Modelle werden dabei Jahr für Jahr größer, stärker und luxuriöser. Nach einer Studie der Universität Düsseldorf investieren Neuwagenkäufer inzwischen durchschnittlich 25 893 Euro, noch 1980 waren es – in heutigen Preisen gerechnet – 16 531 Euro.[333]

Auch hier lässt sich das Gedankenspiel mit den Zeitäquivalenten treiben: Würden sich die Deutschen mit dem etwas bescheideneren Fuhrpark zufriedengeben, der ihnen offenbar noch vor einer Generation als zumutbar erschien, hätten sie an die zwei Milliarden Stunden an Freizeit gewonnen – immerhin 1,5 Millionen Arbeitsjahre oder für jeden Berufstätigen fast zwei Wochen an zusätzlichem Urlaub im Jahr.

Und wollen wir mal durchrechnen, wie viel Zeit Sie gewinnen, wenn Sie ganz ohne eigenes Auto vor der Tür auskommen? Nach Berechnungen des Verlags Motor Presse kostet ein Auto seinen Halter durchschnittlich 332 000 Euro, wenn man die Anschaffungskosten und alle laufenden Ausgaben für Benzin, Versicherung, Steuer und Reparaturen auf die 54 Jahre hochrechnet, in denen der Durchschnittsdeutsche ein eigenes Auto besitzt.[334] Der Spruch, dass das Auto des Deutschen liebstes Kind ist, erweist sich damit als Untertreibung – in Wahrheit ist das Auto nämlich so viel wert wie beinahe *drei* Kinder (von denen jedes seine Eltern im statistischen Durchschnitt bis zu seinem 19. Lebensjahr mit 120 000 Euro belastet[335]). Ohne Auto könnten Sie sich also jährliche Ausgaben von über 6 000 Euro sparen, und damit locker zur 30-Stunden-Woche übergehen (oder sich Drillinge leisten …). Natürlich fehlt in der Rechnung, dass auch andere Formen von Mobilität Geld kosten. Aber für die allermeisten Menschen dürfte gelten, dass sie mit so ziemlich jeder Alternative deutlich günstiger fahren würden.

Viele junge Leute scheinen den Zusammenhang kapiert zu haben: Das eigene Auto ist für viele kein Sehnsuchtsobjekt mehr. Dafür haben Car-Sharing-Agenturen Konjunktur, und um von diesem Trend zu profitieren, bauen mittlerweile auch die Autohersteller eigene Car-Sharing-Pools auf.

Ab wann ist genug?

Dasselbe Prinzip gilt für all die anderen, angeblich unverzichtbaren Zeitfresser, allen voran das überdimensionierte Haus, das uns nicht nur im Unterhalt unverhältnismäßig viel Zeit und Geld kostet. Würden wir Deutschen uns mit dem Platzbedarf zufriedengeben, den noch unsere

Eltern als normal empfanden, wären dafür zusätzliche zweieinhalb Wochen Urlaub drin.

Oder, ein paar Nummern kleiner, nehmen wir unser alltägliches Konsumverhalten, genauer: dieses wundervolle Olivenöl, das vor Kurzem bei unseren Freunden im Salat war. »Was anderes kommt bei uns gar nicht mehr auf den Tisch«, kommentierte der Gastgeber, »wir lassen uns das direkt vom Gut Dilettomaximo aus der Toskana schicken.« Anerkennende Worte meinerseits, wobei mir etwas verschämt der Gedanke an das bei uns zu Hause verwendete Olivenöl aus dem Supermarkt durch den Kopf huschte, das ich bisher eigentlich ganz gut fand, das aber natürlich ein paar Klassen unter dem hier Gebotenen liegt, wie mir jetzt aufgeht. »Hat natürlich auch seinen Preis«, schiebt der Freund nach, »38 Euro der Liter.«

Wunderbares Olivenöl bleibt wunderbares Olivenöl, aber in diesem Fall dürfte es auch mit der Grund sein, warum der Gastgeber im Lauf des Abends über den ewigen Stress klagte: Die Kanzlei ist, in seinen Worten, so wenig einträglich, dass er nebenher Begutachtungen übernommen hat, die seine Abende und Wochenenden füllen.

Dies soll kein moralgetränkter Aufruf zum Konsumverzicht sein. Wer seine Geschmacksnerven mit erlesenen gustatorischen Reizen verwöhnen will, sollte nicht darauf verzichten. Wer gerne in einem Schloss wohnt, soll das unbedingt tun. Und wer sein Glück in einem schnellen Auto findet, soll um Himmels willen keinen Panda fahren. Nicht verzichten sollten wir jedoch darauf, Dinge zu hinterfragen, die in unserer Konsumgesellschaft als Selbstverständlichkeiten daherkommen. Dass ein hoher Lebensstandard automatisch glücklich macht beispielsweise.

Die armen Reichen

Natürlich hat man mehr Freiheiten, wenn man über unbegrenzt Geld verfügt. Ohne Geld ist auch Paris kleiner, wie schon Ernst Bloch feststellte[336] – aber ohne *Zeit* kann man sich die Reise gleich sparen. Nicht Geld, sondern Zeit ist unser kostbarstes Gut. Und glücklicherweise sind wir zumindest in dieser Beziehung nicht ärmer als Bill Gates. Möglicherweise sogar reicher.

Der amerikanische Wirtschaftswissenschaftler Daniel Hamermesh kam nach der Auswertung von Mikrozensusdaten aus den USA, Deutschland, Korea, Kanada und Australien zu dem Befund, dass in all diesen Ländern gerade die Reichen am meisten über Zeitnot klagen, und zwar unabhängig davon, wie viel Zeit sie bei der Arbeit verbringen. Auf den ersten Blick ein ziemlich verblüffendes Ergebnis, wo sich doch gerade die Betuchten alle Arten von Unterstützung kaufen können, vom Babysitter über den Gärtner und die Haushaltshilfe bis zum persönlichen Assistenten. Hamermesh erklärt seinen Befund damit, dass mit steigendem Einkommen auch immer mehr Wünsche erreichbar werden, jedoch die für ihre Realisierung zur Verfügung stehende Zeit nicht mitwächst. Gemessen an den vielen Optionen erscheint der Mangel an Zeit umso schmerzlicher. Am meisten Zeitmangel empfinden nach der Studie diejenigen, die sowohl viel arbeiten als auch viel Geld verdienen – unsere Leistungselite also.[337]

Es gibt offenbar ein *Zuviel* an Wahlfreiheit. Mit der unendlichen Steigerung der Optionen wächst auch der Bedarf an Zeit und Energie, den der Prozess des Auswählens mit sich bringt: Je mehr Waren der Supermarkt anbietet, umso länger dauert das Einkaufen – und umso genervter ist man nachher an der Kasse. »Der Reichtum des Menschen«, sagt dazu der amerikanische Philosoph und Pionier des einfachen Lebens Henry David Thoreau, »steigt mit der Anzahl der Dinge, die er nicht braucht.«[338]

Status: eine Frage der Definition

Es ist leicht, den Überkonsum anzuprangern. Wir wissen alle, dass wir zu viel konsumieren und dass reiner Konsum uns nicht glücklich macht. Den Kern dieses Wissens, wie übrigens auch den Kern aller Religionen der Welt, bildet die Erkenntnis, dass das eigentliche, das gute Leben im Inneren liegt und nichts mit materiellen Gütern zu tun hat. Aber wer sich an Kapitel 6 erinnert, weiß, dass auch Statusstreben zu unserer psychischen Grundausstattung gehört. Denn Status heißt: Ansehen – die »Liebe der Welt« also. Und von der können wir nie genug abbekommen.

Kann man sich vom Statusstreben freimachen? Nein, kann man nicht. Ein Aufruf gegen Statusstreben ist ungefähr so sinnvoll wie ein Aufruf gegen Appetit. Trotzdem: Wir sind nicht dazu verdammt, uns in dem Irrsinn aufzureiben, den die »Leistungsgesellschaft« für uns bereithält, in dem Teufelskreis aus Produzieren und Konsumieren, der von der ewigen Jagd nach *mehr* befeuert wird, die uns aber am Ende immer zu Armen macht: arm an Zeit, aber immer noch bedürftig nach noch mehr Gütern, Genuss und Bequemlichkeit. So wie wir trotz des ewigen Hungers unserer Fettzelle nicht zu einem Leben mit Fettsucht und Diabetes verdammt sind, wenn wir den richtigen Lebensstil wählen, so können wir mit unseren Lebensentscheidungen auch einen Bogen um die Zivilisationskrankheit des ewigen Abrackerns machen.

Wir haben nicht die Freiheit, Erfolg und Status abzuschaffen, aber wir haben die Freiheit, sie anders zu definieren, andere Maßstäbe anzulegen, *unsere* Maßstäbe. Dazu brauchen wir Verbündete, keiner ist eine Insel. Aber es liegt an uns, welche Freunde wir uns suchen, in welcher Szene wir uns bewegen, wem wir Respekt und Achtung zukommen lassen. Es liegt an uns, ob wir weitermachen, die Reichen zu beneiden, oder ob wir sie vielleicht eines Tages mit Verachtung strafen. Warum sollten wir bei ihrem ostentativen Luxus leuchtende Augen bekommen? Er ist ein gesellschaftliches *Problem,* ein Symbol des Unfriedens, weil Ungleichheit die ganze Gesellschaft krank macht. Warum geben wir das Zurschaustellen von Statussymbolen nicht der Lächerlichkeit preis? Es stört das Miteinander, es ist ein Zeichen schlechter Manieren, ja, ein Akt der Aggression. *Keiner* hat es verdient, hundertmal mehr zu »verdienen« als seine Mitmenschen, und auch wenn es legal ist – es läuft auf Raub hinaus. Millionen-Boni für Führungskräfte und Banker sind schlicht unsittlich, solange Menschen für schwere und unverzichtbare Aufgaben wir die Pflege von Alten und Kranken nicht einmal so bezahlt werden, dass sie davon gut leben können. Die Zeiten sind vorbei, in denen die Überreichen unsere stumme Verehrung bekommen. Sie sollen kalte Schultern sehen.[339]

Die neuen Coolen

Vielleicht finden wir eines Tages auch Leute einfach langweilig, die sich mit einem prallen Terminkalender wichtigmachen. Vielleicht gehen sie uns auf die Nerven, die gehetzten Leistungsträger und Erfolgsmenschen, die allzeit Bereiten mit dem immer eingeschalteten Selbstvermarktungsmodus. Hey, vielleicht können wir sie einmal als die Verlierer sehen, die sie sind: Leute, die nicht einmal über ihre eigene Zeit bestimmen können. Warum bezeichnen wir eigentlich ausgerechnet Menschen als unsere Elite, die von morgens bis nachts unter *Druck* stehen, Leistungs-, Erfolgs- und Zeitdruck? Die eigentlich Sklaven sind?

Vielleicht können wir ihre glanzvollen Karrieren einmal von einer ganz anderen Seite sehen: als »die Zuflucht jener, die sonst keine Aufgabe haben«, wie sich Oscar Wilde ausdrückt?[340] Die durchs Leben hetzen müssen, weil sie nicht genug Fantasie haben, was sie sonst mit ihrer Zeit anfangen könnten? Die ihre Träume aufgegeben haben, um sich meistbietend zu verkaufen?

Vielleicht wird uns dann auch aufgehen, dass diejenigen die Coolen sind, die Zeit haben. Die ihr Leben nach ihrem eigenen Plan gestalten können. Die ihren Status nicht über ihr Konsumpotenzial beziehen müssen. Die nicht zu jeder Tages- und Nachtzeit erreichbar sein müssen, sondern sich den Luxus leisten, selber über ihre Zeit und ihren Rhythmus zu bestimmen. Die mit aristokratischer Lässigkeit ihr Smartphone, iPad oder BlackBerry abschalten können, wenn sie sich ganz auf ihre jeweilige Beschäftigung konzentrieren wollen. Wer zur Elite der Zukunft gehören will, überlässt die Hetze anderen.

Nicht, dass die neuen Coolen vielleicht zu blöd wären, mit Technik umzugehen, nein, sie lehnen es nur ab, sich von einer Maschine drangsalieren zu lassen. Wohl wissend, dass der digitale Graben nicht zwischen denen verläuft, die sich mit Internet, Apps und Facebook auskennen und denen, die das nicht tun, sondern zwischen denen, die den Aus-Schalter betätigen können und dem tumben Rest.

Primat der Politik!

Und vielleicht werden die neuen Coolen eines Tages auch genug Druck von unten machen, dass sich die Regierung an ihre eigentliche Aufgabe erinnert – die darin besteht, die Rahmenbedingungen für ein gutes Leben ihrer Bürger herzustellen. Sie würde dann wirksame Maßnahmen gegen Arbeitsbesessenheit und Konsumobsession ergreifen, eine progressive Ausgabensteuer etwa, die an die Stelle der progressiven Einkommenssteuer treten könnte, um den angeberischen Luxuskonsum zu vermindern, der alle unter Statusstress setzt. Der Vorschlag stammt von Robert und Edward Skidelsky, die in ihrem Buch *Wie viel ist genug?* ein überzeugendes Plädoyer für ein Ende der Wachstumslogik vorgelegt haben.[341] Ebenfalls erheben die Skidelskys – der Vater Ökonomie-, der Sohn Philosophieprofessor – die Forderung, dass Unternehmen Ausgaben für Werbung nicht mehr von der Steuer absetzen können, damit weniger Statusbegierden stimuliert oder gar erst geweckt werden.

An der Zeit wäre es auch, dass die Regierung den Willen ihrer Bürger endlich ernst nimmt – von denen keiner (mit Ausnahme einer hauchdünnen Minderheit von Superreichen) in einer Gesellschaft leben will, in der der Sieger alles kriegt. Keiner von ihnen stellt sich unter »Demokratie« ein System vor, in dem über die Aufteilung der Reichtümer de facto in den Unternehmen bestimmt wird – die wiederum irgendwelchen anonymen Aktionären gehören, die allem unterworfen sind, nur nicht dem Willen des Volkes. Wenn John Maynard Keynes mit seiner Aussage recht hat, dass der Staat Zivilisation ermöglicht,[342] dann ist es Aufgabe der Politik, einen Riegel vorzuschieben, dass die Firmen in einem sozialschädigenden Maß Ungleichheit produzieren, deren Folgen dann von der Allgemeinheit zu tragen und zu reparieren sind.

Und warum sollte es nicht möglich sein, dass die Politik die vielen Vorschläge für ein bedingungsloses Grundeinkommen einer sorgfältigen und wirklich ergebnisoffenen Prüfung unterzieht, dass sie wissenschaftlich begleitete Feldversuche startet, in denen endlich einmal ernsthaft ausprobiert und durchgespielt wird, was an der Idee wirklich dran ist? Sie hat das Zeug dazu, *die* revolutionäre Idee des 21. Jahrhunderts zu werden – genauso, wie sie sich am Ende auch als Schnapsidee erweisen könnte.

Aber wie auch immer – an diesem Punkt Anstrengungen zu unternehmen, ist jedenfalls allemal besser, als den Irrsinn weiterzuführen, Arbeitsexzesse via Überstundenzuschlag jedes Jahr mit acht Milliarden Euro steuerlich zu subventionieren und dazu noch der Zeitverschwendung auf dem Weg zur Arbeit per Pendlerpauschale Vorschub zu leisten.

Weniger arbeiten, mehr leben?

Aber heißt weniger zu arbeiten denn wirklich, dass wir mehr vom Leben haben?

Nicht unbedingt. Für viele ist das Problem mit der Arbeit gar kein quantitatives Problem. Wer einen Sinn in seiner Tätigkeit sieht, wer besessen ist von einer Aufgabe, wird nicht die Stunden zählen. Paradoxerweise hat das subjektive Gefühl, überarbeitet zu sein, erstaunlich wenig mit der tatsächlichen Menge an Arbeit zu tun, sondern viel mehr mit deren *Qualität*.

Hier treffen wir wieder auf die drei Wächter unseres Wohlbefindens, denen wir bereits beim Thema Burn-out begegnet sind: Wenn wir keine Erfolgserlebnisse haben, wenn unsere Arbeit fremdbestimmt ist und wir keine Anerkennung für unsere Anstrengung erhalten, dann werden unsere Grundbedürfnisse mit Füßen getreten, Seele und Körper geraten unter *Stress*. Und zwar unabhängig davon, wie viel wir arbeiten. Die Gleichung »Arbeit schlecht, Freizeit gut« greift deshalb zu kurz. Ebenso die modischen Modelle von »Work-Life-Balance«. Arbeit ist genauso Teil des Lebens wie Freizeit, es gibt kein rechnerisch optimales Verhältnis. In beiden Bereichen ist Zufriedenheit zuallererst eine Frage der Qualität. Freizeit kann genauso sinnentleert und »stressig« sein wie Arbeit, wenn sie nicht von den Wächtern unserer Motivation beschützt ist.

Was aber tun, wenn die Motivation weg ist? Wenn wir bei der Arbeit nicht auf unsere Kosten kommen?

»Klar muss ich da jeden Tag auflaufen, aber ich weiß inzwischen, wie ich mir einen lauen Lenz machen kann«, sagt eine (unkündbare) Sachbearbeiterin bei der Stadtverwaltung. Aber nicht nur in Behörden, auch in den meisten Firmen gibt es genug Möglichkeiten zum konsequenten

Tun-als-ob. Unterstützung kann man sich aus Ratgebern holen, die Titel tragen wie *Die Entdeckung der Faulheit, Die Faultier-Strategie* oder *Urlaub auf Krankenschein*. Innere Kündigungen haben über die letzten Jahre zugenommen, inzwischen distanziert sich jeder vierte Arbeitnehmer emotional von seiner Arbeit, bei den über 50-Jährigen fast jeder dritte.[343] Zu einer richtigen inneren Kündigung gehört natürlich auch, den Chef zu hassen, was sich mittels Ratgebern wie *Mein Chef ist ein Arschloch, Ihrer auch?* bequem und leicht trainieren lässt. Nach einer Umfrage von stern.de lästert der durchschnittliche Mitarbeiter jede Woche vier Stunden über seinen Chef.

Aber so sehr die Strategie »Ablästern und dabei möglichst wenig tun« vielleicht kurzfristig Genugtuung bieten kann – auf die Dauer schneiden Sie sich damit ins eigene Fleisch. Denn mit der inneren Emigration haben Sie endgültig die Wächter entlassen, die für Zufriedenheit bei Ihrer Arbeit sorgen könnten. Wenn Sie meinen, es könnte ein gutes Leben sein, wenn Sie die Hälfte Ihrer Zeit abschreiben – *ich* jedenfalls habe meine Zweifel. Wer nur noch die Zeit über die Runden bringt, um möglichst schmerzfrei bis zum Feierabend zu kommen, wird die Erfahrung machen, dass die Zeit gar nicht mehr vergeht. Und wenn Sie meinen, Sie werden erholt nach Hause kommen – genau das Gegenteil wird der Fall sein.

Natürlich, hinter jedem demotivierten Arbeitnehmer steckt ein demotivierender Chef oder demotivierende Arbeitsbedingungen. Aber auch wenn Sie die Schuld Ihrer Misere bei anderen wissen – ausbaden müssen am Schluss *Sie* sie. Es ist *Ihr* Leiden, und damit ist es auch *Ihre* Aufgabe, den Kampf dagegen aufzunehmen. Oft steckt hinter der Leisetreter-Strategie nur die Trägheit, sich nach Alternativen umzusehen, beispielsweise den Arbeitgeber oder die Abteilung zu wechseln. Oder das Gespräch mit dem Chef zu suchen, und wenn nötig mit dem Chef vom Chef. Wenn Sie unter einem bestimmten Zustand leiden – auf die Hinterbeine mit Ihnen, und nicht in den Schmollwinkel! Revoltieren Sie! Und zwar nicht nur auf dem billigen Weg des gemeinsamen Ablästerns. Wenn Sie meinen, in einem Irrenhaus zu arbeiten, tun Sie sich mit den letzten verbliebenen Gesunden zusammen und versuchen Sie, etwas zu ändern! *Tun* Sie was, anstatt die Hälfte Ihres Lebens abzuschreiben!

Wenn Sie alles getan haben, können Sie immer noch resignieren. Wenn Sie meinen, mit Ihrem stummen Protest Ihre Würde zu bewahren: Gibt es denn einen unwürdigeren Zustand, als Tag für Tag seine Zeit für etwas zu geben, an das man nicht glaubt – wie jene Ungenannten in den Gedichtzeilen von Rainer Maria Rilke: »Sie gehn umher, entwürdigt durch die Müh, sinnlosen Dingen ohne Mut zu dienen«[344]?

Nachlassende Begeisterung

»Scher dich genauso wenig um eine Arbeit, an die du nicht glaubst, wie um eine Frau, nach der du nicht verrückt bist.«[345] Dieser berühmt gewordene Appell eines Lehrers an seine Abiturklasse scheint nicht so recht von dieser Welt zu sein – in der man bei vielen Jobs um viele Ecken denken muss, um den tieferen Sinn darin zu erkennen.

Der Rat, sich eine sinnvolle Arbeit zu suchen, gerät leider allzu schnell in Konflikt mit der Realität – die nun einmal darin besteht, dass die interessanten, selbst motivierenden Tätigkeiten, mit denen sich auch noch Geld verdienen lässt, eher rar sind. Und selbst die bedeutungsvollste und angenehmste Arbeit wird im Lauf der Jahre zur Routine, irgendwann ist die Luft raus. Viele Ärzte etwa, die einmal mit dem Motiv »Helfen und heilen« höchst motiviert in den Beruf gestartet waren, beklagen sich als arrivierte Doktoren über die alltägliche Routine, die eingeschränkten Gestaltungsmöglichkeiten und die unzureichende Bezahlung. Solche Gewöhnungseffekte sind *jedem* Beruf immanent. Die Wahrscheinlichkeit, mit aufregendem Neuen konfrontiert zu werden, *muss* im Lauf von Jahrzehnten einfach sinken.

Mir fallen nur zwei Gegenstrategien ein. Eine politische, die darin liegt, dass harte, wenig selbstmotivierte Tätigkeiten entweder besser bezahlt oder durch eine geringere Arbeitszeit attraktiver gemacht werden. Warum werden gerade die Arbeiten so gut bezahlt, um die sich alle kloppen? Und die schlecht, die übrig bleiben, aber genauso getan werden müssen?

Die zweite, ganz private Gegenstrategie steht jedem offen: die Abkehr vom Modell des lebenslangen »Berufs«.

Beruf als Ehe oder Lebensabschnittspartnerschaft?

In Deutschland wechseln jedes Jahr gerade 1,7 Prozent der Arbeitnehmer von sich aus in einen ganz neuen Beruf, das sind fünfmal weniger als etwa in Großbritannien.[346] Für den Rest gilt: einmal Lehrer, immer Lehrer, einmal Schaffner, immer Schaffner, einmal IT, immer IT.

Nun können 35 Jahre bei derselben Arbeit ein bewundernswertes Zeichen von Konstanz und Genügsamkeit sein. Aber auch ein Ausdruck von Masochismus oder zumindest von fehlenden Alternativen.

Tatsächlich sind Alternativen in aller Regel dünn gesät: Eine neue Ausbildung dauert lange und ist entsprechend teuer. Dazu kommen die bürokratischen Hürden, die gerade in Deutschland mit unserer Diplom- und Zertifikat-Besessenheit und dem unflexiblen Zugang zu Berufen – denken Sie an den Lehrer-Job! – unüberwindlich scheinen. Für viele wirkt auch der Beamtenstatus, den man aus finanziellen Gründen nicht aufgeben will, als Bremse – und wird dann zum goldenen Käfig.

Unter finanziellen Gesichtspunkten ist ein Berufswechsel in vielen Fällen tatsächlich ein Wagnis. Und genauso ist es natürlich auch unter volkswirtschaftlichen Überlegungen die reine Verschwendung, wenn gut ausgebildete Leute nicht in ihrem angestammten Beruf arbeiten, wo sie brav zum Bruttosozialprodukt beitragen und ihre Einkommensteuer zahlen, sondern irgendwo in einem Hörsaal oder Seminarraum sitzen und sich mit ganz neuem Stoff befüllen lassen.

Aber sollte Effizienz das Kriterium sein, wenn es um die Lebenszufriedenheit geht? Was unter wirtschaftlichen Gesichtspunkten rational ist, kann unter Glücksgesichtspunkten komplett irrational sein.

Natürlich hat der Wechsel in einen neuen Beruf seinen Preis. Aber wenn Sie jedes Jahr in Urlaub investieren, um Ihre Lebensfreude zu erhöhen, ist es dann nicht auch denkbar, in einen beruflichen Wechsel zu investieren? So wie viele jeden Monat Geld zurücklegen, um sich gegen das Risiko der Berufsunfähigkeit abzusichern, so könnten sie auch Geld zurücklegen, um für den Fall gewappnet zu sein, dass der Job eines Tages keine Freude mehr macht.

Bei einer Party kam ich letztens mit einer netten 40-Jährigen ins Gespräch, einer Zahnärztin, wie sich herausstellte. Zwei Jahre zuvor hatte sie festgestellt, dass sie das Zahnbohren auf Dauer nicht zufrieden macht, und sich mit einer Architektin zusammengetan, die in ihrem Beruf ebenfalls unglücklich war, um gemeinsam ein Café zu eröffnen. Ich habe dieses inzwischen schon öfter besucht und kann versichern, dass sowohl der Kuchen als auch die Atmosphäre keine Wünsche offenlassen. Ob die beiden so viel verdienen wie in ihren angestammten Berufen, wage ich zu bezweifeln, aber das war wohl auch nicht der Zweck der Übung.

One size fits all?

Das Standardmodell des Lebens sieht in der Arbeitsgesellschaft so aus: mit eins Aufnahme in eine Bildungsinstitution namens Kita, mit sechs Beginn der Arbeitspflicht in der Grundschule, deren Umfang sich über die Jahre immer weiter steigert und in den weiterführenden Schulen in aller Regel über dem Pensum der meisten Erwachsenen liegt. Nach Abschluss der Schule schiebt der privilegierte Teil einer Generation gerne ein paar Monate als letztes Atemholen ein, raus in die Welt, mit dem Rucksack nach Katmandu oder als Au-pair nach Paris. Danach das Studium oder die Ausbildung, und dann beginnt sie, die zentrale Etappe des Erwachsenenlebens, das sogenannte »aktive Leben«. Es dauert durchschnittlich 37,5 Jahre und wird jedes Jahr von maximal sechs Urlaubswochen unterbrochen. Längere Pausen kommen allenfalls als Unglücksfall vor, bei Arbeitslosigkeit etwa, einem gebrochenen Bein oder einem Burnout. Oder als »Babypause«, die jetzt allerdings zunehmend kurz gehalten wird. Der Ruhestand tritt dann mit durchschnittlich 63,5 Jahren ein.

Standardmäßig ist für Männer das Modell »Vollzeit« vorgesehen, die Option »Teilzeit« wird von jedem Vierten (meist Müttern) wahrgenommen. Für 75 Prozent gilt also: *One size fits all* – sie arbeiten die (zumindest nominell) maximale Stundenzahl, die tariflich und gesetzgeberisch möglich ist. Egal, was gerade sonst im Leben ansteht, ob Kinder da sind, Angehörige krank, ob man ein Haus baut oder eine Beziehungskrise durchleidet, egal, ob man das Geld braucht oder nicht, vorgesehen ist: Vollzeit powern, lebenslänglich, und dann, von jetzt auf gleich, abtreten.

Menschen, die sich Individualisten nennen und in ihrem sonstigen Leben alles tun, um ihre Einzigartigkeit zu betonen – bei der Arbeit werden sie wie selbstverständlich über einen Kamm geschoren.

Und lassen sich scheren. Denn zumindest auf dem Papier haben die meisten Angestellten – auch als Führungskraft – nach Paragraph 8 des Gesetzes über Teilzeitarbeit und befristete Arbeitsverträge (TzBfG) in Betrieben mit mehr als 15 Beschäftigten einen einklagbaren Anspruch auf Verringerung der Arbeitszeit, wenn sie seit mindestens sechs Monaten dort beschäftigt sind.

Viel Gebrauch scheint aber von dem Gesetz nicht gemacht zu werden, zumindest nicht von Männern.

Wollen die ewig im gleichen Takt leben wie Maschinen? Warum müssen sie sich rechtfertigen (oder meinen, sich rechtfertigen zu müssen), wenn sie dieses Jahr 16 und nächstes Jahr 28 Stunden ihrer wöchentlichen Arbeitskraft zu Markte tragen? Warum müssen sie ihr Leben an Regeln ausrichten, die irgendwann einmal von irgendwelchen Menschen festgelegt wurden, deren Interessen mit den ihren gar nichts zu tun haben? Warum sollen wir unsere Lebensplanung der Arbeit unterordnen und nicht umgekehrt?

Das gilt genauso für die Rente: Warum sollen wir das Leben lang durchpowern und dann mit einem Schlag von der Bildfläche verschwinden? Vielleicht würden manche es vorziehen, schon vorher ihre Arbeitszeit langsam zu reduzieren, und zwar unabhängig von den starren Regelungen des Altersteilzeitgesetzes. Und vielleicht wollen wieder andere auch über das offizielle Rentenalter hinaus weiterarbeiten, Helmut Schmidt wird ja auch nicht die *Zeit*-Herausgeberschaft entzogen. Warum soll der Staat uns vorschreiben, wann wir unseren Beruf nicht mehr ausüben? Menschen sind unterschiedlich, Lebensentwürfe sind unterschiedlich, Berufe sind unterschiedlich. Warum müssen junge Menschen mit Kindern ranklotzen, und später als Alte werden selbst die, die weiterhin arbeiten wollen, nach Hause geschickt?

Kinder sollen früher eingeschult werden, strammer durch Schule und Studium geschleust werden, damit sie bloß möglichst schnell ins »aktive Leben« gelangen. Die Alten – die sich aber immer weniger als »die Alten« empfinden – werden dafür infantilisiert.[347]

Anstatt das Rentenalter für alle heraufzusetzen, warum es nicht flexibilisieren? Jeder hat seinen eigenen Plan vom Glück, seine eigenen Möglichkeiten und Notwendigkeiten – *one size fits all* mag vielleicht im Industriezeitalter gepasst haben, heute ist es längst obsolet.

Auszeit

Die Idee, das Arbeitsleben in Form sogenannter Sabbatjahre regelmäßig zu unterbrechen, geht auf eine jüdische Gepflogenheit zurück, die bereits im Alten Testament formuliert wurde und von orthodoxen Juden teilweise heute noch praktiziert wird: Jedes siebte Jahr wurden alle landwirtschaftlichen Aktivitäten eingestellt, um dem Boden Ruhe zu gönnen. Der institutionalisierte Ausstieg auf Zeit ist in den Sechzigerjahren in der akademischen Welt der USA aufgetaucht und seither zu einer festen Einrichtung geworden, die allerdings außerhalb des angelsächsischen Raumes wenig genutzt wird.

Nun, warum sollen solche Verschnaufpausen nur für amerikanische Professoren gut sein? »Das Wochenende ist nur die eine Hälfte des Sabbats«, schreibt der englische Philosoph und Historiker Theodore Zeldin, »Gott hat aber die Juden außerdem angewiesen, alle sieben Jahre einen Sabbaturlaub zu nehmen. Das Sabbatjahr könnte das Menschenrecht werden, das vom einundzwanzigsten Jahrhundert eingefordert wird ... Das Sabbatjahr könnte eine Zukunft bieten, indem es eine Gelegenheit schafft, die Richtung zu wechseln oder einfach das zu tun, wofür beschäftigte Menschen keine Zeit haben, nämlich nachzudenken oder einen langen Spaziergang zu machen.«[348]

Aber wer kann es sich schon leisten, ein Jahr auszusetzen?, wenden Sie jetzt vielleicht ein. Nun, die meisten »Aussteiger auf Zeit« gehören durchaus nicht zu den Millionenerben oder Großverdienern, sondern sind ganz normale Lehrer, Heilpädagogen, Journalisten oder Krankenschwestern. Ob man sich auf seine Träume einlässt, hat meist mehr mit Mut als mit Geld zu tun. Die Erfahrung machte auch die Journalistin Meike Winnemuth, die in Günther Jauchs Quizshow *Wer wird Millionär?* eine halbe Million gewann und sich damit ihren Traum erfüllte, ein

Jahr um die Welt zu reisen, zwölf Städte in zwölf Monaten. Hinterher stellte sie fest – zu ihrer eigenen Beschämung, wie sie schreibt –, dass sie sich die Reise eigentlich schon immer hätte leisten können, zumal sie als Journalistin nebenher weiterarbeiten und Geld verdienen konnte.[349]

Als Beamter oder Angestellter im öffentlichen Dienst haben Sie in vielen Fällen sogar einen Rechtsanspruch auf eine Auszeit. Beim Land oder bei den Kommunen angestellte Beamte dürfen in ihrem ganzen Berufsleben bis zu sechs Jahre pausieren. In vielen Bundesländern gibt es geregelte Sabbatical-Modelle, wie das sogenannte Vier-Jahres-Modell, bei dem man drei Jahre lang bei drei Viertel der Bezüge voll arbeitet und danach ein Jahr aussetzt, oder das Sieben-Jahres-Modell, das nach sechs Jahren Arbeit bei einem Sechs-Siebtel-Verdienst ein freies Jahr vorsieht. In der »freien Wirtschaft« sind Sie in aller Regel darauf angewiesen, Ihren Chef für Ihre Pläne zu gewinnen. Carsten Alex, Gesundheitsberater und Ratgeberautor, empfiehlt, Sabbaticals als festen Bestandteil der Karriereplanung von vornherein im Anstellungsvertrag zu vereinbaren.

Aber Achtung, das Thema Auszeit kommt nicht ganz ohne Beipackzettel. Längere Auszeiten sind und bleiben ein Wagnis, ganz besonders für diejenigen, die vorher ganz für ihren Beruf gelebt haben. Wer sonst kein Leben hat, wird schlecht dastehen, wenn er plötzlich keine Arbeit mehr hat. Wer ganz aus dem gewohnten Trott aussteigt, verliert auch Halt gebende Strukturen, deren Wegfall eine Anpassungsleistung erfordert, die manchen überfordert. Psychotherapeuten berichten, dass manche ihrer Klienten nach dem Ausstieg eine handfeste Depression entwickeln.

Aber es muss ja nicht gleich ein ganzes Jahr sein. Warum nicht erst einmal eine kleinere Portion ausprobieren? Eine Auszeit von drei Monaten alle zwei, drei Jahre? Und damit immer eine Zeit in Sichtweite, auf die man sich freuen kann.

Und warum eigentlich nicht jede Woche eine kleine Auszeit nehmen? Oder jeden Tag?

Ihre Arbeit hat die naturgegebene Tendenz zu *wuchern*. Auf Ihrem Schreibtisch werden sich *immer* die Aufgaben stapeln, und *alle* hätten besser schon gestern erledigt sein sollen. Wenn Sie sich in Ihrem Arbeitsalltag ganz bewusst Zeiten freihalten, die nur für Sie da sind, können Sie der Fremdbestimmung durch Ihre Arbeit ein Schnippchen schlagen. Hauen Sie Lichtungen in den wuchernden Arbeitsdschungel. Reservieren Sie in Ihrer Arbeitswoche feste, arbeitsfreie Zeiten. Schaufeln Sie sich frei für die Bereiche Ihres Lebens, die Ihnen wichtig sind. Geben Sie Ihrem Alltag das Gesicht, das Sie ihm geben wollen.

Wenn es Ihnen wichtig ist, Ihre Kinder auch mal wach zu erleben, blockieren Sie sich sofort jeden Donnerstagnachmittag, um die Kleinen vom Kindergarten abzuholen. Oder tragen Sie in Ihren Kalender ein, dass Sie mittwochs ab 17 Uhr nicht zur Verfügung stehen. Sie sind einfach nicht da. Sie haben ein Meeting mit Ihrer Tochter, um ihr eine Gute-Nacht-Geschichte zu erzählen. Oder Sie treffen sich einmal die Woche mit Ihrer Frau zum Mittagessen. Und wenn es zu Ihrer Vorstellung vom »guten Leben« gehört, ab und zu allein schwimmen oder zum Akkordeonunterricht zu gehen, gehört das als fixes Date in Ihren Terminkalender, sakrosankt wie eine Vorstandssitzung.

Wenn Sie es als wichtig erachten, mit Ihrer Familie etwas zu unternehmen, dann verbieten Sie sich, am Wochenende Arbeit mit nach Hause zu nehmen. Sie erledigen sie sowieso nicht, laufen dafür aber dauernd mit einem schlechten Gewissen herum. Und lassen Sie bloß im Urlaub das Smartphone zu Hause! Als es noch kein Internet gab, ist Ihre Firma auch mit Ihrer Abwesenheit fertiggeworden.

Aber unterschätzen Sie die Wachstumskräfte Ihrer Arbeit nicht. Wenn Sie deren Wuchern eindämmen wollen, müssen Sie klare Grenzen setzen, und zwar *proaktiv* und konsequent. Wenn Sie das Leben in den Rest reinpacken, den die Arbeit übrig lässt, kommen Sie nie dazu.

Raus aus der Erfolgsfalle

Und das gilt nicht nur für jeden einzelnen Arbeitstag, sondern für das ganze Leben. Wenn Sie nicht selber das Steuer übernehmen, werden Sie gesteuert. Wenn Sie nicht selber wissen, was für ein Gesicht Sie Ihrem Leben geben wollen, werden andere es für Sie gestalten. Sie werden brav alle Anforderungen erfüllen, die Ihre jeweiligen Chefs an Sie herantragen. Wenn Sie Ihre Aufgabe gut machen, werden Sie mit noch mehr Aufgaben »belohnt«, mit noch mehr Verantwortung, einer noch höheren Position – ohne sich vielleicht jemals überhaupt Gedanken dazu gemacht zu haben, ob Sie es in Ihrem Leben wirklich darauf angelegt haben, mehr Rasenmäher zu verkaufen oder ein neues Parfum durchzusetzen. Passt das, was Sie da tagtäglich tun, zu Ihnen? Sind Sie bei der Aufgabe, der Sie da einen guten Teil Ihres Lebens verschrieben haben, gut aufgehoben?

Es gehört zu den Gründungsmythen der Leistungsgesellschaft, dass Erfolg mit Glück, ja, mit Seelenheil identisch ist. Dieser Mythos macht uns schneller, als wir denken, zum Opfer – zum Opfer des eigenen Erfolgs. Denn *selbstverständlich* schlagen wir eine Karrierechance nicht aus. Selbstverständlich nutzen wir jede Gelegenheit zum Vorwärtskommen. Alles andere erscheint uns regelwidrig. So geht nun einmal das Spiel, wie wir es von klein auf kennen. Dabei merken wir gar nicht, dass wir nach Regeln spielen, die andere für uns gemacht haben. Dass wir *unser* Spiel, das Spiel *unseres* Lebens, aus der Hand gegeben haben. Wo steht, dass wir jeden Karrieresprung mitmachen müssen? Wo steht, dass wir nicht auch diese Entscheidung auf die Waage des Lebens legen? Und die misst nun einmal nicht nur den Geldwert. Lohnt sich ein Magengeschwür für 1000 Euro Gehaltserhöhung?[350] Wiegt der Zugewinn an Macht den Verlust an Freiheit auf? Ist das »Fortkommen« es Ihnen wert, sich ständig profilieren zu müssen, ja, sich zu verbiegen? Kann Erfolg ein Ersatz sein für das Gefühl, sich selbst treu zu bleiben?

Steuern Sie gezielt, selbstbestimmt und selbstbewusst die Position an, die zu Ihnen passt und Sie zufrieden macht. Dazu gehört auch, einmal Nein zu sagen. Nein zu einem Angebot, Nein zu einer drohenden Karriere. Wie etwa der Anwalt, der trotz finanzieller Einbußen nur noch Mandate annimmt, bei denen er sich für eine gute Sache einsetzen kann. Oder wie der Intensivpfleger, der die Leitungsposition ausschlägt und stattdessen seine Stundenzahl reduziert, um sich ein Haus zu bauen. Oder wie Audrey Tautou *(Die fabelhafte Welt der Amélie),* die das Angebot ausschlägt, nach Hollywood zu gehen. Sie will für ihre Karriere nicht auf Familie und Freunde verzichten, auch nicht auf ihr Hobby, die Fotografie – »Mein Beruf kann mich nicht vollkommen ausfüllen«.[351]

Ein Handel

Ja klar, die hat ja auch ausgesorgt, werden Sie jetzt vielleicht sagen. Aber ich habe schließlich eine Familie zu ernähren. Und wenn ich ein Jahr pausiere, bin ich weg vom Fenster.

In der Tat: Nicht jeder kann die Sache mit seinem Beruf locker sehen. Wer kann schon seine Arbeit einfach an den Nagel hängen? Wer im Supermarkt hinter der Kasse sitzt, braucht schlichtweg das Geld, um die laufenden Rechnungen zu zahlen. Da bleibt oft kein Spielraum, weniger zu arbeiten. Das Leben ist in der Tat kein Wunschkonzert. Das ist aber nur die eine Wahrheit. Die andere ist die: Selbst da, wo wir Spielraum hätten, stellen wir oft genug unsere Wünsche hintenan. Gerade diejenigen, die sich das Nichtstun am ehesten leisten könnten, arbeiten am besessensten.

Das Leben ist ein Handel. Das englische Wort für »Kompromiss« zeigt das sehr schön: *trade-off* – um etwas zu kriegen, musst du etwas anderes hergeben. Wer die Freuden des Singlelebens genießen will, muss auf Familie verzichten. Wer mehr Freiheit will, muss auf Sicherheit verzichten. Wer mehr Zeit haben will, muss Abstriche beim beruflichen Erfolg machen. Wenn Sie nicht bereit sind, etwas herzugeben, werden Sie exakt so wie bisher weitermachen und weiterjammern.

»Das Ideal bestünde darin, einen faszinierenden Job zu haben, viel Freizeit, ein Gehalt, mit dem wir uns kaufen können, was wir wollen, und eine lebenslange Jobgarantie«, schreibt die Historikerin Joanne Ciulla.[352] Im realen und nicht-idealen Leben gehört es jedoch zu den fundamentalen Gemeinheiten, dass man nun einmal nicht darum herumkommt, sich beim Waschen den Pelz nass zu machen. Wer das eine will, muss beim anderen Abstriche machen.

Für manchen mag es aber vielleicht auch etwas Entlastendes haben, sich von der Vorstellung zu befreien, dass wir alles haben müssen. Kinder und Karriere zum Beispiel. Es ist schon fast zur kulturellen Norm geworden, dass wir beide Rollen auszufüllen haben, und noch dazu hundertprozentig. In einem *Zeit*-Artikel fand ich dazu den Kommentar eines jungen Vaters: »Man kann nicht eine tolle Karriere hinlegen, extrem viel und hart arbeiten und noch Zeit für die Kinder haben. Man braucht keine großen finanziellen Mittel, um ein Kind zu erziehen. Es geht auch ganz schlicht. Erst, wenn man das seinem Kind vorlebt, erzeugt man eine Generation, die andere Werte zu schätzen weiß.«[353]

Lassen Sie mich dazu vielleicht noch eine Ergänzung anbringen, als einer, der sich sowohl im Arbeits- als auch im Elternleben als Veteran bezeichnen kann: Die Zeit mit kleinen Kindern ist verdammt kurz. Die Zeit im Berufsleben hingegen verdammt lang. Sie wären bescheuert, wenn Sie sich freiwillig beides zur Stress-Hölle machen würden.

Schöne neue Welt

Es ist an *Ihnen,* Ihr Leben zu gestalten. Wenn die Entwicklung, die ich in diesem Buch aufgezeigt habe, so weitergeht, wird es in Zukunft an Möglichkeiten nicht mangeln, Beruf und Privatleben in Einklang zu bringen – zumindest für diejenigen, die die entsprechenden Qualifikationen mitbringen. Immer mehr Unternehmen werden bereit sein, Ihren Wünschen entgegenzukommen und es Ihnen bei der Arbeit so schön zu machen, wie es nur irgend geht.

Schon heute werden in vielen großen Unternehmen alle Arten von Teilzeitmodellen angeboten, in manchen gibt es sogar die Möglichkeit von Sabbaticals. Bosch wurde gerade zum familienfreundlichsten Unternehmen Deutschlands gekürt, hier dürfen sogar Führungskräfte in Teilzeit arbeiten.[354] Bei BASF wird Ende 2013 für die 38 000 Angestellten in Ludwigshafen das »Zentrum für Work-Life-Management« in Betrieb genommen, in dem Kinderbetreuung fast rund um die Uhr angeboten wird, dazu Kurse jeder Art, von Autogenem Training bis Zumba. Das dort angeschlossene Fitness- und Gesundheitszentrum beschäftigt Ärzte und Physiotherapeuten, eine Sozial- und Pflegeberatung bietet Rat bei Lebens-, Ehe- und Schuldenkrisen oder auch bei psychischen Problemen wie Sucht und Depression.[355]

Die Zukunft hat also längst begonnen. Und nicht etwa, weil wir dafür auf die Straße gegangen wären, nein, es sind die Unternehmen selber, die jetzt plötzlich ein Einsehen haben. Offenbar sind die Erkenntnisse der sozialwissenschaftlichen und psychologischen Forschung in den Personalabteilungen der Unternehmen angekommen. Und die lassen sich auf einen Punkt bringen: Je zufriedener ein Arbeiter ist, desto besser ist er.[356] In einem Übersichtsartikel über den heutigen Forschungsstand geben die beiden Sozialpsychologen Ed Diener und Martin Seligman Empfehlungen, wie Unternehmen die Zufriedenheit ihrer Arbeitskräfte erhöhen können: flexible Arbeitszeiten, Betriebs-Kitas, Home-Office-Tage und familienfreundliche Urlaubsregelungen. Führungskräfte sollen einen motivierenden Führungsstil praktizieren, und die Entstehung von Freundschaften bei der Arbeit soll gefördert werden.[357] Also genau das, was Bosch, BASF, Google und Co. jetzt so vorbildlich umsetzen (im Fall des Work-Life-Centers von BASF übrigens mit einem erwarteten *Return on Investment* von 3 zu 1 – ein ausgegebener Euro spart demnach drei Euro ein).

Unternehmen haben gelernt, wie sie die Sehnsüchte und Bedürfnisse ihrer Mitarbeiter ansprechen müssen, um den maximalen Teil ihrer Lebensenergien, ihrer Begeisterung und Kreativität für sich abzuzweigen: indem sie ihnen nämlich genau das verschaffen, was jeder Mensch in seinem Leben sucht: Spaß, Zugehörigkeit, Sinn. Dafür scheuen sie keine Mühe, um die Welt der Arbeit für uns Menschen so auszupolstern, dass sie mehr und mehr die Qualität von *Heimat* annimmt.

Aber mehr noch: Moderne Unternehmen wie BASF haben sich darangemacht, unsere private Welt von ihrer notorischen Ineffizienz zu befreien, die uns bisher im Wege stand, dass wir uns wirklich als *ganze* Menschen in unsere Arbeit einbringen konnten. Statt dass der Nachwuchs von Ganztagskräften namens Mutter oder Vater betreut wird, die für ihren Job nicht einmal ausgebildet sind, werden sie jetzt in super Kitas professionell betreut. Statt Mitarbeiter wie bisher ein unvernünftiges Leben mit zu viel Rauchen und Trinken und zu wenig Bewegung führen zu lassen, wird jetzt im Work-Life-Center das Übel präventiv und effizient an der Wurzel gepackt: Raucherentwöhnung, Suchtberatung, Laufgruppe. Für die Psyche: Yoga und Meditation. Hier fangen Energien an zu fließen, von denen wir vorher gar nichts gewusst haben. Energien, die wir jetzt frisch und gesund und sorgenfrei an einem Arbeitsplatz einbringen können, der alles zu bieten hat, was Herz und Seele begehren. Bei Amazon müssen die Mitarbeiter der in Planung befindlichen Konzernzentrale in Seattle nicht einmal mehr raus ins Freie, wenn sie frische Luft brauchen: Das ganze Gebäude ist als eine riesige Glaskugel konzipiert, in der die Büros von Bäumen umgeben sind.[358]

Eine schöne neue Welt, in der hoch motivierte Menschen mit einem Lächeln auf den Lippen für Mehrwert sorgen. Sie haben ein Zuhause gefunden, sind aller Sorgen um ihre Liebsten enthoben, die sie bestens versorgt und aufgehoben wissen: in der Betriebs-Kita und sicher bald auch im Betriebs-Pflegeheim. Abends treffen sich die Mitarbeiter im Work-Life-Center zum Volleyball-Turnier. Sollten in ihrem Leben vielleicht doch einmal Probleme irgendwelcher Art auftreten, wissen sie, wohin sie sich wenden müssen.

Vielleicht wird irgendwann einmal unsere alte Welt längst vergessen sein. Unser Leben damals, als wir uns noch selber um unsere Kinder kümmern mussten. Als wir selber mit ihnen zum Arzt gehen mussten, wenn sie krank waren. Ihnen selber das Fahrradfahren beibringen mussten. Als wir noch selber kochen mussten, weil es die Bio-Kantine noch nicht gab. Als wir noch Freunde hatten, die nicht bei der BASF arbeiteten. Als wir unsere Abende selber füllten und uns noch nicht aus dem Freizeitangebot des Centers bedienen konnten. Als wir manchmal nicht so recht wussten, ob wir mit unserem Beruf auf dem richtigen Weg sind oder ob wir vielleicht doch zu etwas ganz anderem geboren wären. Damals, als wir uns manchmal – blödsinnig, wie wir waren! – auf der Suche nach neuen Wegen und Werten verirrten und, ja, morgens auch mal besoffen nach Hause kamen. Damals, als wir uns manchmal nach dem Sinn unseres Lebens fragten. Als wir noch nicht wussten, was für ein Wert darin liegt, Werte zu schaffen. Damals, als wir noch *unser* Leben leben mussten.

Lassen Sie sich an dieser Stelle – für den Fall, dass Sie sich in der schönen neuen Welt der Work-Life-Center nicht schon häuslich eingerichtet haben – noch einen Rat geben: Passen Sie auf Ihr Leben auf.

15. Ausgestiegen?

Für den einen oder anderen meiner Leser dürfte am Ende dieses Buches vielleicht noch eine Frage offen sein: Was ist eigentlich aus diesem Aussteiger von damals geworden, der eines schönen Spätsommertages seinen Job als Verlagschef an den Nagel gehängt hat?

Nun, zunächst einmal war es für mich ganz anders gekommen, als ich mir das vorgestellt hatte. Der Ausstieg war eine harte Landung. In den ersten Tagen meiner neu gewonnenen Freiheit hatte ich noch große Pläne geschmiedet, was ich jetzt endlich alles tun und unternehmen könnte: Wieder Musik machen! Wieder eine Sprache lernen! Was mit den Kindern unternehmen! Und nachmittags gemütlich mit einem Buch im Café sitzen. Überhaupt: lesen, lesen, lesen!

Zwei Wochen später verstaubt der vorfreudig zusammengekaufte Bücherstapel auf meinem Schreibtisch, die Gitarre in der Ecke dient den Spinnen als Netzbauhilfe. Und *so* viel Spaß macht das Kochen auch nicht. Und die Kleine will beim Vorlesen partout immer nur ihr Lieblings-Pixiebuch hören.

Ich fühle mich wie der Tiger im Käfig, bin unruhig und nervös, kann nichts mit mir anfangen, obwohl ich Zeit hätte en masse. Die Tage vergehen ohne Gesicht, gefüllt, aber nicht erfüllt, die Wochenenden sind nicht anders als der Rest der Woche. So hatte ich mir das nicht vorgestellt. Ja, die Welt steht mir offen. Aber was fange ich jetzt darin an?

Es dauert eine ganze Weile, bis das Leben wieder im Lot ist. Langsam erwachen die Lebensgeister, die Neugier kommt zurück. Vielleicht musste ich erst einen Adrenalinentzug durchmachen. Und bald findet die Frage nach meiner beruflichen Zukunft eine Antwort, obwohl ich sie mir eigentlich noch gar nicht gestellt hatte. Zufällig treffe ich einen alten Bekannten wieder, Axel Braig, dem es in seinem Beruf ganz ähnlich ergangen war wie mir. Aus langen und durchaus kontroversen Gesprächen wird am Ende unser Buch *Die Kunst, weniger zu arbeiten*. Und damit bin ich nun also Schriftsteller.

Mein zweites Buch ist eine Sammlung von Reportagen über Klinikclowns. Danach ist mein persönliches Lieblings- und Obsessionsthema dran: die (menschliche) Schönheit. Mit dem Werk *Schönheit: Eine Wissenschaft für sich* bin ich auf einen Schlag Schönheitsexperte und reise zu Vorträgen, Talkshows oder trage die O-Töne zu Wissenschaftssendungen bei.

Die Sommer verbringen wir damals überwiegend auf den Fahrrädern, die Kinder hinter mir im Anhänger, stets hungrig nach Geschichten, die der schwitzende Papa sich ausdenken muss. Eine davon spinne ich im Winter weiter, daraus wird mein erster Kinderkrimi *Auf der Spur der Erpresser*, dem bald ein zweiter (und später noch ein dritter) Band folgen sollen.

»Wow, Schriftsteller, das ist ja ein *Traum!*«, höre ich bei Begegnungen oft von Wildfremden, wenn die Rede auf meinen Beruf kommt. Ich weiß dann, dass ich es nicht mit Schriftstellern zu tun habe. Leuten also, die nichts vom Nahkampf mit den Texten, den Mühen der Ebene, der Klein- und Detailarbeit des Schreibens wissen. Oder von dem Megastress, wenn der Abgabetermin näher und näher rückt oder wenn die Presseabteilung des Verlags auf einen Vorabtext wartet. Von den Zeiten, in denen das Leben nichts als *Arbeit* ist.

Aber, und zum Glück oft genug, meine Arbeit ist mir alles andere als lästig. Wenn man mich auf eine Insel (mit Internetanschluss) verbannen würde, täte ich wahrscheinlich die meiste Zeit auch nichts anderes als das, was ich jetzt tue: alles das lesen und verarbeiten, was Psychologen, Evolutionsforscher und Gesellschaftswissenschaftler zu »meinen« Themen herausgebracht haben. Und wenn es auf der Insel Schulen gäbe, würde ich dort ab und zu vor den Kindern stehen und ihnen beibringen, wie man spannende Geschichten schreibt.

Wenn man mich in der Zeit nach meinem Ausstieg nach meinem Beruf fragte, war meine Antwort, mit einem gewissen Stolz vorgetragen: »Privatier«. Mein Gegenüber zeigte sich dann in der Regel etwas irritiert. Ich wollte damit einfach zum Ausdruck bringen, dass ich es nicht nötig habe, mich über eine berufliche Tätigkeit zu definieren.

Habe ich aber, so viel ist mir inzwischen klar. Ich definiere mich durchaus über meinen Beruf und meine Werke – wenn auch immer noch ein bisschen widerwillig. Denn warum müssen wir uns immer über unser *Tun* und damit über vorzeigbare Leistungen definieren –, anstatt einfach zu *sein* und über das Urteil der anderen die Nase zu rümpfen? In dieser Hinsicht ist für mich der Coolste immer noch der russische Mathematiker Grigori Perelman, der in jahrelanger Arbeit die Lösung eines der großen mathematischen Rätsel (den Beweis der sogenannten Poincaré-Vermutung) erarbeitete, um diese dann mehr oder weniger anonym irgendwo ins Internet zu rotzen und die als Preis ausgelobte Million links liegen zu lassen.

Ich dagegen – brauche die Welt. Ich hänge durchaus an der Anerkennung, die ich über meine Werke bekomme. Es muss kein frenetischer Beifall sein, aber Beifall durchaus. Und wenn eines meiner Bücher nicht so angenommen wird, wie es das nach meiner Überzeugung verdient hätte, fühle ich mich von der Welt schlecht behandelt.

In unserem Buch *Die Kunst, weniger zu arbeiten* (das mittlerweile zwölf Jahre alt ist) haben Axel Braig und ich von ganzem Herzen den Müßiggang und den Müßiggänger verherrlicht. Dass der Müßiggänger in dem vorliegenden Werk eher am Rande vorkommt, liegt nicht daran, dass meine Wertschätzung für ihn nachgelassen hätte. Nur, mit dem Müßiggänger ist es ein bisschen wie mit Perelman: Ich bin leider nicht so. Der Müßiggänger ist und bleibt mir Vorbild, das ich aber allenfalls für Momente erreichen kann.

Wenn ich in diesem Buch über die stets aktiven Leistungsträger schreibe, fühle ich mich manchmal von mir selber ertappt. Denn auch ich gehöre zu denen, die vor lauter Arbeit mitunter das Leben vergessen, die sich Hals über Kopf in »Projekte« stürzen, aus denen sie dann kaum mehr herausfinden. Ich engagiere mich gerne, und das mit Haut und Haar. Ich bin in großer Leistungsbereitschaft aufgewachsen, war bei den Pfadfindern, und ich war sogar – jetzt kann ich es ja verraten – deutscher Jugendmeister im Langstreckenlauf. Auch ich habe einen kleinen Leistungsträger in mir. Auch ich wäre immer wieder mal ganz froh, wenn der Tag 26 Stunden hätte. Auch mir würde ein Schuss Buddha guttun, damit ich öfter mehr im Hier und Jetzt leben und den Augenblick wertschätzen könnte. Auch ich muss mich immer wieder daran erinnern, wo die Musik des Lebens herkommt, und dafür sorgen, dass Augen und Ohren offen bleiben. Auch ich muss mich immer wieder vor mir selbst bewahren.

Dank

Von den vielen Menschen, denen ich für ihre Hilfe und Begleitung dankbar bin, seien hier zwei namentlich erwähnt:

Meine Frau, Kirsten Bödeker, die jede Zeile des Manuskriptes mit spitzer Feder gelesen und manchen sprachlichen und gedanklichen Umweg begradigt hat.

Und mein Zwillingsbruder, Herbert Renz-Polster, der mir zu jeder Tages- und Nachtzeit Diskussionspartner und Ratgeber war. Die besten Ideen sind mal wieder von ihm.

Zum Weiterlesen

Christoph Bartmann: *Leben im Büro*, München 2012
Joachim Bauer: *Arbeit – Warum unser Glück von ihr abhängt und wie sie uns krank macht*, München 2013
Roy F. Baumeister: *Is There Anything Good About Men?*, American Psychological Association, Invited Address, 2007, http://www.psy.fsu.edu/~baumeistertice/goodaboutmen.htm
Marc Beise und Hans-Jürgen Jakobs (Hrsg.): *Die Zukunft der Arbeit*, München 2012
Alain de Botton: *StatusAngst*, Frankfurt am Main 2004
Tom Hodgkinson: *Anleitung zum Müßiggang*, Berlin 2004
Stefan Klein: *Zeit. Der Stoff, aus dem das Leben ist*, Frankfurt am Main 2006
Meinhard Miegel: *Exit*, Berlin 2011
Kate Pickett und Richard Wilkinson: *Gleichheit ist Glück: Warum gerechte Gesellschaften für alle besser sind*, Frankfurt am Main 2010
Herbert Renz-Polster und Gerald Hüther: *Wie Kinder heute wachsen*, Weinheim 2013
Ulrich Schnabel: *Muße. Vom Glück des Nichtstuns*, München 2010
Jakob Schrenk: *Die Kunst der Selbstausbeutung*, Köln 2007
Robert und Edward Skidelsky: *Wie viel ist genug? Vom Wachstumswahn zu einer Ökonomie des guten Lebens*, München 2013
Eberhard Straub: *Vom Nichtstun. Leben in einer Welt ohne Arbeit*, Berlin 2005
Theresia Volk: *Unternehmen Wahnsinn*, München 2011